늘 작음을 경험하지만

당신은 혼자가 아니다.

'교사'라는 이름으로

우리는 서로,

연결되어 있다.

교사의 시선

교사의 시선

초판 1쇄 발행 2020년 10월 7일
초판 6쇄 발행 2021년 10월 15일

지은이 ｜ 김태현

발행인 ｜ 최윤서
편집장 ｜ 허병민
디자인 ｜ 김수경
마케팅 ｜ 최수정
펴낸 곳 ｜ (주)교육과실천
도서문의 ｜ 02-2264-7775
인쇄 ｜ 031-945-6554 두성 P&L
일원화 구입처 ｜ 031-407-6368 (주)태양서적
등록 ｜ 2020년 2월 3일 제2020-000024호
주소 ｜ 서울특별시 중구 창경궁로 18-1 동림비즈센터 505호
ISBN 979-11-969682-4-3 (13370)

교사의 시선

김태현 지음

교육과실천

이번 책은 마치 소설의 연작 시리즈처럼, 두 전작의 수업과 삶에서 시선으로 이어지는 이야기의 완결편이다. 유명 영화감독도 시리즈 영화에서는 작품성이나 재미, 흥행 면에서 1편을 넘어서지 못하는 경우가 대부분이다. 그런데 『교사의 시선』은 전작 두 권을 뛰어넘고도 남는다. 그것은 단순히 '위로'를 주는 것이 아니라, 교사가 어떻게 성장하고 성숙하는지, 저자의 '삶'으로 증명하고 있기 때문이다. 그래서 무릎을 탁 치며 공감하기도 하고, 맞다고 고개를 끄덕이기도 한다. 그리고 어느새 눈가에 이슬이 맺히며 '나도 그런데…' 하고 혼잣말을 하는 자신을 만나게 된다. ••• '평화의 교육으로 학교 생태계를 만들어가는' 이규철 선생님

한 페이지에서 다음 페이지로 넘어가기가 힘들었다. 책에 담긴 시와 그림과 질문과 이야기에 답하며 머물다 보면, 어느새 미술관이나 카페에 앉아 작가와 함께 담소를 나누는 기분이 들곤 했다. 부끄럽지만 수차례 눈물이 났다. 저자의 아픔 속에서 내가 경험한 이별의 아픔이 떠올랐고, 교사로서 포기하고 절망했던 순간들이 생각났다. 그리고 교사로 살아가며 성장하며 지평을 넓혀가는 저자의 진솔한 이야기 속에서 위로와 함께 다시금 달려갈 새 힘을 얻기도 했다. 어떤 교사로 살아갈 것인지 답을 찾고 있는 분이 있다면, 이 책이 그 질문에 좋은 길잡이가 될 것이라고 믿는다. 이런 선물 같은 책이 우리 선생님들에게 주어질 수 있어서 행복하고 감사하다. ••• '좋은 교사를 꿈꾸며, 소박한 하루를 살아내는' 김정태 선생님

그동안 저자는 수업은 과학과 기술만의 영역이 아닌 예술의 영역임을, 이성만의 영역이 아닌 감정과 감성의 영역을 포함하고 있음을, 삶과 무관한 영역이 아닌 삶의 영역임을 입증해왔다. 나는 최근 바쁜 일상으로 감성의 가뭄에 시달리고 있었다. 하지만 이 책을 읽는데 눈물이 핑 돌았다. 이 책에 담긴 김태현 선생님의 고백을 접하며 나의 내면에 침잠해 있었던 상처, 아픔, 고통이 다시 떠올랐기 때문이다. 이 책은 김태현 선생님의 이야기를 예술과 감성, 문학, 수업, 정체성, 공동체의 키워드로 묶어냈다. 사회과학에서 다룰 법한 무거운 주제들을 예술적 감성을 담아 노래와 시, 그림 등으로 변환하여 부담 없이 풀어내고 있다. 현실의 문제를 날카롭고 아프게 지적하면서도 저자는 여전히 성장과 변화, 희망을 포기하지 않는다.

• • • '함께하는 교육을 꿈꾸며 교육 정책을 연구하는' 김성천 선생님

이 책은 "선생님, 지금 그대로 충분합니다"라는 지나치게 낭만적이지도 "선생님, 이런 매뉴얼을 따라야 합니다"라는 지나치게 지엽적이지도 않다. 코로나 시대를 살아가는 지친 교사들에게 소소한 단어에 다시 의미를 부여해 교사의 삶이 얼마나 주체적이고 중요한지 느끼게 한다. 시선, 심미안, 메시지, 커뮤니티, 콘텐츠, 디자인이라는 6개의 단어를 가지고 교사가 어떻게 주체적으로 행복한 삶을 살아갈 수 있는지에 관한 화두를 던졌다. 누구의 삶을 따라 하는 것이 아닌 교사의 교육적 시선으로, 교육의 본질을 연구하고 자신의 이야기를 만들어가며, 동료와 더불어 아이들에게 정말 도움이 되는 소소한 콘텐츠를 만들어가는 창조적인 과정을 디자인이라는 단어로 정의했다. 이 책의 마지막 장을 덮으며, 교사로 살아간다는 것이 쉽지는 않지만 얼마나 가슴 뛰는 일인지 새삼 느끼게 된다. 변화하는 시대에 컴퓨터 앞에서 수많은 방법과 기술에 대한 고민으로 지쳐있다면 꼭 이 책을 펼쳐보기 바란다. 당신의 마음에 교사의 열정이 다시 뜨거워질 것이다.

• • • '교실 안에서 서로 환대하고 존중하는 문화를 꿈꾸는' 김성환 선생님

5장 콘텐츠

6장 디자인

우리가 잠시 잊어버린 단어들

점점 더 까칠해진다. 나는 좀 더 멋진 사람이 되고 싶은데 뜻대로 되지 않는다. 더 많은 사람을 품어주고 싶은데, 자꾸만 사람들과 금을 긋는다. 남의 말에 더 귀 기울이고 따뜻한 위로를 던지고 싶은데, 자꾸만 무리 속에서 나의 존재감을 드러내기 위해 애쓴다. 더 많이 말을 하려 하고, 상대방의 말을 자르고 내 잘남을 드러내려고 애쓴다.

교육을 대하는 자세도 점점 더 부정적으로 바뀐다. 교육은 사람에 대한 희망을 거는 일이라, 내가 가르치는 학생, 내가 몸담고 있는 학교에 대한 꿈을 꾸며 나가고 싶은데, 스스로 그것은 낭만적인 이상이라고 판단을 한다. 지난 경험들이 자꾸만 교육 환경에 대해서 부정적으로만 생각하게 하고, 미래에 대해 한 걸음 내딛는 것을 주저하게 한다. 가만히 있으면 스스로 파놓은 어둠에 더 깊이 들어가 버릴 것 같아서, 다시 이렇게 글을 쓴다. 글을 쓰면서, 내 삶을 찬찬히 살펴보고, 다시 내가 걸어갈 길을 찾는다.

이 책을 쓰면서 자주 생각했던 것은 '보통의 단어'였다. 언제부터 우리는 교육을 이야기하는 데 있어서 보통이 아닌 특별한 단어로 포장하려고 한다. 사소한 일상이 모여서 특별함으로 이어지는데, 교육에서 평범의 가치를 말하지 않고, 특별한 무언가로만 가야 한다고 말하는 사람이 많아졌다.

코로나19, 미래 사회, 4차 산업혁명, 인공지능, 원격 수업 등 2020년은 유난히도 변화의 단어들이 많이 나왔다. 이에 우리 교사들도 뒤처지지 않기 위해서는 무엇인가를 해야 한다는 생각에 사로잡혔다. 그러다 보니 우리가 원래부터 소중히 생각해야 할, 보통의 단어들이 우리 머릿속에서 잊혀가는 듯했다. 미래적이고 진취적인 단어들만이 우리에게 다가오고, 작고 단순한 것에 대한 이야기는 조금씩 사라지는 듯했다. 물론 문명의 발전을 이루기 위해서는 사람들의 의식과 행동이 바뀌어야 한다. 그러나 그렇다고 해서 모든 것이 변해야 하는 것은 아니다. 우리가 지켜야 할 평범의 가치들이 있다. 예를 들어, 교육에서는 서로의 손을 잡아주는 따뜻한 온기, 서로의 눈을 바라보는 교감, 서로의 말을 깊이 들어주는 공감 등 이런 일상의 행동들이 그런 것이다. 이 책에서는 교사의 시선을 가지고 우리가 다시 한번 붙잡아야 할 '보통의 단어'를 찾으면서, 현재와 미래를 대하는 교사의 삶에 대해서 진지하게 생각해봤다.

시선, 천천히, 함께, 선언하다, 살아내다, 위로, 아름답다, 소리,
여행하다, 감성, 사유, 단순하다, 아끼다, 읽다, 쓰다, 성장하다,
진심, 소소한, 꾸준히, 다시, 존재, 흔적, 영감, 빛깔, 꿈

단어 하나하나를 놓고 보면 지극히 평범하다. 그러나 이런 평범의 단어들은 공기와도 같아서, 이것이 내 삶에 나타나지 않으면, 우리는 내 삶을

살 수가 없다. 숨을 쉬지 못하고 오랫동안 질식된 상태로 나아가게 된다.

한 소설가는 허리를 삐끗하고 며칠간 누워서 지내보니, 사람이 걸어 다니는 것 자체가 기적이라고 했다. 이렇게 봤을 때, 우리가 당면한 문제의 해답은 새로운 것에 있는 것이 아니라 이미 내가 알고 있는데 잠시 잊어버렸던 것에 있을 수 있다. 그 평범함의 삶을 되찾고, 그 가치를 다시 복원하는 데 있을지도 모른다. 가족 중 한 명이 불의의 사고로 먼저 우리 곁을 떠나면 알게 된다. 삶의 행복은 가족과 함께 밥 한 끼 소박하게 먹는 데 있다는 것을 말이다. 어찌 보면 내가 문제라고 생각하는 현재는, 미래의 어느 순간 돌아보았을 때 가장 행복한 순간일지도 모른다.

부족한 필력으로 책을 쓰는 이유는 이것이다. 다들 앞서가고 빨리 가는 것만 이야기하는데, 이 책은 조금 다른 관점에서 교사의 삶과 우리의 교육에 대해서 들여다보며, 교사의 시선을 되찾으려고 했다. 우리가 매일 경험하는 일상, 그 보통의 하루가 가지는 가치를 깊이 들여다보려 했다. 그리고 교사이기 이전에 한 인간으로서 겪어야 하는 보편적인 고통에 대해서도 생각해보려고 했다. 중년의 나이로 접어드니 교사로서 겪는 어려움도 있지만, 인간으로서 경험하는 슬픔이 많았다. 이제 내가 무엇인가를 성취하는 기쁨보다는 무엇인가를 떠나보내야 하는 아픔이 더 컸다. 나이가 들어가면서 점점 더 깊게 경험하는 슬픔, 고통, 절망을 어떻게 하면 의미 있는 삶의 선물로 전환시킬 것인가가 삶에서 중요한 일임을 알게 되었다.

이번 책의 전체적인 느낌은 조금 어둡다. 하지만 그 어둠조차도 누군가에게는 또 다른 새로운 희망이 되기에, 부족한 책을 세상에 내놓는다. 부디 이 책이, 지금 어둠을 걷고 있는 선생님들에게, 지금 자신의 삶을 찾지 못해서 여전히 방황하고 있는 선생님들에게 작은 빛이 되기를 기대한다. 책

에서 전해지는 내 삶의 음악이 누군가에게 위로의 노래로 다가서기를 기
도한다.

슬픔을 표현하는 각자의 언어가 있다.
저녁은 사라지는 노을로,
밤하늘은 떨어지는 별똥별로,
봄은 휘날리는 꽃잎으로,

모든 악기는 구멍을 내고,
몸을 때리고, 긁어야 소리가 난다.
온전한 몸을 가지고 소리를 낼 수가 없다.
긁음, 때림, 튕김을 통해서 몸에 상처가 나야지
악기는 소리를 낸다.

아련한 상처의 흔적, 고운 울림이 되어
누군가의 마음에 다가선다.
아프기 때문에 삶은 음악이 된다.

한 교실의 교사로
한 가정의 어미로, 아비로, 아들로, 딸로
한 인간으로, 청년으로, 중년으로, 노년으로
절망에서 희망으로,
다시 기대에서 우울로,

상식과 비상식의 경계를 넘나들며,

하루를 살아야 했기에 우리의 삶은 저절로 음악이 된다.

소소한 아침을 시작하는 지금,

나는 나답게 '천천히' 걷는다.

우울과 절망, 슬픔과 고통을 끌어안고 '다시' 걷는다.

그냥 한 발, 한 발, 나아간다.

내 발걸음에 작은 소리가 퍼진다.

그래, 깊어지는 가을이 왔구나!

— 김태현, '소소한 아침'

2020년 9월

텅 빈 교실에서

1장

시
선

교사의 시선 찾기

앞이 보이지 않는다. 두렵다. 사람은 안정감으로 하루를 살아내는데, 매일 아침이 처음 걷는 길이다. 교직 경력 15년이 넘어감에도 나의 발걸음은 서툴다. 초행길을 걷는 여행자 마냥 자꾸 막다른 골목에 다다른다. 교사의 삶이 익숙해질 만도 한데, 여전히 나는 길을 잃는다. 보이는 것이 없으니 발걸음 하나 내디딜 수 없다. 가만히 서서 내 시선을 찾고 싶은데, 세상은 시간을 주지 않고 저쪽 도로로 질주만 하라고 한다.

13인의아해가도로로질주하오.

(길은막다른골목이적당하오.)

제1의아해가무섭다고그리오.

제2의아해도무섭다고그리오.

제3의아해도무섭다고그리오.

제4의아해도무섭다고그리오.

제5의아해도무섭다고그리오.

제6의아해도무섭다고그리오.

제7의아해도무섭다고그리오.

제8의아해도무섭다고그리오.

제9의아해도무섭다고그리오.

제10의아해도무섭다고그리오.

제11의아해가무섭다고그리오.

제12의아해도무섭다고그리오.

제13의아해도무섭다고그리오.

13인의아해는무서운아해와무서워하는아해와그렇게뿐이모였소.(다른사정
은없는것이차라리나았소.)

— 이상, '오감도' 중에서

한국 현대시에서 가장 난해하다고 평가받는 이상의 오감도(烏瞰圖). 분명 이 시가 머리로는 이해되지 않는데, 삶으로는 이해가 된다. 막다른 골목에서 여러 선생님과 함께 질주를 하고 보니, 이만큼 내 마음을 표현한 시도 없는 것 같다. 두려움의 실체가 무엇인지도 정확히 모른 채 앞만 보고 뛰어가고 있는 교사들. 그렇게 2020년 우리 모두는 힘들었다.

2020년 봄, 3월에 했어야 할 개학이 4월 중순으로 미뤄지고, 학교에 학생이 없는 초유의 경험을 했다. 그리고 갑작스럽게 밀어닥친 온라인 수업. '온라인 수업을 어떻게 해야 한다'라는 논의도 없이, 우리는 교육부 장관의 일방적인 발표, 그것도 언론으로 이 모든 것을 지켜봐야 했다. 이 이상한 선포에 뭐라도 항의를 하고 싶었지만, 시국이 시국인지라 그냥 참고 학생들을 생각하며 열심히 온라인 수업을 준비했다. 플랫폼, 웹캠, 줌, 행아

웃, 블렌디드 러닝 등 새로운 용어들이 교사의 삶에 확 들어와 버렸고, 이것을 우리는 익혀야 했다. 교육부의 불확실한 지침에도 교사들은 힘을 합쳤다. 서로 자료를 공유하고 연수를 개최하면서 온라인 수업을 간신히 해내었다.

사회에서는 언콘택트(Uncontact) 시대, 뉴노멀(New Normal)의 시대가 왔다고 하면서, 교사들에게 미래 교육에 필요한 능력을 갖추라고 한다. 사실 이런 이야기는 4차 산업혁명이라는 말이 유행될 때부터 시작되었다. 지식융합의 시대, 사물 인터넷, 자율주행 자동차 등 예전과는 다른 새로운 기술들이 개발되면서 학교 교육이 변화해야 한다고 주문했다. 지금 배우는 지식은 향후 10년 후에는 다 사라질 것이고, 학교에서 배우는 많은 지식은 인공지능이 대신할 거라고 했다.

맞는 말이다. 새로운 미래가 다가오니 학교와 교사는 달라져야 한다. 그런데 가만 뜯어보면, 달라져야 한다는 당위성은 있어도, 구체적으로 어떻게 무엇으로 바꿔야 할지는 그 그림이 잘 보이지 않는다. 특히나, 이런 이야기를 하는 사람들은 교육 전문가가 아니라 경영 혹은 기술 전문가들이라서 우리 교사들은 불안하다. 변화해야 한다는 것은 알지만, 깊은 성찰 없이 교육이 기술주의로만 흐르는 것 같아서 두렵다. 꼭 구글 클래스룸을 활용하고, 수업에서 실시간 온라인 프로그램을 이용해야지 미래 교육인가? 온라인으로만 질주하는 수업이 교육적으로 타당한가? 당연히 생각해야 할 지점에 대한 논의도 없이, 교육부는 에듀테크를 활용해서 한국형 원격 교육 기반을 마련한다고 한다.

교사의 시선에서 미래 교육을 보면 마그리트의 '빛의 제국'이 떠오른다. 하늘은 맑은데 집안은 어둡다. 주변은 맑고 화창하다고 하는데, 학교는 캄캄한 그늘로 가득 차 있다. 학교에서 교사와 학생은, 각종 경쟁과 평가로

마그리트, 빛의 제국, 1950

숨이 막히는데, 학교 밖 사람들은 학교에 와이파이 룸을 설치하고, 한국형 미래 교육을 실시하면 하늘이 맑아질 거라고 한다.

많은 사람이 교육의 속살은 보지 않고 교육의 겉만 말하고 있다. 학생들에게 태블릿을 주고 코딩 교육을 하면, 교육의 미래가 밝게 펼쳐질 것처럼 말한다. 지금 당장 학생들은 깊은 관계를 맺지 못하고, 내면이 황폐해져 온갖 욕을 세상에 해 대고, 학업 경쟁에 지쳐 쓰러지고 있는데, 학교 밖 사람들은 이 아픔은 보지 않고, 온라인 기술이 우리를 구원할 것처럼 말한다. 답답하다. 삶을 살아가는 지혜를 가르쳐야 하는데, 얄팍한 입시 지식을 가르치면서 학생들을 경쟁으로 다시 내몰고 있다. 교사들은 교육 내용에 대한 진지한 고민을 하지 못한 채, 아침마다 학교가 콜센터가 되어 학생들의 안부를 묻고, 위에서 내려온 지침대로 형식적으로 순응만 하고 있다. 마스크를 쓴 채 답답하게 하루를 살아가고 있다. 내 숨이 답답한 것이 아니라 교사로서 미래에 대한 꿈을 꾸지 못하는 이 현실이 답답하다. 생각이 갑갑해지고, 마음만 옹졸해지고 있다. 이때 내게 말한다. 나는 교사인가? 이 험난한 시대에 나는 수업으로 학생들에게 무엇을 가르쳐야 하는가?

미래 교육을 논하기 이전에, 현재 우리가 겪고 있는 아픔을 좀 더 냉철하게 볼 필요가 있다. 현재 교사 혹은 학생들이 겪고 있는 고통이 미래가 온다고 해서 나아질 것 같은가? 아니다. 절대 아니다. 그럼에도 우리는 현재의 아픔을 보지 않은 채, 학교가 미래 역량을 빨리 갖춰야 한다고만 외치고 있다.

19세기 말 유럽은 풍요로웠다. 좋은 시절, 벨 에포크(Belle Époque)라고 하여, 사람들은 산업혁명이 안겨다 준 기술로 풍요로운 예술과 문화를 경험했

뭉크, Anxiety, 1894

다. 거리마다 활력이 넘쳤고, 사람들은 신시대가 왔다고 하면서 기뻐했다. 그러나 뭉크의 시선은 달랐다. 흥청망청 사람들이 거리를 돌아다니지만, 그들의 모습 속에는 근원적인 고독과 불안이 있었다. 동시대의 화가들은 유럽의 에너지를 강렬하게 표현했지만, 뭉크는 초점이 없고 기대가 없는 삶을 사는 사람들의 불안을 들여다본다. 멋진 정장을 입고 거리에 서 있지만, 삶의 목표를 상실한 채 떠도는 그 시대의 내면을 정확하게 포착했다.

특히 사람을 바르게 양육해야 하는 교육의 영역에서는 효율성, 신속성, 탁월성의 측면에서만 미래를 봐서는 안 된다. 뭉크처럼 좀 더 깊게, 이 시대를 살아가는 사람들의 내면을 면밀히 들여다보면서, 교육의 본질이 무엇인지를 진지하게 성찰해야 한다.

삶에 문제가 있는 학생들을 의미 있게 도우려다 보면 딜레마가 늘 있다. 교칙대로 처벌을 할 것인가? 아니면 한 번 더 기회를 줄 것인가? 대개의 교사는 한 번의 기회를 더 준다. 현재는 비록 방황하는 모습을 보이지만, 그래도 어른이 되었을 때는 지금과는 다른 모습으로 성장하리라 기대하기 때문이다. 많은 교사가 입시에서 수능 시험보다 학생부종합전형을 선호하는 이유도 마찬가지다. 한 번의 시험으로 학생의 능력을 평가하기보다는 그 학생이 살아온 삶을 더 깊게 들여다보기를 원한다. 그것이 교육적인 시선이라 생각하고 교사들은 완벽한 제도는 아닐지라도 수능보다는 학생부종합전형으로 학생들의 역량을 들여다보는 것을 더 선호한다.

이렇듯 교사들은 어떤 상황에서 판단을 할 때, 가장 우선으로 생각하는 것이 학생의 삶이다. 교육자로서 학생들에게 가장 의미 있는 것을 주려다 보니, 다른 사람들이 잘 들여다보지 않는 것까지 깊이 생각하고 결정을 내리려고 한다. 나는 이것을 교사의 시선, 존재의 시선이라고 부른다. 존재의 시선이란, 지금 우리가 어떻게 살아가고 있고, 앞으로 어떻게 살아갈 것인

고흐, A Pair of Shoes, 1888

지를 깊이 들여다보는 시선을 말한다.

여기에 고흐가 그린 구두가 있다. 이 그림을 두고 관람자는 여러 감상을 할 수 있다. 그런데 우리는 자꾸만 이 그림을 한 방향으로만 보기를 강요당한다. 객관화된 지식으로만 이 그림을 해석하고 감상하는 법을 배웠기 때문이다. 이런 지식이 쓸모없다는 것이 아니다. 그러나 이런 지식에는 차가움만이 있다. 고흐와 만나려는 따듯한 교감이 없다. 하지만 존재의 시선으로 이 그림을 보면, 고흐의 고단한 일상이 보인다. 고흐는 저녁 때 즈음 신발을 벗고 방에 들어와 털썩 앉는다. 그리고 고흐는 신발을 보며 말한다. 오늘 하루를 잘 살았다고, 잘 버텼다고 말하며 자신의 하루를 위로한다.

존재로 교육을 본다는 것은 이런 것이다. 고흐의 구두 그림처럼, 교사가 현재 어떤 마음으로 살아가고 있는지, 우리 학생들은 어떤 모습으로 살아가고 있는지를 자세히 보고 오래 보는 것이다. 이렇듯 그림의 겉이 아니라, 그림을 그린 그 화가의 삶으로 들어가 그의 생각과 마음을 알아차리는 관점이 존재의 시선이다.

주어와 서술어만 있으면 문장은 성립되지만
그것은 위기와 절정이 빠져버린 플롯같다.
'그는 우두커니 그녀를 바라보았다.'라는 문장에서
부사어 '우두커니'와 목적어 '그녀를' 제외해버려도
'그는 바라보았다.'는 문장은 이루어진다.
그러나 우리 삶에서 '그는 바라보았다.'는 행위가
뭐 그리 중요한가
우리 삶에서 중요한 것은
주어나 서술어가 아니라
차라리 부사어가 아닐까
주어와 서술어만으로 이루어진 문장에는
눈물도 보이지 않고
가슴 설레임도 없고
한바탕 웃음도 없고
고뇌도 없다.
우리 삶은 그처럼
결말만 있는 플롯은 아니지 않은가.
'그는 힘없이 밥을 먹었다.'에서
중요한 것은 그가 밥을 먹은 사실이 아니라

'힘없이' 먹었다는 것이다.

역사는 주어와 서술어만으로도 이루어지지만
시는 부사어를 사랑한다.

— 박상천, '통사론'

오늘도 많은 교사들은 하루를 버티며 살아가고 있다. '부사어'의 시선으로 교사의 존재를 천천히, 깊게 바라보면 지금 우리 교사들은 뿌리가 흔들리고 있다. 학교에서 교사로 살게 했던 그 뿌리의 근원이 사라지고, 벼랑에 내몰리고 있다. 이렇게 벼랑에 내몰린 사람들에게 '왜 이렇게 못하느냐'고 타박하며 던지는 말들이 참으로 아프다. 그리고 '교사니까 해야 한다'는 당위적인 말들은 우리를 더 지치게 한다. 그 힘듦의 무게를 같이 져주지 않으면서, 일방적으로 던지는 지시와 명령은 우리를 참으로 피곤하게 한다.

코로나 상황에서 교사들은 그야말로 내던져졌다. 일하지도 않고 봉급을 받는다고 교사들에게 쏟아졌던 근거 없는 비난들. 그리고 교사들에게 의견도 구하지 않고, 교육과 보육을 하나로 보면서 추진되는 정책들. 여론의 눈치를 보면서 교육에 대한 큰 그림을 그리지 못하고, 찔끔찔끔 단기책만 냈던 교육부, 종국에는 방역에 대한 책임을 교사들에게 지우기 위해서 면피성 발언을 하는 교육 관료들. 아무도 우리를 돌보지 않는 이 상황에서 감히 나는 우리 선생님들에게 따뜻한 시 하나를 선물한다.

물 먹는 소 목덜미에
할머니 손이 얹혀졌다.

이 하루도

함께 지났다고,

서로 발잔등이 부었다고,

서로 적막하다고.

— 김종삼, '묵화'(墨畵)

답이 보이지 않는 질문을 끝없이 고민하려면, 반드시 필요한 것이 있는데, 그것은 따뜻한 손길이다. 내 아픔에 손을 얹으면서 서로 발잔등이 부었다고, 서로 적막하다고 말해주는 위로다. 지금 우리 교사에게 필요한 것은 사람 냄새다. 이해고 공감이다. 그 신비로운 힘에서 우리는 다시금 일어설 수 있는 용기를 가진다. 천천히, 내 존재를, 우리 교사의 존재를, 우리 스스로 들여다봐야 할 때다. 거기서부터 미래 교육이 시작된다.

교사의 언어

시선(視線) [명사]

1. 눈이 가는 길. 또는 눈의 방향

• 요즘 내 시선은 주로 어디에 머무르고 있나요?

• 당신의 따뜻한 손길이 필요한 사람이 누구인가요?

존재의 시선으로
교사 보기

소녀가 굴렁쇠를 굴리며 어디론가 뛰어간다. 검은 그림자만으로 그 존재를 알 수 없다. 익명성을 가진 채 어디론가 가고 있다. 즐거워야 하는 굴렁쇠 놀이가 누군가에 쫓기듯 불안하다, 두렵다. 그림 상단에 그림자만 보이는 검은 인물의 정체, 소녀는 분명 그 사람을 만나게 될 것이다. 이 그림은 인간 내면의 불안과 두려움을 표현한 화가 키리코의 작품이다. 이 그림을 보고 있으면 서늘한 두려움이 느껴진다. 어디론가 가고는 있는데, 그 길이 맞을까 하는 두려움. 분명히 밝은 곳을 걷고 있지만, 곧 닥쳐올 위기 때문에 그 걸음이 밝지만은 않다. 달리고 있지만 불안한 걸음이다. 실체를 알 수 없는 두려움이 그림을 보는 내내 긴장감을 유발한다.

지금 교사들의 마음이 그렇다. 분명 전환기에 있는 것은 사실이나, 알 수 없는 두려움이 계속 스며든다. 이 글을 쓰고 있는 나는 격주로 학생들을 맞이하고 있다. 한 주는 온라인 수업, 한 주는 등교 수업. 대면과 비대면이 왔다 갔다 하고, 마스크를 쓴 채 수업을 하면서 학생들을 맞이한다. 어쩔

키리코, Mystery and Melancholy of a Street, 1914

수 없는 현실이지만, 무엇이 옳은지, 그른지 생각할 시간도 없이 등교 수업과 온라인 수업이 기계적으로 반복된다. 그리고 주변에서는 자꾸 외쳐댄다. 원격교육을 활용해 창의적 학습이 가능하도록 미래 교육 생태계를 구축하라고 말이다. K팝, K방역에 이어서 K에듀를 만들어야 한다고 말한다. 현실의 아픔은 깊게 들여다보지 않고, 자꾸만 미래로 나갈 것만 이야기한다.

몇 년 전 학급에서 아주 황당한 일을 당했다. 자율 학습 시간, 우리 반에 들어갔더니 시끄럽게 떠드는 다른 반 학생이 있었다. 나는 "너는 자율학습 시간에 왜 남의 반에 있어? 어서 나가!"라고 소리쳤다. 그랬더니 그 학생이 내게 "아, 씨발 좆나 좆같네"라고 하면서 나가는 것이었다. 그 소리를 듣고 짐짓 놀랐으나, 의연한 표정을 유지하면서 "너 뭐라고 했어. 너 미친 거 아니야?"라고 외치고 복도로 나오라고 했다. 그랬더니 그 학생은 "씨발, 내가 못 나갈 줄 알아?"라고 말하면서 복도로 나왔다. 화가 날 대로 난 나는 그 학생의 목덜미를 잡고 힘으로 누르려고 했다. 그렇게 성큼성큼 다가서는데, 우리 반 학생 모두가 무슨 일이 벌어지는지를 지켜보는 것이었다. 순간, 학생들의 시선에 겁이 난 나는, 일단 이 학생을 교무실 옆 상담실로 데려갔다. 그리고 문을 강하게 닫고 '너 뭐라고 했어?'라고 혼을 내려고 하는데, 그 학생이 갑자기 무릎을 꿇었다. 그러면서 울면서 "선생님 잘못했어요. 제가 그때 그러려고 했던 것이 아니라 갑자기 제가 왜 그런지 모르겠어요"라고 하면서 용서를 구하는 것이었다. 강하게 몰아세우려고 했던 나는 순간 당황했다. '이놈이 나를 가지고 노나?'라는 생각이 들면서, 학생이 나를 상대로 연기를 하고 있다고 생각했다. "그래도 이건 아니지"라고 말하자 학생은 바지 주머니에서 주섬주섬 약을 꺼내면서, 사실 자기가 분노 조절을 잘 못해 약을 먹고 있다고 했다. 상황이 이렇게 되자 나는 어쩔 수 없이, 그 학생을 안아줄 수밖에 없었다. "그래 괜찮아. 그럴 수 있지"라고 말하면서, 그 학생을 다독이고 돌려보냈다.

사태를 잘 처리했다고 생각했는데, 그렇지 않았다. 집에 갔더니, 그 학생이 욕할 때의 표정과 욕지거리가 계속 귓가에 맴돌았다. 더 무서운 것은, '야, 김태현 선생님 약봉지 하나에 속아 넘어갔어'라는 환청이 들리기 시작했다. 그 학생은 분명 진실되게 말했을 텐데, 내 안에 있는 일말의 의심이, 거짓된 목소리로 나를 힘들게 하기 시작했다.

다음 날 그 학생이 있는 수업을 들어갔는데, 그 학생이 웃는 모습이 보이는데, 마치 나를 비웃는 것처럼 느껴지고, 그 반 전체가 나를 쉽게 속아넘어가는 선생님이라고 여기는 것만 같았다. 미칠 것 같았다. 그래도 학생들에게 나름 인정받는 선생님이라고 생각했는데, 이 사건 이후로 나는 그냥 쉬운 선생님이 된 것 같아서 괴로웠다. 며칠을 끙끙 거리다가 결국 내 마음을 표현하기로 했다. 그냥 쿨하게 넘어갈 수도 있는데, 넘어가지지 않는 이 소리를 나만의 언어로 표현했다.

학생 한 명을 혼내고 돌아서는데
그놈이 "X발"이라고 한다.
분을 품고 학생을 째려보니
가슴 속에 시뻘건 화가 보인다.
부모에게 선생에게 건네 받은
마음의 불이 보인다.

학생은 또 다시 "X발"이라고 하지만
나는 온몸으로 그를 껴 안는다.

뜨겁다.
나도 가슴이 데인다.

집에 돌아오니 가슴에 물집이 생겼다.
바늘로 콕 찌르고 물을 뺀다.
가슴에 작은 흉터가 또 하나 늘었다.

— 김태현, '흉터'

시를 써서 내 마음을 다스리기는 했지만, 그후 학생들의 잘못된 행동을 봐도 고치려고 하지 않는다. 무슨 봉변을 당할지 모르기 때문이다. 담배 냄새가 분명히 나는데도, 이제는 그냥 지나칠 때가 있다. 잘못했다가는 학생의 인권을 침해하는 폭력적인 교사가 될 수도 있기 때문이다. 이제는 학생을 혼내고 나면, 이 학생이 교육청이나 교육부에 민원을 올리지 않을까 걱정이 된다. 교사는 학생의 눈치를 살펴야 하는 을의 신세가 되었다.

학교 폭력 문제가 생겨도 이제는 쉽게 해결되지 않는다. 가해자 피해자 구분이 쉽지 않다. 학부모들의 거듭된 학폭 제기로 가해자가 피해자가 되고 피해자가 가해자가 되는 상황이 자주 일어난다. 학부모는 저마다의 논리로 자신의 아이를 보호하고, 이를 담임교사의 동의를 구하려고 전화 녹취까지 한다. 담임이 섣불리 동의를 안 해주면, 직무 유기로 고발할 거라고 으름장을 놓고, 밤마다 전화를 걸어서 괴롭힌다. 학부모는 교사를 언제든지 공격할 수 있는 대상이라 생각하고, 말도 안 되는 이야기를 가지고 교사들을 괴롭힌다.

한때 교사는 학교에서 학생들 앞에 설 수 있는 권위가 있었다. 교과에 대한 해박한 지식 덕분에 학생들 앞에 설 수 있는 권위를 교사 스스로도 가질 수 있었다. 하지만 근래에 학생들은 어릴 때부터 학교 말고도 지식을 채워주는 많은 사람을 만난다. 학원 강사나 과외 교사 등 '선생님'이라고 불리는 사람을 많이 만나는데, 그 선생님은 돈으로 맺어진 비즈니스적인 만남이다. 어릴 때부터 선생님은 교환 가능한 존재로 인식된다. 학원에서 선행학습을 많이 하는 학생들은 학교에서 전해주는 지식이 학원과 별다를 게 없다고 생각하여, 교사들에게 무례하게 구는 경우가 많다. 학부모 또한 교사를 바꿔달라는 민원을 자주 하고, 교사를 언제든지 갈아치울 수 있는 존재로 생각한다.

교사의 권위는 이렇게 바닥으로 추락했는데, 학생들을 대하기는 점점 어려워진다. 수업에 집중시킬 수 있는 근거가 없다. 아무리 재미있는 영상을 틀어줘도, 이미 전날 게임과 유튜브 동영상을 보고 온 이 학생들에게는 흥미로 다가오지 못한다. 수업에서 학생들에게 진지하게 의미와 가치를 말하려고 하면, 이들은 우리를 '꼰대스럽다' 라고 한다. 유머 코드도 알 수 없고, 무엇을 좋아하는지도 도무지 가늠할 수가 없다. 이제는 '너네 부모님이 이렇게 고생하는데, 열심히 해야지' 식의 말이 통하지 않는다. 학생들은 좋은 대학을 가는 것에 그렇게 목숨 걸지 않는다. 대학을 나와도 취업이 어렵다는 것을 알고, 설사 취업을 해서 좋은 직장을 들어간다고 해서 자신이 행복하게 살 수 없다는 것을 안다. 이미 우리 사회가 피로 사회이고 앞으로 직장을 가져도 비정규직으로 살아갈 수밖에 없다는 것을 학생들은 잘 알고 있다.

이에 그들은 예전의 우리만큼 기를 쓰고 공부하지 않는다. 부모의 성화에 못 이겨서 학교와 학원을 가지만 열정을 다하지 않는다. 그들의 열정은 현실 세계가 아닌 온라인 세계로 향한다. 이 세계에서는 자신이 적어도 캐릭터의 주인이다. 현실 세계에서 이룰 수 없는 것들을 게임 세계에서는 이룰 수 있다. 그 속에서 현실의 스트레스를 잊고, 자신만의 성을 구축한다. 그러다가 순간적인 쾌락을 참지 못하고 어른들이 상상할 수도 없는 범죄를 저지른다. 온라인 안에서는 화려하게 살고 있지만, 학생들의 내면은 더 황폐해지고 삶의 의미를 잃어버리는 경우가 많다.

학생들은 불안 속에 있다. 꿈을 꾸라고 하지만, 마스크를 쓴 채, 친구들과 제대로 대화도 못하는 사회에서 그들은 미래가 두렵다. 무엇이 어떻게 돌아가는지도 모른 채, 온라인 수업만 형식적으로 듣고 있는데, 어른들은 자꾸만 무엇을 더 하라고 다그치니, 모든 것이 피곤하다. 존재의 시선으로 학교 현장을 들여다보면, 교사와 학생의 삶이 하나같이 애닲다. 그런데 세상은 틀만 바꿔서 미래 교육을 하라고 한다. 현실의 아픔은 제대로 돌아보지 않고, 형식만 바꿔서 교육을 말하려고 한다. 그것이 미래의 행복을 안겨다 줄 것처럼 말한다.

우리는 알고 있다. 기술의 발전과 행복은 별개라는 것을 말이다. SNS에 자기 이야기를 글과 이미지로 올려 세련된 만남을 꿈꾸지만, 외로움은 더 커져만 간다. SNS에 아무리 잘 포장된 사진을 올려도, 누군가는 나보다 더 멋진 삶을 살고 있다. 또 다시 비교하게 되고, 나를 꾸미고, 그렇게 이미지로 삶을 소비한다. 교육의 본질은 학생들이 자신을 사랑하고, 주체적으로 행복한 삶을 만들어가게 하는 데 있다. 결국 이런 행복은 '소유'의 기쁨이 아닌 '존재'로서의 행복인데, 우리 사회는 소유를 통해서, 소비를 통해서 행복해지라고 한다. 이때 교육은 그런 소유가 없어도, 너 자체로 충분하고 의미 있다고 말해줘야 하는데, 지금 미래 교육에서는 이런 메시지가 없다.

키리코의 또 다른 그림이 있다. 고대 그리스의 두상, 수술 장갑, 녹색공 그리고 그림자가 짙게 드리워진 벽면. 논리적으로는 도저히 이해되지 않는 그림이다. 더군다나 제목이 '사랑의 노래'다. 키리코는 무엇을 그리려고 했을까? 그것은 우리 안에 있는 근원적인 두려움이다. 삶은 종종 양극단의 조합으로 우리에게 다가온다. 희망과 절망, 기대와 좌절, 존재와 소유, 이런 단어들이 이해는 되지 않는데 한꺼번에 내 삶에 함께 덮쳐 온다. 키리코는 이런 모순된 삶을 살아가야 하는 우리의 쓸쓸함과 두려움을 이 이상한 그림으로 표현했다.

교사는 어떤 때는 위대한 교육자로 보이지만, 어떤 때는 민원 창구가 된다. 어떤 때는 상담자가 되지만, 또 어떤 때는 누군가의 독설을 들어야 하는 샌드백이 된다. 학생들에게 욕을 먹어도 참아야 하는 성자의 삶을 살지만, 그것이 쌓이다 보면 내면의 분노를 조절하지 못하는 분노조절장애자

키리코, 사랑의 노래, 1914

가 된다. 교육자, 민원 창구, 상담자, 샌드백, 성자, 분노조절장애자. 이 이질적인 조합의 단어들로 사는 사람이 교사다.

　교사는 슈퍼맨이 아니다. 그럼에도 외부에서는 교사들이 무엇인가 더해주기를 바란다. 대체로 체제에 순응적인 우리 교사들은 어쨌든 무엇인가를 또 한다. 없는 능력을 쥐어짜듯이 수업을 하고, 학급을 이끌고, 또 수많은 행정업무를 한다. 그러다가 몸과 마음이 무너져서 혼자 울 때가 많다. 그러나 주변에서는 나를 이해해 주기보다는 '그래도 교사니까 해야 한다'고 하며 더 많은 일을 준다. 나는 교사로 살고 싶지만, 주변에서는 나를 가만히 두지 않는다. 내 나이 마흔다섯, 교직 경력 15년. 이제는 조금 지긋지긋해진다. 학교, 학생, 수업, 이런 것이 지겨워진다.

사랑이란 게 지겨울 때가 있지

내 맘에 고독이 너무 흘러넘쳐

눈 녹은 봄날 푸르른 잎새 위에

옛사랑 그대 모습 영원 속에 있네

— 이문세, '옛사랑' 중에서

옛사랑이 되어 버렸다. 초년 차 시절의 뜨거운 마음은 사라지고, 학교에 출근을 해도 설렘이 없고, 학생들을 봐도 사랑스럽지 않다. 이럴 때는 앞만 보고 계속 걸어갈 것이 아니라, 가던 길을 멈춰야 한다. 그리고 조용히 내 내면의 소리에 귀를 기울여야 한다. 요즘 나는 오전에는 행정업무를 가능한 안 하기로 했다. 내 내면의 소리에 귀를 기울이기 위해서 글을 쓰거나, 영감 있는 수업을 위해서 수업 준비만 하기로 했다. 행정 부장님에게는 정말 죄송하지만, 의도적으로 일을 지연하기로 했다. 그래서 업무는 천천히 하되 내 존재의 소리에는 민감하게 반응하기로 했다. 남들에게 인정받는 삶은 아니지만, 내 마음은 훨씬 더 여유로워졌다.

가만 보면, 교육의 시선은 속보(速步)가 아니라 완보(緩步)다. 어느 날 고등학교 2학년 때 담임했던 제자들이 찾아왔다. 앞에서 이야기한, 내게 욕설을 하며 반항했던 녀석도 같이 왔다. 속보의 시선으로 보면, 버릇이 없고 배은망덕해서 진작에 정을 주지 말아야 할 놈들이다. 하지만 교육은 느림이다. 무례한 행동 때문에 화가 날 때도 많았지만, 이놈들을 끝까지 품을 수 있었던 것은 완보의 시선 때문이었다. 지금은 아니지만, 때가 되면 철이 들고 사람이 될 것이라는, 교사 특유의 낙관적인 기대가 있었다. 사람에 대한 기대. '지금은 아니지만, 때가 되면 좋은 어른이 될 것'이라는 완보의 시선이 있었기에 이들을 끝까지 품었다. 욕을 하는 놈을 마음으로 안아주

기도 했고, 학년 부장님에게 대든 놈을 달래고 또 달래서, 학년 부장님께 사과의 메시지를 전하라고 했다. 그런 놈들이 3년이 지나니 씨익 웃으며 "지금 다시 공부하기로 했어요"라고 하면서, "왜 그때는 그렇게 철이 없었는지 모르겠어요"라고 말한다.

이런 완보의 시선이 지금 우리에게 필요하다. 산책을 하다가 천천히 걸으면 조금 이상하다. 늦게 가는 것 같아서 마음이 불안하다. 그러나 천천히 걷다 보면, 눈에 들어오는 것이 많아진다. 별거 아닌 것이 더 예쁘게 들어온다. 발에 닿는 땅의 느낌, 날아가는 새의 지저귐, 천천히 흐르는 물의 소리. 천천히 걸으니 보이지 않았던 것이 눈에 들어오기 시작한다.

나는 구부러진 길이 좋다.
구부러진 길을 가면
나비의 밥그릇 같은 민들레를 만날 수 있고
감자를 심는 사람을 만날 수 있다.
날이 저물면 울타리 너머로 밥 먹으라고 부르는
어머니의 목소리도 들을 수 있다.
구부러진 하천에 물고기가 많이 모여 살듯이
들꽃도 많이 피고 별도 많이 뜨는 구부러진 길.
구부러진 길은 산을 품고 마을을 품고
구불구불 간다.
그 구부러진 길처럼 살아온 사람이 나는 또한 좋다.
반듯한 길 쉽게 살아온 사람보다
흙투성이 감자처럼 울퉁불퉁 살아온 사람의
구불구불 구부러진 삶이 좋다.

구부러진 주름살에 가족을 품고 이웃을 품고 사는

구부러진 길 같은 사람이 좋다.

— 이준관, '구부러진 길'

우리에게 필요한 것은 완보의 미덕이다. 천천히 걸으면서 우리가 지금 껏 보지 못했던 것들, 놓쳤던 교육의 본질들을 다시 들여다봐야 한다. 누군가 빨리 가서 4차 산업혁명을 주도해야 한다고 말할 때, 우리 교사들은 오히려 천천히 걸어야 할 때라고, 우리가 놓치고 있는 교육의 속살을 천천히 들여다봐야 한다고 말해야 한다. 속도를 이야기할 때, 우리는 느림의 세계도 있음을 말해야 한다. 삶에서 반듯한 길만 찾으려고 하는 사람들에게 구부러진 길의 미덕을 말해야 한다.

교사의 언어

천천히 [부사]

1. 동작이나 태도가 급하지 아니하고 느리게.

• 속도와 경쟁의 시대에 사느라 지쳐 있지는 않나요?

• 우리가 천천히 학교에서 더 깊게 들여다봐야 할 것이 무엇이라고 생각하나요?

존재의 시선으로
학교 보기

　살면서 늘 숙제가 있었다. 고등학생 때는 공부가, 대학생 때는 취업이, 취업을 하면 결혼이, 결혼을 하면 다시 자녀 교육이, 나이를 먹고 연륜이 쌓여도 우리 한국 사회에서는 늘 숙제가 주어졌다. 이상하다. 분명 삶은 다양한데, 우리는 왜 같은 숙제를 받는 것일까? 이렇게 우리는 '좋아하는 것'을 하기보다는 숙제를 하는, 남이 바라는 나로 살아야 했다. 그런데 문제는 그렇게 최선을 다해 살아왔지만, 행복하지 않다는 것이다. 호들러의 그림에 있는 인물처럼, 흰색 옷을 입고 고결하게 앉아 있는 듯하지만, 얼굴에는 고단한 삶의 주름이 점점 늘어만 간다.

　언제부턴가 '소확행'이라는 말이 유행했다. 소확행은 그리 특별하지 않지만 누구나 일상 속에서 쉽게 누릴 수 있는 소소한 행복을 말한다. 숙제 같은 삶에 대한 반성으로 많은 현대인에게 새로운 삶을 보게 했다. 교사들도 통념에서 벗어나 자신만의 소소한 행복을 누리는 모습이 늘어났다. 기존의 엄숙주의에서 벗어나서 다양한 교사들이 나타났다. 유튜브를 하는

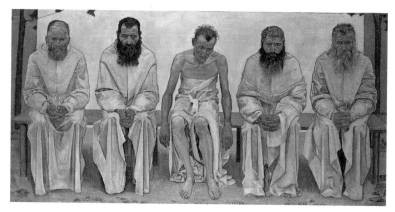

호들러, The Life of Weary, 1892

교사, 랩을 하는 교사, 그림책을 읽어주는 교사, 여행을 즐기는 교사, 마술하는 교사, 뮤지컬을 하는 교사, 라이딩을 즐기는 교사 등 자신의 개성과 끼를 나타내는 것을 주저하지 않는 교사들이 나타났다.

『90년생이 온다』라는 책에서는 '간단함', '병맛', '솔직함'이라는 키워드를 가지고 90년생 세대를 정의하는데, 사실 이것은 90년대생뿐만 아니라 X세대로 불렸던 70년대생에게도 이미 나타났었다.

나는 95학번이다. 우리는 선배들과 자주 트러블이 있었다. 선배들은 우리에게 '등록금 투쟁, 주한미군 철수, 노동 해방 등의 사회적 정의에 대해서는 무관심하고, 왜 이곳저곳 끼리끼리 놀러다니기만 하느냐?' 고 훈계를 했다. 그러나 그때 나는 '그것이 나와 대체 무슨 상관이란 말인가' 라고 생각했다.

물론 나는 알고 있다

내가 운동보다도 운동가를

술보다도 술 마시는 분위기를 더 좋아했다는 걸

그리고 외로울 땐 동지여!로 시작하는 투쟁가가 아니라

낮은 목소리로 사랑 노래를 즐겼다는 걸

그러나 대체 무슨 상관이란 말인가

— 최영미, '서른, 잔치는 끝났다' 중에서

최영미 시인의 시집 『서른, 잔치는 끝났다』는 문단 안팎에서 많은 화제를 불러왔다. 엄숙한 도덕주의를 벗어 던지고, 사회적 정의와 이념에 대해서 쿨하게 개인적 정서를 노래하는 이 솔직한 시에, 어떤 이는 비난을, 어떤 이는 찬사를 보냈다. 1994년에 발간된 이 시집은 사람들의 호불호에도 시집으로는 이례적으로 50만 부가 팔리는 베스트셀러가 되었다. 판매량이 좋은 책을 정하는 기준은 아니지만, 시집이 그만큼 많이 팔렸다는 것은 그 시대의 사람들이 공감할만한 정서가 담겨 있다는 것을 의미한다.

최 시인의 시집만큼은 아니지만, 내가 쓴 두 권의 책이 10만 권이나 넘게 팔렸다는 사실에 간혹 깜짝 놀란다. 교원이 40만 명 정도인데, 그중 25%가 내 책을 봤다는 사실이 믿어지지 않는다. 나는 필력이 없는 사람이다. 필력은 사유의 힘과 함께 오는데, 나는 사유가 깊은 사람이 아니다. 그런데도 『교사, 수업에서 나를 만나다』와 『교사, 삶에서 나를 만나다』는 왜 많이 판매되었을까? 곰곰이 생각해보면, 두 책이 가지고 있는 공통적 요소, '교사', '나', '만나다' 라는 세 단어로 해석이 될 거 같다.

교사는 나로 살아야 한다. 어찌 보면 학교는 집단주의를 강조하는데, 집단 이전에 교사 개인의 삶을 세우는 것이 중요하다. 그래서 요즘 많은 교사가 개인의 시간을 갖기 위해 카페 가는 것을 좋아한다. 단골 카페에서 책을 보거나 수업 연구를 한다. 학교 안에서 달리기만 해서 지친 마음을 카페에 가서 아메리카노 한 잔으로 달랜다. 회식에 참여하는 것을 좋아하지 않고, 나만의 감성을 찾으려 한다. 인스타그램에 자신의 셀카 사진을 올리고, '교사스타그램'이라는 해시태그를 달면서, 자신의 일상을 자연스럽게 공유한다. 그리고 방학이 되면 기회가 되는 대로 해외여행을 가려고 한다. 동남아나 유럽 등지에서 자신만의 힐링 시간을 갖는다.

사실 이것이 교사들에게만 나타나는 현상은 아니다. 요즘 사람들은 자신의 감성과 느낌을 표현하는 것에 관심이 많다. 캘리그라피, 향초, 가죽, 타투 등 작은 예술 공방에서 나를 표현하는 일이 많아졌고, 동네 책방, 동네 빵집 등 큰 돈을 벌지는 않아도 자신만의 개성과 느낌을 강조하는 가게를 개업하면서 살아가는 사람이 많아졌다. 이것은 특정 출생 연도로 국한되지 않는다. 90년대생, 2000년대 학번으로 규정될 것이 아니다. 전 세대에 걸쳐서, 개인의 감성과 느낌을 강조하는 일은 교사뿐만 아니라 곳곳에서 그리고 우리 학생들에게서도 종종 발견된다.

이제 교사들은 집단에 속하기를 원하지 않는다. 자신만의 의미와 가치를 가지고 교육적 행위를 잘 실현해가기를 원한다. 그런데 문제는 학교라는 조직은 집단을 강조한다. 교육부, 교육청, 학교로 내려오는 매뉴얼을 준수해야 한다. 개인의 가치, 개인의 존재를 스스로 증명하기 위해서 학교로 왔는데, 학교는 개인보다는 집단을 강조하고, 그 틀에 맞출 것을 요구한다. 국가 교육이라는 틀에서 개인의 자율과 창의성은 많이 저해 당한다.

마티스도 그랬다. 눈에 보이는 색이 아니라 자신의 마음속에 있는 색을 칠하기 위해서 자신의 부인을 청록색으로 마구 칠해버렸다. 색감을 더 강렬하게 표현하기 위해서 곳곳에 붉은색을 덕지덕지 칠했더니, 사람들은 '이것은 그림이 아니다'라고 하면서 그에게 '야수'라는 닉네임을 붙였다. 그림은 색이 아름답고 선이 살아있어야 하는데, 그의 그림은 그런 통념에서 벗어났기에, 야수 같은 그림이라 생각하고 폄하해 버렸다. 그러나 마티

마티스, Woman with a Hat, 1905

스는 우직하게 자신만의 색을 칠하고, 눈에 보이는 색이 아닌 자신이 생각하는 이상적인 색으로 그려서, 서양 미술사에서 색을 해방한 화가라는 칭호를 받는다.

교사는 마티스처럼 자기 색깔을 드러내면 안 된다. 동료들과 호흡을 맞춰야 한다. 온라인 수업을 할 때도 튀어서는 안 된다. 이런 현실에 교사들은 자괴감을 느낀다. '나'라는 가치는 훼손되고, 지침, 원칙, 규정에 맞춰서 모든 것을 진행해야 한다. 어떤 조직이든 표준화는 중요하다. 표준화된 매뉴얼은 효율적으로 시간을 단축하면서 업무 능력을 향상시키는 데 큰 힘을 발휘한다. 네이스 입력을 어떻게 하는지, 출석부는 어떻게 정리하는지, 학생들을 어떻게 대하고 어떻게 수업을 해야 하는지 매뉴얼을 익히고,

선배 교사로부터 이를 배우는 것은 무척 중요하다. 그런데 문제는 이런 표준화도 있어야 하지만, 거기에 개인의 감성과 자율성, 상상력, 창조력이 들어갈 자리가 있어야 하는데, 학교는 그런 자리가 잘 존재하지 않는다는 것이다. 불행히도 학교 관리자들은 사람들을 설득하는 방법을 모른다. 그냥 힘으로 누르려고 한다. 그래서 현재 학교는 승진에 관심이 많은 몇몇 사람만 억지로 움직이고, 나머지 교사들은 욕먹지 않을 딱 그 정도의 일만 하고 있다.

최근 교육 현장에서 유행하는 용어를 보면, 실상과 다른 말들이 오고 간다. 전문적 학습 공동체, 민주시민교육, 학교자치 등 협력과 소통이 미래 사회의 주된 키워드라고 하면서, 협치를 해야 한다, 거버넌스를 구축해야 한다고 말한다. 물론 맞는 말이다. 그렇게 되면 얼마나 좋겠는가? 그러나 이런 말을 들을 때마다 헛웃음이 나온다. 서로 진실한 만남을 이루지도 못한 채, 공동체를 이루라고 하니, 남는 건 싸늘한 조소뿐이다.

여전히 학교는 교장 한 명이 독단적으로 의사결정을 하고 있기 때문이다. 물론 소통하고 협력하는 관리자가 예전보다 많은 것은 사실이다. 하지만 여전히 교장들은 소통하고 협력할 줄을 모른다. 부장들을 자기의 부하로만 여기고, 자신은 교장이 된, 능력 있는 교사라고 우월감을 가지고 부장들을 대한다. '당신 이렇게 하다가 계속 교사만 할 거야' 라는 말로 부장들을 은근히 협박하고, 하루하루 최선을 다하는 교사들에게 '게으르다', '노력하지 않는다' 고 하며 자존감을 한없이 깎아 내린다. 이렇게 교사들의 존엄을 훼손하면서, 자기 뜻대로 따라야 할 것을 힘으로 밀어 붙이는 교장이 여전히 있다. 조퇴나 연가를 가지고 깐깐하게 따져 들면서 교사들을 위축시키고, '교사들이 움직이지 않는다', '교사들이 생각이 없다' 는 말을 되풀이하면서, 자신의 지시대로 움직이지 않으면 인사상의 불이익을 줄 것처럼 말하는 관리자가 있다.

왜 교사들이 움직이지 않을까? 관리자들이 교사 개인의 마음과 생각에 다가오지 못하기 때문이다. 직급의 힘으로 사람들을 겁박하는 방법만 익혔지, 마음과 마음으로 연결하고 비전을 공유하고 자발적인 협력을 끌어내는 법을 익히지 못했다. 소통은 서툴고, 대화는 버거워한다. 무슨 건의라도 하려고 하면, 자신의 권위에 도전하는 것이라고 생각하고 성을 내고 말을 잘라 버린다.

숲에 가 보니 나무들은

제가끔 서 있더군

제가끔 서 있어도 나무들은

숲이었어

광화문 지하도를 지나며

숱한 사람들이 만나지만

왜 그들은 숲이 아닌가

이 메마른 땅을 외롭게 지나치며

낯선 그대와 만날 때

그대와 나는 왜

숲이 아닌가

— 정희성, '숲'

학교는 숲이어야 하지만, 현실은 그렇지 않다. 숲이 되지 못하는 이유는 관리자와 교사들의 갈등 때문만은 아니다. 교사와 교사 간의 갈등도 제법 많다. 승진하려고 애를 쓰는 교사와 그런 교사를 비난하는 교사, 학교도 사람이 모인 곳이다 보니, 서로 상처주고 갈등하고 견제하는 일이 많다.

예전에는 교사들에게 '학생들을 위해 우리 교사들이 희생해야 한다'는 말이 통했다. '그래도 교사니까 참고 학생들을 사랑해야 한다'는 기본 전제. 이것으로 교사들을 움직이게 할 수가 있었다. 그러나 지금은 그렇지 않다. 교사도 인간이다. 나를 포함한 지금의 교사들에게는 교사이기 때문에 더 존중받고 보호받아야 한다는 심리가 있다. 그래서 관리자는 각 교사 개인의 욕구와 필요를 잘 조정하고 교육적 비전을 통해 교사의 마음을 움직이는 리더십이 있어야 한다.

몇몇 학교는 아름다운 공동체를 이루고, 학교 혁신까지 이뤄냈다. 그러나 그런 학교의 공통점은 공동체가 되기 위해서, 일반 사람은 흉내 내기 힘든 헌신과 수고를 한 소수의 사람이 있었다. 그랬기에 가능했다. 그런데 이런 특별한 헌신으로 세워진 학교를 일반 학교에 그대로 이입시키는 것은 정말 무모한 짓이다. 학교는 마음을 모으고 생각을 공유하는 길고 지난한 과정을 거쳐야지 비로소 공동체가 되기 시작한다. 그리고 공동체가 된다 할지라도 언제든지 무너질 수 있는 것이 학교다. 한 마디로 학교는 공동체가 되기 너무 힘든 곳이다.

지금 나는 학교가 공동체로 가는 것이 불가능하다는 것을 말하는 것이 아니다. 우리가 처한 현실을 그대로 말하는 것이다. 학생들에게, 학부모들에게 가볍게 취급받는 교사, 학교에서는 존재로 인정받지 못하고 부하가 되기를 강요당하는 교사, 자존감이 떨어져 아무런 힘을 발휘하지 못하는 교사들에게 지금 필요한 것이 무엇일까를 고민하기 위해서, 교사의 밑바닥 정서를 말하고 있다.

우리에게 지금 필요한 것은 현실을 정확히 인정하는 태도, 현실을 정확히 진단하려는 자세이다. 현실을 모른 채, 장밋빛 청사진만으로 교사들을 설득하려고 해서는 안 된다. 지금 교사들이 어떤 모습으로 서 있는지, 어떤 아픔 속에서 하루를 간신히 버티고 있는지를 깊게 들여다봐야 한다.

레미제라블(Les Misérables), 프랑스의 소설가 빅토르 위고가 19세기 프랑스를 배경으로 쓴 장편소설로 '불쌍하고 비참한 사람들'이란 뜻이다. 이 소설이 나온 지 150년이 넘었는데도 명작으로 칭함을 받는 이유는 당대의 현실을 너무도 잘 드러냈기 때문이다. 19세기 프랑스는 세계의 중심 국가였지만, 그 이면에는 빵 하나를 훔치기만 해도 삶이 나락으로 떨어지는 사회가 있었다. 공장에서 해고를 당한 판틴이 단기간에 성매매 여성이 되는 사회가 그 당시의 프랑스였다. 그래서 위고는 서문에 소설을 쓴 이유를 다음과 같이 설명한다.

> 프롤레타리아 탓으로 남자가 낙오되고, 굶주림으로 여자가 타락하고, 어둠 때문에 아이들이 비뚤어지는 세 문제가 해결되지 않는 한, 다시 말해 이 지상에 무지와 비참이 있는 한, 이 책이 쓸모없지는 않을 것이다.

위고는 존재의 시선으로 프랑스를 바라봤다. 겉으로 보면 프랑스는 미래를 선도하는 나라였지만, 그 속살을 들여다보면 예전보다 더 고통받는 소시민들이 있음을 위고는 소설을 통해 드러낸다.

온라인 교육도 마찬가지다. 겉으로 보면 온라인 교육이 미래 교육에 대한 새로운 가능성을 열어주지만, 그 속에서 소외되는 학생들이 있다. 교사에게도 마찬가지다. 온라인 활용 능력이 뛰어난 교사에게는 자신의 끼와 능력을 마음껏 발휘하는 장을 열어주지만, 그렇지 않은 교사에게는 온라인 수업은 큰 벽이고, 절망이다. 많은 교사가 쉬는 시간마다 학생들과 상담하면서 그들의 마음에 다가서기 위해 애썼는데, 이제는 그런 것보다 구글 클래스룸을 잘 활용하고, 줌을 이용한 실시간 수업을 더 잘해야 한다고 하니, 전통적인 방법으로 학생들을 깊이 사랑했던 교사들은 설 자리가 점점 없어진다.

뮤지컬 레미제라블에서는 'One Day More'라는 곡이 있다. 번역하면, '내일이 오면'이라는 뜻이다. 이 노래는 프랑스 혁명이 일어나기 전날, 각기 다른 생각으로 내일을 맞이하는 내용을 담고 있다. 누군가에게 내일은 연인과 이별하는 날이고, 누군가에게는 시위하는 자들을 처단하는 날이고, 누군가에게는 소매치기를 하면서 돈을 버는 날이고, 누군가에게는 정든 곳을 떠나야 하는 날이다.

우리가 맞이하는 미래도 마찬가지다. 누군가에게는 새로운 기술로 신세계를 경험하는 날이지만, 누군가에게는 자신의 존재를 잃어버리고 시대의 아픔을 온몸으로 체험해야 되는 날이다. 이럴 때일수록 우리는 존재의 시선을 가지고 학교를 다시금 들여다봐야 한다. 다가오는 미래에 누가 더 소외되고 있는지, 누가 더 아파하고 있는지를 정확하게 봐야 한다. 기술적으로 앞서가는 것도 중요하지만, 그보다 더 중요한 것은 학교의 구성원이 함께 손을 잡고 성장해가는 것이다. 4차 산업혁명의 시대가 오더라도, 학교가 놓치지 말아야 할 것은, 학교가 회복과 성장의 장소이어야 한다는 것이다. 그런데 그런 성장의 기회를 제공하지 못하고 누군가를 소외시키는 일이 자주 일어난다면, 그것은 학교가 아니다. 더 아픈 자에게 다가서고 그를 일으켜 세워주는 것이 교육이다. 앞으로 달려가기 전에, 지금 우리가 겪고 있는 아픔을 정확하게 봐야 한다.

함께 [부사]

1. 한꺼번에 같이 또는 서로 더불어

- 선생님의 학교는 교사들이 함께 가고 있나요?
- 학교가 함께 가기 위해서 지금 우리에게 필요한 것은 무엇일까요?

개인주의자로
선언하기

　

삶에는 정답이 없다. 나이가 마흔 중반으로 접어드니, 드디어 삶이 주는 메시지를 마음으로 깨닫는다. 삶은 늘 버겁다. 괜찮다 싶을 때면 어김없이 예상치 않은 고난이 찾아오고, 나를 폭풍 속으로 몰고 간다. 또 정리되었다 싶으면 또 다른 고민을 계속해서 던진다. 그래서 우리 삶은 늘 길 위에서 헤매는 것인지도 모른다.

잃어버렸습니다
무얼 어디다 잃었는지 몰라
두 손이 주머니를 더듬어
길에 나아갑니다

--(중략)--

돌담을 더듬어 눈물짓다
쳐다보면 하늘은 부끄럽게 푸릅니다

풀 한 포기 없는 이 길을 걷는 것은
담 저쪽에 내가 남아 있는 까닭이고

내가 사는 것은, 다만,
잃은 것을 찾는 까닭입니다

— 윤동주, '길'

시인 동주도 끊임없이 삶의 해답을 찾는다. 그래서 그는 끊임없이 돌담을 더듬으며 길 위에 서 있다고, 삶이란 잃은 것을 찾는 것의 연속이라고 말한다. 이렇듯 삶은 방황의 연속이다. 그 길 위에서의 방황이 두렵지 않으려면 자신만의 시선을 찾는 것이 중요하다. 그런데 우리는 그 시선을 잃고 길 위에서 헤매고 있다.

나는 지금 절망을 말하고 있다. 보통 책을 읽는 이유는 대안을 찾고 문제를 해결하기 위함인데, 나는 지금 우리가 당연하다고 생각하는 것에 의문을 제기하고 있다. 혹자는 물을 것이다. '그러면 다가오는 미래에 교사는 어떻게 살아야 하는가?', '교사를 존재로 보고, 학교의 아픔을 깊이 들여다보기만 하면 되는 것인가?' 물론 아니다. 이제 우리는 그 현실의 터 위에서 나를 들여다봐야 한다. 남이 말하는 내가 아닌, 내가 생각하는 나를 찾아야 한다.

20세기 말 프랑스에서는 예술의 꽃이 활짝 피었다. 각국의 화가들이 자신의 재능을 마음껏 뽐내기 위해 파리로 몰려들었다. 화가들은 파리에서

집값이 상대적으로 싼 몽마르트 언덕 주변에 살기 시작했고, 이곳에서 각자의 개성을 뽐내며 그림을 그렸다. 이런 화가들에게 가장 필요한 존재는 영감을 주는 뮤즈였다. 화가들의 감성을 자극하고, 창작욕을 불러일으키는 모델. 그 중 대표적인 사람이 수잔 발라동이었다. 어려서부터 서커스 단원으로 있다가 다리를 다쳐서 몽마르트 언덕 근처에서 허드렛일을 하던 수잔은, 인상파 화가들의 눈에 띄어서 그들의 모델이 된다.

수잔을 많이 그렸던 인상파 화가로는 르느와르가 있다. 그는 현

르누아르, Dance at Bougival, 1883

실의 수잔보다 더 아름답게 인물을 포장한다. 우수에 찬 눈빛, 뽀사시한 피부, 순수한 마음을 가진 여성으로 그녀를 표현한다. 하지만 로트레크는 달랐다. 난장이 화가로 유명한 로트레크는 생활고에 시달려서 허드렛일을 하고 있는 그녀의 뒷모습을 본다. 세탁소에서 남의 옷을 가져다가 빨래를 하고 있는 수잔의 아픔. 그 고통스런 삶에 주목하면서, 그녀의 뒷모습을 애잔하게 그려낸다.

같은 인물을 그렸지만, 르누아르가 그려낸 수잔과 로트레크가 그려낸 수잔은 분명히 다르다. 한쪽은 남성들이 흠모할 만한 외모를 가진 화려한 여인으로 또 다른 한쪽은 삶의 무게를 지고 힘겹게 살아가는 고통의 여인

로트레크, The Laundry Worker, 1888

으로 묘사한다. 그런데 수잔 발라동이 대단한 것은, 이렇게 화가들의 모델만 되어준 것이 아니었다. 그녀는 수많은 화가의 모델이 되어주면서 어깨 너머로 그림 실력을 키운다. 특히 드가로부터 데생을 제대로 배우면서, 자신만의 화풍을 완성하고 자신을 그려낸다.

　수잔은 앞의 두 화가와 다르게 자신을 표현한다. 한쪽은 자신을 기쁨의 여인으로, 또 다른 한쪽은 고통의 여인으로 묘사했는데, 자신은 '나는 나다'라고 이 그림에서 외치고 있는 듯하다. '화가들이여 나를 이상하게 꾸며대지 말라. 내 모습은 이렇다'라고 소리치는 듯 자신의 눈빛을 강렬하게 채색하고, 현실에 강한 불만이 있는 여성으로 자신을 표현하고 있다.

수잔 발라동, 자화상, 1898

　지금 교사의 시선으로 미래를 바라보는 데 있어서 가장 중요한 것은 이와 같은 수잔의 태도다. 남의 시선에 길들여지지 않고, 내가 나를 정의하는 태도. 내가 걸어가는 길을 남의 왜곡된 시선으로 보지 않고, 내 시선으로 가만히 들여다보는 것. 지금 우리에게 필요한 것은 이런 주체적인 삶의 시선이다. 그래서 우리는 교사로서 어떤 길을 걸어야 할 것인가? 각자 나름의 답을 내려야 한다. 물론 서로 다를 수 있다. 그러나 나는 교사들이 미래에 대해 어떤 삶을 살아야 하는지, 어떤 교육을 해야 하는지 더 많이 표현하길 바란다. 지금 우리네 교육은 학교 교육을 제대로 알지 못하는 사람들이 지나치게 이상적으로 혹은 지나치게 비관적으로 표현하고 있다. 나는 우리 한국의 교육을 긍정도 부정도 하고 싶지 않다. 부정적인 요소도 많지만, 긍정적인 요소도 있다. 특히 외국에서 공부를 한 학자들이 한국의 입시 교육 체계가 반교육적이었다고 하면서 한국 교육의 전면적인 개혁을 외치고 있는데, 그 말에 일부 동의하지만, 한국 교육에 교육적인 요소가 아주 없었던 것은 아니다. 과열된 입시 교육으로 문제도 많이 있었지만, 그래도 그 교육을 통해서 지금 우리가 교사로 존재하고 있다. 내가 이렇게 글을 쓰면서 책을 낼 수 있는 것도, 학교에서 글쓰기 교육도 배우고 독서 교육을 받았기에 가능했다. 가만히 살펴보면 우리를 성장하게 한 요소도 있었다. 이제 중요한 것은 남의 시선을 참고 삼아, 교육의 시선으로 우리의 길을 모색해야 한다. 이제 우리는 다시 원점에서 출발해야 한다. 학교라는 공간 속에서 이상과 현실의 줄타기를 하는 우리 교사의 시선으로, 우리 길을 스스로 모색해야 한다.

오랜 시간 동안 수업코칭을 하면서 느낀 것은 선생님들의 수업 문제는 수업 기술의 문제가 아니라는 것이다. 수업에 임하는 교사의 자존감이 문제였다. 내가 아닌 남의 것으로 수업을 하니 스스로 나를 존중하지 못하고, 문제 상황이 발생했을 때 주체적으로 해결하지 못하고 우왕좌왕 하다가 수업을 그르치는 경우를 많이 봤다.

지금도 마찬가지다. 변화의 시대에 교사들이 자기만의 시선을 잃어버리니 모든 것이 혼란스럽고 우왕좌왕하게 된다. 이때 우리 교사들은 내 존재에 대한 질문을 스스로 던져야 한다. 그동안 나는 어떤 교사로 살아오려고 했는지, 실존에 대한 탐색을 시작하면서 내 시선을 찾아야 한다.

지난 15년 동안 수업에 대한 고민을 많이 했다. 대학 입시가 중요한 인문계 고등학교에서 나름대로 학생들에게 생각할 거리를 제시하고, 삶을 깊이 고민하는 수업을 해왔다. 그러나 여전히 마음이 무거운 것은, 내 수업을 통해 '학생들이 삶을 깊이 들여다보고, 그 안에서 성장하고 있는가?' 라고 질문을 해보면 자신이 없다.

생활지도와 학급운영에서는 더더욱 자신이 없다. 나는 좀 더 따듯한 교사가 되고 싶었다. 학생들의 이야기를 잘 들어주고, 고민에 대한 답을 주는 교사, 자신감이 없는 학생들에게 새로운 꿈을 주고 목표가 없는 학생들에게 삶의 푯대를 세워주는 삶의 스승이 되고 싶었다. 하지만 버겁다. 쉬는 시간에 학생들을 부르려고 하면 왜 이렇게 귀차니즘이 발동하는지. 혹 학생들을 불러서 상담을 하더라도 그들의 마음에 다가서기가 힘이 든다. 고작해야 공부법 정도일 뿐 그 학생 내면의 두려움, 슬픔, 불안에 대한 이야기를 들어주고 공감해줄 자신이 없다. 그래도 배운 게 있어서 "느낌이 어떠니? 네 마음의 감정에 무엇이라고 이름 붙이고 싶니?"라고 하면서 감정 코칭, 그림 치료 등을 적용하면서 이야기를 하지만, 학생이 이야기하는 삶의 무게를 내가 대신 져 주는 것은 힘이 든다. 내 삶의 무게도 지기 힘든데 어떻게 30여 명의 학생 이야기를 다 들어주겠는가!

돌이켜보면 내 교사 생활은 지극히 개인적이었다. 필요 이상의 에너지를 뿜어내지 않았고, 내가 딱 할 수 있는 그만큼의 에너지를 보여줬다. 그 와중에 의미 있는 제자도 있었고, 그냥 얼굴만 보다가 떠나보낸 제자도 많다. 더 많은 제자의 가슴에 살아 있고 싶었지만, 개인주의적인 삶을 사는 나로서는 이게 최선이었다. 솔직히 내 안에서 교사라는 이미지가 마구 혼재한다. 형편이 어려운 학생들에게 밥을 사주고, 남겨서 공부를 시키고, 삶을 도와줬던 교사. 하지만 이런 삶을 살기에는 나는 약하다. 내가 가진 시간과 물질을 희생하면서까지 학생들을 돕고 싶은 마음은 없다. 교사로서 내 꿈은 소박하다. 학생들이 나를 에너지가 있는 교사로 기억해주고, 나를 보면서, "선생님 덕분에 많이 웃었다"고 말하고, "어떤 삶을 살아야 할지 새로운 자극을 많이 받았다"는 정도로 말을 해줬으면 한다.

'넛지'(Nudge)라는 말이 있다. 살짝 찌르기 정도를 의미하는데, 나는 학생들의 생각에, 삶의 결정에 넛지 정도 하는 교사가 되었으면 한다. 그래서 내가 좋아하는 말이 '영감'이다. 창조적인 영감을 줘서 학생들 스스로 자기 삶의 주체가 되게 하는 교육자. 이 정도가 딱 내가 듣고 싶은 말이다. 삶을 책임져 주는 것은 내 역량도 안 되고, 부담스럽다. 교사라는 직업에서 할 수 있는 헌신과 모범에서 딱 평균 정도만 하고 싶은 게 내 심정이다. 그이상, 그 이하도 아니다.

전통적 교사관, 성직자관의 기준에서 보면 나의 이런 교사상은 조금 이기적으로 보일 수 있다. 하지만 90년대 학번으로 신세대, X세대라 불렸던 나에게 지나친 도덕과 헌신의 요구는 부담스럽다. 나는 그저 내가 재미있게 잘 살고, 창조적인 삶을 잘 살면서, 이것이 우리 학생들에게 잘 흘러가기를 바랄 뿐이다.

나는 딱 대한민국의 평균 정도의 도덕성을 가지고 있다. 내가 가진 에너지와 열정을 다 소진하면서 제자들을 만나고 싶지 않다. 솔직히 나는 남보다 내가 먼저다. 하지만 그럼에도 가치 있는 삶을 살고는 싶다. 그래서 고민한다. 개인주의자이지만, 교사로서 학생들에게 의미 있는 배움을 주려면 어떻게 해야 하는지 늘 고민이다.

나를 부담스럽게 하는 헌신적인 교사들이 있다. 새 학기마다 가정 방문을 하면서 학생들의 상황을 살피고, 형편이 어려운 학생들은 일대일 결연을 하고, 여러 장학금을 모아주면서 실제적인 도움을 주는 교사들이 있다. 시험을 보는 학생들에게 용기를 준다고 초콜릿과 과자로 마법약을 만들어 약봉투에 담아주는 교사가 있다. 쉬는 시간마다 학생들을 상담하고, 손을 잡아주면서 기도를 해주는 교사들이 있다. 보기만 해도 교사로서의 품격이 느껴지는, 정말 멋진 교사들이다.

그런데 나는 솔직히 못하겠다. 내 삶 하나로도 버거워 학생들에게 사랑을 베푸는 것이 쉽지 않다. 학생들에게 필요 이상의 시간과 물질을 쓰는 것을 나는 계산한다. 그렇다. 나는 이렇게 여전히 마음이 좁은 교사다. 하지만 나 같은 고민을 하는 교사도 있다. 우리는 성자가 아니다. 2차 세계대전에 아이들과 함께 가스실로 들어간 코르착 선생님이 아니다. 학생들에게 뜨거운 민족주의 정신을 가르쳤던 김교신 선생님이 아니다.

물론 이런 말을 하는 것이 쉽지 않다. 더군다나 이렇게 책에서 내 민낯을 그대로 보이는 것이 쉽지 않다. 나도 엄숙주의와 도덕주의로 포장한 채, 교사는 학생을 위해 희생해야 한다고, 다음 세대를 위해서 우리가 더 헌신해야 한다고 말하고 싶지만 내 안을 들여다보면, 학생들에게 밥 한 끼 사주는 것을 고민해야 하고, 퇴근 시간 이후에 남아서 학생들을 상담하려면 큰 결단을 해야 한다.

가만 보면, 나는 내게 맞지 않는 교사상을 세워 놓았던 거 같다. 나는 내 스타일이 있는데, 이 스타일로도 충분히 멋진 교사가 될 수 있는데, 한 방향으로만 달려왔던 거 같다. 그러면서 스스로는 '너는 여전히 부족해', '너는 교사로서 사랑이 없어', '너는 존경받는 교사가 아니야' 라고 나를 학대만 했던 거 같다.

여태까지 우리는 맞지 않는 옷을 억지로 입으려 했다. 교사들이 다 헌신성만 있는 것은 아니다. 다양한 빛깔의 교사가 있을 수 있다. 글 쓰는 교사, 유튜버 교사, 마술가 교사, 변호사 교사, 노래하는 교사 등 내 주변에는 각자의 색깔을 가진 교사가 다수 존재한다. 이제 우리가 지금껏 생각해왔던 교사의 길을 새롭게 생각해야 할 때이다.

많은 교육 정책은 교사들이 학생들에게 헌신적인 이타주의자가 되어야 한다는 전제하에 계획된다. 그러나 나 같은 개인주의자에게 사전에 동의되지 않은 정책은 반발감만 생기게 한다. 물론 노골적인 반대는 하지 않는다. 그러면 앞으로의 삶이 피곤해지기 때문이다. 그렇기 때문에 개인주의자인 나는, 참여는 하되 마음을 두지 않는다. 앉아는 있되 마음은 주지 않는다. 요식 행정, 시범학교 이런 것에 열과 성의를 다하지 않는다. 그것은 나를 위한 것이 아니기 때문이다. 특정 부장의 승진 점수 혹은 교감과 교장의 치적 세우기에 내가 소모될 필요는 없기 때문이다.

연애 초기에는 우리는 연기를 한다. 상대방이 원하는 그 모양새를 갖추느라고 가면을 쓰고 품위 있는 척, 고결한 사람인 양 연기를 한다. 하지만 연애를 지속하다 보면, 관계가 자연스러워지고 서로의 본 모습이 나오기 시작한다. 이때 연애가 지속되려면 이성에 대한 환상을 내려놓고, 상대방을 존재로 봐주면서 이해하고 수용해야 한다. 그렇지 않고 "너의 예전 그 모습은 어디 갔니?"라고 따져 들기 시작하면, 그 관계는 곧 무너지고 만다. 그럴 때, 상대방은 숨이 막힌다. 있는 그대로 나를 봐주기 원하는데, 상대방은 자꾸 자신의 틀 속에 가두려고 할 때, 이별을 생각한다. 사람은 소유가 아니라 존재다.

교사도 마찬가지다. 어떤 틀 속에서 교사상을 가두는 순간, 교사의 모습은 획일화된다. 정돈되어 있고, 차분하면서도 정감이 있는 교사, 학생들을 환대하는 교사. 상담을 잘 하고, 야무지게 지식을 잘 전달하는 교사. 늘 순종적이고 이타적이면서 국가 정책에 헌신적인 교사. 대체로 이런 교사상으로 획일화되니, 이 속에서 교사 개인의 개성과 자율성은 제대로 나타나지 않는다.

나는 이 책을 통해서, 어떤 답이 아니라, 교사의 존재를 밝히고 싶다. 다양한 색깔을 가진 교사들. 그리고 그 각자의 개성에 맞는 교사의 길을 모색하고 싶다. 정답을 주기 위함이 아니라, 각자의 색깔을 가진 교사로 어떻게 성장할 수 있을까? 그 질문에 답을 얻고 싶다. 미래 교육의 핵심은 다양한 관심과 개성을 가진 학생들을 그 특성에 맞게 교육하라는 것이다. 그래서 고교학점제 논의가 이뤄지는 것이고 이를 바탕으로 교육과정을 재구성하고 창의융합형 인재를 기르자는 것이다. 그러려면 이런 교육을 시행해야 하는 교사들을 더 다양한 시선으로 봐야 한다. 한 가지 틀이 아닌 여러 가지의 시선으로 교사의 모습을 모색해야 한다.

몇 년 전까지만 해도 나는 추상화를 이해하지 못했다. 특히나 마크 로스코의 색면 추상의 그림은 더더욱 이해하기 힘들었다. 아무런 내용 없이 네모난 색이 겹쳐 있는 이 그림을 어찌 이해할 수 있을까? 그런데 서양미술

마크 로스코, Light Red Over Black, 1957

사라는 방과후수업을 진행하면서, 이 그림을 학생들과 느낌을 나누었는데, 우리 반에서 속을 가장 썩이던 놈이 이 그림이 너무 좋다는 것이었다. "너는 이 그림을 이해하면서 좋다고 하는 거냐?"고 물어봤다. 그러자 그 학생이 웃으면서 말했다. "선생님 경계가 없는 저 그림이 저에게 자유로움을 줘요. 저에게 착해지라고, 공부 잘하라고 말하지 않는 것 같아서 제 마음이 편해져요."

하나의 틀로 교사의 모습을 획일화해서는 안 된다. 교사는 다양한 모습으로 존재할 수 있다. 이를 위해 교사인 내가 먼저, 내가 어떤 교사가 되고 싶은지 스스스로에게 물어야 한다. 남의 시선이 아니라 나의 시선으로 내가 어떤 교사로 살고 싶은지를 물어야 한다.

내 이름은 다니엘 블레이크입니다. 나는 사람이고, 개가 아닙니다. 그렇기에, 나는 나의 권리를 요구합니다. 나는 당신들이 나를 존중해주기를 바랍니다. 나, 다니엘 블레이크는 시민이며, 그 이상도 이하도 아닙니다.

영화 '나, 다니엘 블레이크'에서는 실업급여를 빼앗긴 다니엘 블레이크가 나온다. 영국이라는 나라가 겉으로 보면 사회보장제도가 잘 되어 있는 듯하지만, 그 속에 각종 규정과 지침 속에서 죽어가는 노인들이 있었다. 다니엘 블레이크는 작지만 뜨거운 편지로 자신의 존재를 분명히 드러낸다.

이에 나도 교사로서 다음과 같이 선언한다.

나는 남을 잘 웃기는 레크리에이션 강사도 아닙니다. 그렇다고 나는 헌신적인 사랑을 하는 테레사 수녀님과 같은 분도 아닙니다. 그냥 나는 교사입니다. 교사! 내가 만나는 학생들에게 의미와 가치를 가르치고, 그들이 앞으로 이 험한 세상을 잘 살 수 있도록 지혜를 주는 교사입니다.

그렇기에 나는 나의 권리를 요구합니다. 무리하게 당신들의 교사상을 나에게 주입하지 마십시오. 나는 한 인간으로서, 한 교사로서, 우리 학생들을 최선을 다해 가르칠 겁니다. 그들을 감히 사랑한다고 말하지는 못하겠지만, 그렇다고 그들의 맑은 영혼을 더럽히지 않을 겁니다. 적어도 내 수업으로, 정직하게 삶을 살아가는 지혜와, 그 속에서 누릴 수 있는 소소한 기쁨을 가르칠 겁니다. 나는 만능 엔터테이너가 아닙니다. 나는 당신들의 부하가 아닙니다. 나는 나입니다. 나 김태현은 교사입니다. 그러니 교사로서 나를 존중해주기를 바랍니다. 나, 김태현은 한 인간이며, 교사며, 그 이상 그 이하도 아닙니다.

교사의 언어

선언하다(宣言하다) [동사]

1. 널리 펴서 말하다

- 교사가 개인주의자라고 말하는 것에 대해 어떻게 생각하나요?
- 학교에서 선생님은 어떤 선언을 하고 싶은가요?

나로 살아가기

하루가 온몸으로 기억되는 날이 있다. 나에게 2017년 5월 23일이 그렇다. 4교시까지는 그냥 평범한 하루였다. 그런데 4교시가 끝나자 핸드폰에 아버지에게서 온 전화가 부재중으로 떠 있었다. 황급히 아버지에게 전화를 걸었는데, 아버지가 무심히 내뱉은 한 마디 "네 엄마가 죽었다." 순간 너무 당황했고, 황급히 아버지께 물었다. "어떻게요? 어떻게 엄마가 갑작스럽게?" 그러자 아버지는 한숨을 쉬면서 "엄마가 베란다에서 투신을 했어." 너무 깜짝 놀라 그야말로 몸이 얼어붙었다. 엄마가, 사랑하는 내 엄마가, 며칠 전까지만 해도, "응, 기분이 좋아"라고 하면서 통화를 했던 엄마가 투신을 했다니 믿어지지가 않았다.

겉으로 볼 때, 엄마는 부족한 것이 없었다. 아버지는 무뚝뚝하고 퉁명스러운 분이었지만, 예전보다는 훨씬 더 다정하게 엄마를 대하고 있었다. 돌아가시기 한 달 전만 해도, 댄스 교실에서 신나게 몸을 흔들면서 주변 사람들을 기쁘게 해주는 사람이었고, 항상 가족들을 위해 맛난 밥과 반찬을 만들어주는 분이었다.

그런데 그런 엄마가 스스로 몸을 던졌다. 14층 아파트, 정오 무렵에 사랑하는 남편과 아들들을 두고, 베란다에서 몸을 던져 스스로 목숨을 끊었다. 아버지, 형과 나, 아니 엄마를 알고 있는 모든 사람은 엄마의 극단적인 선택에 충격을 금할 수 없었고, 왜 이런 선택을 해야 했는지 도무지 이해가 가지 않았다. 이 글을 쓰는 지금은 엄마가 돌아가신 지 3년이 되었다. 아직 내 안에서 그 충격이 가시지 않았고 때때로 엄마 생각이 나서 눈물이 난다. 가슴 한 켠은 늘 엄마에 대한 그리움으로 서늘하고, 아직도 마음으로는 엄마를 떠나보내지 못했다.

엄마의 선택을 다 이해하는 것은 아니지만, 한 가지 분명한 사실은, 엄마는 가족을 위해서 너무나 큰 희생을 했다는 것이다. 가족을 위해 살다가, 정작 자신의 마음을 살피지 못했다. 나는 잘 몰랐던 사실이지만, 엄마는 불면증이 있었다. 잠을 잘 이루지 못하는 날이 많아서 수면제를 먹어야 했고, 가슴에는 종종 홧병이 나서 우울증과 무기력함을 느꼈다고 한다.

엄마는 가족들을 위해서 약 20년 동안 하숙집을 운영했다. 그리고 공교롭게도 이 불면증과 마음의 홧병은 하숙을 그만둔 시점부터 왔다고 한다. 나는 아직도 기억한다. 하숙으로 열심히 번 돈으로 내게 옷을 사줄 때의 엄마의 뿌듯한 표정을 말이다. 내가 밥 벌어먹는 데 아무런 문제가 없는데도 엄마는 늘 내 옷을 사주는 것을 좋아했다. 60세가 넘었지만, 아직도 막내아들 옷 정도는 사줄 능력이 된다는 것이 스스로 만족스러웠는지, 엄마는 내가 시골에 내려오면, 나를 끌고 여러 옷을 사주셨다.

그런데 엄마는 하숙을 그만두고, 정신적인 공백을 이기지 못했나 보다. 육체가 편해졌지만, 일을 하지 않는 자신의 삶에 대해 미리 준비하지 못했던 거 같다. 가족을 위해서는 열심히 살았지만, 정작 자기 자신의 삶을 준비하지 못했다. 육체가 약해지고, 내면이 흔들리는 시점. 은퇴 이후의 삶을 미리 준비하지 못해 엄마는 마음이 많이 흔들렸다.

이것은 '펀치드렁크' 증후군과 같다. 우리가 잘 알고 있는 무하마드 알리는 젊어서는 나비처럼 날아서 벌처럼 쏘는 유명 복싱 선수였지만, 말년에는 파킨스 병을 앓게 되어 기억력이 감퇴하고 손을 제대로 쓸 수 없는 상황에 이르렀다. 젊어서는 이름을 날리던 복서가 말년에 자신의 손조차 제대로 움직일 수 없었던 이유는, 젊었을 때 펀치를 많이 맞아서 뇌손상이 왔을 거라고 전문가들은 말한다. 젊었을 때의 충격이 노년에 드러난 것이다. 이것은 비단 알리에게만 나타나는 현상이 아니다. 육체적인 충격을 많이 받는 아이스하키, 복싱, 미식축구 선수들에게 많이 나타나는데, 이를 펀치드렁크 증후군이라고 한다.

엄마는 정서적 펀치를 많이 맞았다. 자식을 위해, 남편을 위해 사느라 본인의 내면을 가꿀 시간을 갖지 못했다. 자신의 늙음에 대해 이해하고 수용하는 시간을 가졌어야 했는데, 가족을 위해 희생하느라 그럴 여유가 없었다. 그렇게 맞이한 노년. 엄마는 많이 외롭고 쓸쓸했나 보다. 자식들이 눈치채지 못하는 사이 엄마는 우울증으로 고통을 받고 있었다. 나중에 아버지께 들은 이야기로는 이미 그 몇 달 전부터 망상 증세가 있었다고 한다. 누군가 자신을 괴롭힌다고 하고, 작은 소리에도 예민해져서 잠을 이루지 못했다고 했다. 그런데도 자식들 앞에서는 환하게 웃으면서 자신이 아픈 것을 숨기기만 했다고 했다. 대체 '엄마'가 무엇이기에 나의 엄마, 신정숙 여사는 자신의 병을 자식들에게 숨기고 생을 이토록 허망하게 마감해야 했을까?

한국 사회는 속도 사회다. 남보다 빨라야 한다고, 산을 오르는 것은 정상에 오르기 위한 것이라고 말한다. 산을 오르다 중턱에 잠시 쉬면 그러면 안 된다고, 뒤처지는 것이라고 하며 계속 달릴 것을 주문한다. 20~40대 한창 에너지가 올라올 때, 자신이 낼 수 있는 총량의 에너지를 다 쏟아 붓는다. 그리고 50대가 되어서는 서서히 쇠퇴해가는 자신의 모습에 절망한다. 60이 되어서는 젊어서 잘 나갈 때를 생각하면서, 쇠락해진 자신을 초라하게 생각한다.

우리는 올라갈 것만 생각하지 내려갈 것을 생각하지 않는다. 교직 15년차 이상이 되면 서서히 피곤해진다. 5교시 수업이 힘들어지고, 눈이 침침해 책도 잘 보이지 않는다. 학생들은 내게서 이제 서서히 중년의 기운을 느끼고, 대화가 안 될 거라고 생각하며 선을 긋는다. 어떤 농담을 해도 학생들이 잘 웃지 않고, 그들이 부르는 노래와 그들이 말하는 가수, 영화들이 낯설고 어렵다.

사실 나는 엄마가 죽기 전까지만 해도, 나에게는 이런 내리막 인생이 오지 않을 거라 생각했다. 언제까지든 나는 수업을 잘 할 것이고, 많은 사람에게 인정받을 거라 생각했다. 그러나 그것은 삶을 모르는 나의 착각일 뿐이었다. 이제 40대 중반에 다다른 나는, 서서히 내리막 인생을 시작하고 있다. 학생들 이름이 잘 외워지지 않고, 당장 노안이 왔다. 안경을 벗지 않으면 가까이에 있는 글자는 보이지 않는다. 몇 달 전에는 농구를 하다가 왼쪽 무릎을 다쳤고, 겨울 내내 허리에 통증이 있었다. 나는 시간이 지나면서 체력이 떨어지고 수업 감각이 떨어지게 될 것이다. 점차 수업에서 학생들이 졸기 시작할 것이고, 내가 다가서도 나를 밀어내기 시작하는 학생들이 생길 것이다.

마그리트는 우리 삶이 언제든지 떨어질 수 있음을 '피레네의 성'으로 보여준다. 힘차게 달려 자신의 성채를 굳건하게 만들었지만, 언제든지 무너질 수 있는 '하강 인생'임을 그림에서 보여준다. 단단하고 무겁게 내 삶

마그리트, 피레네 성, 1959

을 만들수록 성은 곧 떨어진다. 삶이 그렇다. 남들이 부러워할 만한 것들을
갖기 위해서 열심히 달리지만, 더 많이 소유할수록 강박은 커지고, 그로 인
해 나는 곧 추락한다. 이상하다. 삶은 시간이 지날수록 내면의 깊이가 생겨
더 가벼워져야 하는데, 두려움만 커지고 내 삶은 더 비대해진다.

　이런 시기가 왔을 때, 나는 어떤 삶을 살아야 하는가? 내가 믿었던 젊음,
체력, 열정, 영감, 아이디어가 다 고갈되고 나면 나는 어떻게 교사의 삶을
살아갈 것인가? 두렵다. 내가 무엇을 더 믿고 신뢰하면서 교사의 삶을 풍
요롭게 해나갈 수 있을까? 불행히도 우리는 열심히 누구보다 빨리 올라갈
것은 배웠지만, 천천히 의미 있게 내려오는 법을 배우지 못했다. 내려온다
는 것은 패배하는 길이 아니라 더 성숙해지는 길인데, 우리는 올라감의 속

도만 익혔지, 내려감의 미덕을 배우지 못했다.

누군가는 미래를 문명의 진보, 투자의 기회, 혁신의 시작이라고 말하겠지만, 엄마의 죽음을 경험한 내게 미래는 절망을 대비하는 시기이다. 존재의 시선으로 보면, 미래에 대해 가장 먼저 준비해야 할 것은 쇠락해가는 나를 이해하고 내 존재의 의미와 가치를 스스로 규명하는 일이어야 한다.

나는 아들로서 엄마의 죽음이 헛되지 않게 하려고 한다. 엄마가 끝까지 보여준 삶의 메시지를 어떻게든 내 안에 새기고, 지금부터 말년을 준비하기로 했다. 조금이라도 젊을 때, 계속 오를 것만 생각하면서 달리는 것이 아니라, 내리막에서도 풍요로움을 즐길 수 있는 비밀을 알고 싶어졌다. 이 것은 탁월함의 세계가 아니다. 내가 지금까지 도달하고 싶었던 세계와는 분명 다를 것이다. 그래서 나는 엄마의 죽음을 더 깊게 들여다보기로 했다. 엄마는 어떤 마음에서 그런 극단적인 선택을 했는지, 엄마의 삶을 들여다 보면서, 엄마가 죽음으로 내게 주신 메시지가 무엇일까를 헤아려 보기로 했다. 처음에는 엄마를 황망히 보낸 슬픔이 너무 커서 잘 들리지 않았지만, 3년이 된 지금은 그 메시지가 희미하게 들리기 시작했다.

"태현아! 그냥 너로 살아."

이제 와서 생각하는 것이지만, 엄마가 이렇게 일찍 하늘나라로 가실 줄 알았으면, '엄마가 이기적으로 살았으면 얼마나 좋았을까' 하는 생각을 한다. '차라리 가족들에게 덜 사랑을 베풀고, 자신의 삶을 가꾸고 즐겼으면, 엄마는 지금 내 곁에 있지 않았을까' 하는 생각을 한다. 가족을 위해 덜 살고, 지금 엄마가 내 곁에 살아 있으면 훨씬 좋겠다. '엄마가 아니라 그냥 신정숙으로 살았으면 얼마나 좋았을까' 하는 생각을 거듭 거듭 하게 된다.

가만 보면 나는 높아지기 위해, 무엇인가를 드러내기 위해 바둥거렸던 거 같다. 하지만 엄마의 죽음을 보면서, '이런 삶이 능사가 아니구나' 라는 생각을 한다. 오히려 덜 채우고, 덜 높아지고, 덜 달리는 대신에 나의 내면을 더 탐색하고, 삶을 더 돌아보는 훈련이 우리 인생에서 너무 소중하다는 생각을 한다. 이런 생각에서 나는 교사의 시선을 고민하게 되었고, 그 시선을 존재의 시선이라고 정했다. 그 존재의 시선에서 다가오는 미래 사회에서 우리가 취해야 할 자세는 거창한 것이 아니었다. 그냥 내게 주어진 보통의 하루, 그 평범한 일상을 소중히 여기고 나를 보듬고 이해하면 되는 것이었다. 미디어에서 이야기하는 것처럼 새로운 무엇인가를 해야 하는 것이 아니라, 지금 내게 주어진 시간을 잘 즐기고, 남들이 원하는 것에 나를 맞추지 말고, 그냥 나로, 내 분량만큼, 내 능력만큼 살면 된다.

사실 '너의 삶을 살아라', '나로 살기로 했어' 라는 메시지는 '힐링', '욜로' 라는 말이 유행하면서 익히 들었던 말이다. 하지만 현실에서 이 메시지를 적용하면, 그 실체가 잘 보이지 않는다. 사람들은 또다시 조직의 질서에 순응하면서 자신의 생계를 도모해야 하는데, 여기서 '어떻게 내 삶을 꾸려갈 수 있는지' 의문을 제기한다.

비가 오는 날이면 나는 학교 가기가 싫다. 그냥 따뜻한 커피 한 잔에 마음을 맡기면서 미뤄둔 영화를 보고, 나른해지는 오후에는 파전이나 하나 사먹고 싶다. 그런데 내가 나로 살기 위해서 내 감정에 충실해지기 위해서 학교에 가지 않고, 아프지도 않은데 병가를 신청하고 하루 쉬는 것은 내가 나로 사는 것인가? 우리는 나로 산다는 것을 내 감정과 욕망에 충실히 따르는 것으로 이야기하는 경우가 있다. 그런데 이것은 부분적으로만 맞다. 내가 나로 존재하기 위해서는 나를 둘러싼 조직, 공동체를 지켜야 할 책임이 있기 때문이다.

그래서 우리는 늘 딜레마에 빠진다. 내 감정대로 살고 싶지만, 사회에서 고립될까 봐 두렵다. 그렇다고 사회의 기준, 그 책임을 다하다가 나라는 존재가 사라질까 봐 두렵다. 대개 교사들은 나로 살기보다는, 집단 속에 묻어가는 것을 선택한다. 튀지 않고 적당히 보통 사람으로 욕먹지 않을 정도로 일하면서 나를 지키려 한다. 이렇게 오래 살다 보면, 내 색깔을 잊어버리고 무색무취의 사람이 되어 버린다.

격변기를 살았던 독일 화가 프리드리히는 자기다움의 시선을 찾기 위해 그림을 그린다. 강대국의 틈바구니에서 독일 민족을 지키기 위해 자신은 무엇을 해야 할지, 그림으로 표현하기 위해 산으로 올라간다. 하지만 산에 올라가도 자신이 걸어야 할 길은 안개에 가려서 보이지 않는다. '너의 속

프리드리히, 안개 낀 바다 위의 방랑자, 1818

도대로 살아야 한다', '교사는 나로 살아야 한다', 듣기에는 얼마나 멋진 말인가! 그러나 이 질문에 답을 하기 위해 삶으로 들어가면 이 답의 실체를 찾는 것이 그리 쉽지 않다.

어쩌면 우리 교사는 늘 이렇게 나로 살기를 원하지만 남의 시선, 집단의 시스템에 나를 종속시켰다가 빠져 나왔다가를 반복해야 한다. 이럴 때는 차라리 집단 속에 조용히 묻어가는 것이 좋다. 나로 살기보다는 집단 속에 익명성을 가지고 살아가는 것이 더 편할 수도 있다. 그런데 최근 들어 교사들에게 요구하는 능력은 이런 표준화된 능력이 아니다. 창의적인 수업을 하라고 하고, 수업도 융합적인 사고로 디자인을 하라고 한다. 조용히 튀지 않고 살려고 했는데, 교육 행위를 창의적으로 하라고 압박을 받는다. 그렇다면 학교에서 나다움을 찾고, 개성을 발휘해 학생들과 소통해야 한다. 학생들의 시선에서 그들의 감성과 느낌을 수혈하면서 수업을 진행해야 한다. 이렇게 교사는 안정과 일탈, 배움과 경쟁, 경계와 환대 등 양극단의 모순적 상황에서 절묘한 줄타기를 하는 서커스 곡예단과 같은 신세다. 그래서 교사는 불쌍하다. 하루라도 정신을 놓고 있으면, 한쪽을 극단적으로 선택하고 그로 인한 반대급부로부터 비난과 불평을 들어야 한다. 교사는 뭘 해도 칭찬을 받지 못한다. 한쪽에서 칭찬을 받으면 다른 쪽에서는 그것을 싫어하는 반대의 소리를 들어야 한다.

교사는 어떻게 나로 살 수 있는가? 나는 다시 엄마의 삶을 통해 이 난제의 실마리를 찾는다. 교사가 나로 살기 위해서는 먼저 나를 세워야 한다. 교사이기에 집단의 룰도 따라야 하지만, 나를 세우지 않고 집단의 룰을 따르다가는 내가 없는 삶을 살지도 모른다. 그래서 나다움을 세우고, 그 힘을 바탕으로 남에게 천천히 손 내밀어야 한다. 여기에는 지혜가 필요하다. 끊임없이 자기 삶을 성찰하고 사유하면서, 내가 정말 원하는 삶이 무엇인지를 찾고, 이것을 나에게만 아닌 타인을 돕는 방향으로 에너지를 돌려야 한다. 물론 이렇게 하려면 균형감이 필요하다. 나와 타인 사이의 간격을 조절하는 균형감. 늘 우리는 이 간격을 잘 유지하기 위해 애쓰다 지치고 마는 거 같다. 하지만 그 적당한 간격을 유지하기 위해서 우리는 끊임없이 사유하고, 성찰하고, 현재 나의 위치를 고민해야 한다. 그 고민을 놓치는 순간, 우리는 집단 속에서 나를 잃어버리거나 나를 너무 내세우다 이기적인 존재로 낙인찍힌다.

세계사적으로도 전염병이 있고 나서는 삶의 방향을 새롭게 모색하는 일이 생겨났다. 1400년대 중세 유럽은 신의 시대였다. 하지만 흑사병이라는 전염병이 오면서, 신의 권위가 무너졌다. 그리고 사람들은 질문하기 시작했다. 우리는 어떤 삶을 살아야 하는가? 이런 질문이 르네상스, 종교 개혁이라는 새로운 변화를 가져왔고, 천 년을 지배했던 중세의 신본주의가 근대의 인본주의로 바뀌게 되었다.

교사의 시선에서 현재는 우리 삶을 다시 질문하는 시대이다. 당연하다고 생각했던 것에 대해서 근본적인 질문을 던지고 사유를 하는 시대이다. 그래서 이 책에서는 교사가 나로 살고, 교육에 대한 새로운 꿈을 꾸기 위해서 삶에 대한 질문을 새로이 하려고 한다. 교사로 살면서 잠시 잊었던 단어들, 심미안, 메시지, 커뮤니티, 콘텐츠, 디자인이라는 다섯 단어를 가지고 교사가 '나'로 살고, '우리'가 되기 위해서 무엇을 하면 좋을지, 교사의 시선에서 살펴보려고 한다.

허공 속에 발이 푹푹 빠진다
허공에서 허우적 발을 빼며 걷지만
얼마나 힘드는 일인가

기댈 무게가 없다는 것은
걸어온 만큼의 거리가 없다는 것은

그동안 나는 여러 번 넘어졌는지 모른다
지금은 쓰러져 있는지도 모른다
끊임없이 제자리만 맴돌고 있거나
인력에 끌려 어느 주위를 공전하고 있는지도 모른다

발자국 발자국이 보인다
뒤꿈치에서 퉁겨오르는
발걸음의 힘찬 울림을 듣고 싶다
내가 걸어온
길고 삐뚤삐뚤한 길이 보고 싶다.

— 김기택, '우주인'

마흔이 넘어가면서, 삶의 버팀과 나아감, 아픔과 치유, 지루함과 창조, 외로움과 위로, 이것은 따로 있는 것이 아니라 함께 존재한다는 것을 희미하게 알게 된다. 오늘의 절망은 내일의 희망을 낳고, 내일의 희망은 또 다른 절망을 필연적으로 따라오게 한다. 중요한 것은, 이런 모순투성이의 하루를 감사함으로, 최선을 다해 살아내는 것이다. 내가 나인 상태로 오늘을 살아내는 것이다. 이제 우리는 나를 나답게 만들지 못하는 관성에 저항하고, 내 발걸음을 내디뎌야 한다. 그 길이 비록 작고 삐뚤빼뚤할지라도 조용히 교사의 시선, 내 시선을 찾아야 할 때다.

찰스 커트니 커란, On the Heights, 1909

살아내다 [동사]

1. 어떤 조건이나, 생존 환경에서도 어려움을 극복하고 살아 나가다.

- 교사로 살면서 가장 힘들었던 적은 언제인가요?
- '나'로 살아내기 위해서 무엇을 하면 좋을까요?

2장

심
미
안

스스로 위로하기

엄마가 내게 자주 했던 말은 "사람이 얕잡아 보이면 안 된다"는 것이었다. 그래서 늘, 나는 강한 척하려 했다. 힘들어도 힘들지 않은 척, 잘 모르는데도 아는 척하려 했다. 그러다 보니 누군가 내게 호의를 베풀면, 나는 오히려 밀어냈다. 도움을 받는 것 자체가 내가 약하다는 것을 전제로 하는 행위라고 생각했기 때문이다.

그런데 중년이 되고 나니 삶은 나 혼자 버틸 수 있는 것이 아니었다. 40대가 넘어가고 엄마가 갑작스럽게 떠난 상황이 되니 주변 사람들의 도움을 받지 않고 살아갈 수가 없었다. 5월 23일 엄마가 갑작스럽게 돌아가셨다는 소식을 듣고, 나는 그 순간 정신이 어질했다. 참 신기한 것은 엄마의 그 소식을 듣고 내가 눈물 한 방울 흘리지 않았다는 사실이다. 그저 멍하니 교무실에 서 있었고, 다시 자리에 와서는 일주일 동안 자리를 비워야하니 처리해야 할 일들을 침착하게 처리했다. 그리고 학년 부장님에게 가서 엄마의 소식을 알리고 일주일 동안 공가를 내야 한다고 말했다. 남에게 도움을 받기 싫어했던 나로서는 학년 부장에게 내 소식을 알리고, 빨리 학교를 나가고 싶었다. 그런데 황선의 부장이 내 손을 잡더니 잠깐만 옆으로 가자고 했다. 지금 이렇게 강한 척하지 말고, 잠깐 옆에서 기도를 하자는 것이었다. 그리고 황 부장은 내 손을 잡고 기도를 해주기 시작했는데, 간신히 누르고 있던 눈물이 막 터져 나왔다. 자신의 일로 바쁜 중에도 내 손을 꼭 잡아주면서 기도해주던 그 황 부장의 온기. 나는 아직도 그 따듯한 손을 잊을 수가 없다.

복잡한 장례식의 절차들, 화장, 하관의 순서 그리고 엄마의 유품 정리, 여러 친척의 조언을 받으면서 차례차례 처리해야 했다. 이런 물리적인 것은 어찌어찌 되는데, 정서적인 허기는 어떻게 할 수가 없었다. 엄마가 돌아가셨다는 소식을 듣고 일주일 동안 수많은 사람이 찾아왔다. 한 분 한 분이 참 귀한 분이다. 그중에서도 부고 소식을 듣자마자 가장 먼저 찾아온 진훈, 원숙 가정을 잊을 수 없다. 둘 다 대학 시절부터 알아 왔던 사람들인데, 장례식 준비가 다 되지 않았는데도 한걸음에 이 부부는 달려왔다. 장례식 때문에 부산하게 움직이고 있는데, 저 먼발치서 두 사람의 모습이 보이는 순간 나는 그냥 울 수밖에 없었다. 벽에 머리를 기대고 눈물이 그냥 흐르는데, 아무 말도 하지 않고 내 어깨를 잡아주는 두 사람의 손길을 잊을 수가 없다.

그리고 승호와 윤환이. 평상시에 티격태격 말다툼을 하는 후배들이지만, 엄마 하관 때까지 끝까지 자리해준 후배들. 5월 25일 하늘은 잔인하게도 맑고, 바람이 살랑거리는 봄날, 나는 엄마를 화장하러 가야 했다. 운구차 버스에 엄마의 관을 싣고 그 위에 내가 앉아 있는데, 기분이 참 묘했다. 그래도 두 후배가 말을 걸어주고, 나를 웃겨주는 덕분에, 나는 그 힘든 상황에서도 간신히 정신을 차릴 수 있었다. 그 후배들의 고운 마음을 영원히

간직하고 싶어서 사진을 찍었다. 이때 서로 마주쳤던 그 눈빛, 평생 잊을 수 없을 거 같다.

위로는 또 다른 위로를 낳는다. 막상 분에 넘치는 이런 위로를 받아보니, 나도 누군가를 위로해주는 삶을 살아야겠다는 생각이 들었다. 이것은 어떤 논리로 설명할 수 있는 부분이 아니다. 내가 밑바닥에서 정말 진심으로 위로를 받으니, 내 안에서 자연스럽게 이런 생각이 들었다. 그래서 엄마가 돌아가시고 나서는 힘겹게 폐지를 줍는 할아버지께 그냥 돈을 드리기도 했다. TV에 누군가를 사별하는 장면이 나오면 눈물을 참기가 어려웠다.

슬픔이 나의 삶을 짓눌렀다. 아무리 멋지게 차려입고 기분을 내려고 해도, 삶이 기쁘지 않았다. 멋진 관광지에서 사진을 찍어도 사진에는 그늘이 서려 있었다.

그럴 때가 있다.
갑자기 엄마 목소리가 들리는

너무도 익숙한 강원도 사투리
분명히 엄마는 없는데
엄마 목소리가 들리는
그런, 그런 순간이 있다.

소리는 추억을
추억은 존재를
존재는 눈물을
눈물은 소리를 부른다.

가슴 속에는
이렇게 또렷이 살아 있는데
내 마음에는
여전히 "태현아~!"라고 누가 부르는데

가만히 서서
고개를 돌려봐도
머리를 기울여봐도
사람은 보이지 않는다.

파아란 하늘

햇살이 정말 눈부시게 쏟아지는데
눈물이 난다.

그래,
그럴 때가 있다.
갑자기 눈물이 나는
하염없이 울고만 싶어지는
그런,
그런 순간이 있다.

— 김태현, '그럴 때가 있다'

삶의 슬픔이 그냥 사라지는 것은 아니었다. 엄마의 부재가 주는 슬픔은 틈만 나면 나에게 찾아왔다. 특히 내 생일날은 엄마가 무척이나 그리웠다. 어찌할 수 없는 슬픔. 이 슬픔은 타인의 위로를 구걸하면서 해결할 수 있는 것이 아니었다. 몇 달 전 냉장고를 치우다가 엄마가 생전에 만들어주신 깨강정이 나왔다. 냉장고 구석에 너무 깊숙하게 넣어서 이제서야 발견한 깨강정. 그 깨강정이 어찌나 반갑던지, 먹을까 말까 하다가 엄마를 느끼기 위해 하나를 집어 들었다.

수년 전 새벽에 엄마가 일어나서 깨강정을 만드시던 모습이 떠오른다. 헝클어진 머리에, 나를 보고 피식 웃으면서 "자식새끼가 뭔지" 하면서 꿀과 조청에 깨를 버무리던 모습이 떠오른다. 세상에서 다시 못 볼 맛. 그 맛을 더 느끼려고 깨강정을 더 먹으려 했지만, 남은 게 얼마 없어서, 그냥 다시 냉장고에 넣는다. 이렇게 소소하게 엄마가 생각날 때면 눈물을 참기가 힘이 든다. 언제까지 이런 과정이 계속될지 모르겠지만, 중요한 것은 내가 이제 혼자서 버텨내야 했다. 나 스스로 이 슬픔을 끌어안고 버텨내야지 내 삶을 살 수 있을 것만 같았다.

누군가에게 위로받는 일은 무척 아름다운 일이지만, 타인에게 오는 위로를 기대할수록 나는 사라진다. 누군가에게 위로받는 것을 자꾸 갈망하다 보면, 그 사람에게 의존해야 하는 자로 살아가게 된다. 엄마가 돌아가시고 나서, 참 간사하게도 엄마의 죽음을 이용했다. 나의 약함을 엄마의 죽음 탓으로 돌리면서 사람들에게 위로를 구했다. '나 좀 도와 달라'고, '나 힘들다'고, 엄마의 죽음을 이용하면서 사람들의 도움만을 받으려고 했다. 처음에는 주변 사람들이 잘 도와주지만, 시간이 지나면 그들도 버거워한다. '아직도 그 슬픔에 갇혀 있나?'면서, '왜 스스로 아직도 일어서지 못하냐?'고 조언을 한다. 진심 어린 충고인데도, 너무 아픈 사람들은 그것마저도 상처로 느끼고, 조언한 사람을 떠난다. 이 사람 저 사람 떠돌다 보면, 나는 나로 살지 못하고 주변에 남은 사람이 없다는 것을 알게 된다.

많은 사람을 상대해야 하는 교사들은 사람들로부터 상처를 많이 받는다. 그래서 교사들은 필연적으로 타인의 위로를 갈망한다. 누군가가 내가 애쓰고 있는 것을 알아봐 줬으면, 누군가가 내가 애쓰고 있는 것을 이해해 줬으면 하는 마음이 있다. 하지만 그 위로를 타인으로부터 경험할수록 역설적으로 나는 나로 살지 못한다. 타인의 위로에 너무 기댄 나머지 스스로 살아갈 힘이 있는데도 나약해져서 무너지는 경우가 있다. 결국 내가 나로 살기 위해서는 타인의 위로를 구하기보다는 내가 나로 설 수 있어야 한다. 내가 삶의 주체가 되어 나를 위로하면서 나의 자존감을 지켜야 한다.

사진작가로 유명한 윤광준은 『심미안 수업』에서 자신 또한 깊은 어둠을 경험했다고 한다. 실명 위기에 처하면서 아무것도 보이지 않는 캄캄한 어둠에서 음악에 대한 새로운 감각이 열렸다고 한다. 다행히 수술이 잘 되어서 시력을 회복했을 때 자신은 자신이 경험한 모든 것에 대해서 새로운 감각을 가지게 되었다고 하면서 심미안을 이렇게 정의한다.

> 심미안이라는 단어는 인간이 가진 어떤 능력보다 우월한 능력이라는 느낌을 갖고 있는 단어였다. 아름다움을 살피는 눈을 갖는다는 건 얼마나 놀라운 일인가. 나는 심미안을 갖게 되는 건 결국 마음의 눈을 뜨는 일이라고 생각한다. 미적인 가치를 느끼는 능력은 어떤 상황에서도 나의 자존감을 지켜주는 무기가 된다. (윤광준, 『심미안 수업』)

나 또한 엄마의 죽음으로 마음의 눈이 새로 뜨이게 되었고, 그 심미안으로 세상을 보니, 전에 경험해보지 못한 수많은 감성을 맛보게 되었다. 내가 나 스스로 위로하기 위해 찾은 것이 예술이었다. 나보다 앞서 살아간 인생 선배들의 역작, 나는 그 안에서 울면서 나를 붙잡는 훈련을 하게 되었다.

나는 집이 영종도라 서해안 바닷가에서 살고 있다. 남들은 어쩌다 한 번 보는 바다를 나는 하루에 꼭 두 번씩은 본다. 학교가 동쪽에 있어서, 늘 해를 보고 출근하고 해가 지는 것을 보며 퇴근을 한다. 하루 종일 정신없이 뛰어다니다가, 석양을 보며 퇴근하면서 오늘도 열심히 살았다고 스스로 다독거린다. 그러나 엄마가 돌아가시고 나서는 지는 해를 보면 엄마 생각에 그렇게 눈물이 난다. 떨어지는 태양, 붉게 물든 석양. 엄마가 너무 그리워서 소리칠 때가 많았다. 이때 자주 듣는 노래가 김윤아의 'Going Home'이었다. 전주 없이 시작되는 첫 구절, '집으로 돌아가는 길에 지는 햇살에 마음을 맡기고 나는 너의 일을 떠올리며 수많은 생각에 슬퍼진다.' 내 슬픔을 다 이해하고 있다는 듯이 읊조리는 노래에, 내 마음이 덜컥 내려앉는다. 실제로 사기를 당한 남동생을 위로하기 위해 만들었다는 이 노래가 내 삶에도 깊은 힘을 준다.

　사실 나는 김윤아의 노래를 즐겨 듣지는 않았다. 좋은 노래가 많지만 너무 슬픈 곡조에 내가 우울해질까 봐 듣지 않았다. 나는 드라마나 영화를 볼 때도, 즐거운 것만 보려고 하지 비극이 찾아오는 서사를 굳이 돈과 시간을 내어서 보지 않는다. 엄마를 떠나보내기 전에는 나는 슬픔을 밀어내려고 애썼다. 슬픔은 내 삶과는 거리가 먼 것이라 생각하고 지나치게 진지해지지 않으려고 했다. 그러나 삶의 깊은 슬픔을 경험하니, 기쁨보다 슬픔이 더 위로가 되었다. 전에는 그냥 지나치면서 봤던 글, 노래, 그림에 마음이 울컥하면서 새로운 의미와 감성이 몰려오기 시작했다. 그림책『무릎 딱지』가 그랬다. 사실 그림책 하면 애들이나 보는 책으로 여겨서 그렇게 보지 않았는데, 우연히 보게 된 무릎 딱지는 아이가 아닌 어른들을 위한 동화였다.

　아이는 엄마를 그리워한다. 엄마의 냄새가 날아가지 않도록 창문을 닫는다. 아빠가 뭐라고 해도 아이는 계속 문을 닫는다. 집에서 엄마의 냄새가 사라질까 봐 두렵기 때문이다. 어느 날 아이는 넘어져서 무릎을 다친다. 그

무릎 딱지, 한울림어린이

때 아이는 신기하게도 엄마의 목소리를 듣는다. 엄마는 다쳤을 때마다 "괜찮냐?"라고 늘 다정하게 말해줬기 때문이다. 그래서 아이는 상처가 나을 때마다 다시 손톱으로 무릎을 긁는다. 무릎에 피가 나면 다시 엄마의 목소리가 들리기 때문이다. 아픈 건 싫지만, 그렇게 하면 엄마가 곁에 있는 것처럼 느껴지기 때문이다. 그래서 아이는 계속해서 손톱으로 무릎을 긁어 상처를 덧나게 한다. 이런 아이의 모습을 보고 있으면, 눈물이 그냥 난다. 이 아이가 바로 나기 때문이다.

현대 사회는 자신의 감정을 마주하기 힘들게 하는데, 『무릎 딱지』를 비롯한 많은 예술 작품은 감춰두었던 우리의 감정을 다시 보게 하고, 내가 어떤 모습으로 서 있는지를 알게 해줬다. 결국 엄마는 나에게 슬픔을 선물했다. 이 슬픔 때문에 나는 얼굴이 어두운 학생들에게 더 관심을 갖게 되었고, 그들의 이야기에 더 귀를 기울이게 되었다. 수업에서도 삶의 희망보다는 삶의 아픔을 말하면서, 삶에서 정말 필요한 것은 슬픔을 견디는 힘이라는 말을 했다.

'나로 살기로 했다는 것'은 나를 스스로 위로하기 시작했다는 말과 같다. 삶에서 나로 살지 못해서 넘어지고 쓰러졌지만, 그 상태에 머물러 있지 않고, 스스로 다시 일어서는 것을 말한다. 타인의 위로를 갈구하는 것이 아니라, 스스로 지친 내면을 들여다보고, 내 안에 있는 어둠과 손잡으며, 그 어둠과 함께 또다시 살아갈 용기를 찾는 것을 말한다. 이것은 누가 대신해주는 것이 아니다. 내가 해야 한다. 내가 훈련하고 연습해야 한다.

우리 집에서 엄마의 제사를 드리기로 했다. 매년 5월 아버지와 형님네는 먼 길이지만, 우리 집에 와서, 엄마에게 절을 올린다. 첫해의 제사 때는 눈물로 지냈다. 절 한 번 할 때마다 눈물이 뚝뚝 떨어지는데, 그 슬픈 마음을 가눌 수가 없었다.

아버지가 제사를 다른 날보다 오래 드리고 있었다.
의도적으로 지연시키는 것을 알아챌 수 있었다.
돌아 앉으면서, 아버지는 엄마를 더 머물게 한다.

한숨을 몰아 쉬고, 눈물을 글썽이는 아버지.
제사상에 올린 음식 하나 하나 엄마가 잘 먹으라고
빨리 먹지 말고, 오랜만에 보는 자식새끼들 웃으면서 보라고
아버지는 다른 날보다 더 오래 제사를 지내고 있었다.

이 사람, 잘 잘숫게나! 이 사람아!
아이고~! 이 사람아~

아버지는
큰 아들, 작은 아들, 큰 손주, 작은 손주 번갈아 가면서 다 절을 시키더니
마지막에는 본인이 무거운 몸 일으키고 직접 절을 한다.
천천히! 아주, 천-천-히, 두 번의 절!
손을 공손히 모으고 정성스럽게 무릎을 굽힌다.
눈물이 장판에 뚝뚝 떨어진다.
이 사람아 이 사람아 왜 먼저 갔냐고,
잘 해주지 못해서 미안하고
따뜻하게 안아주지 못해서 미안하고
떨어질 때 손잡아주지 못해서 미안하네
아버지의 마음이 내 귓가에 그냥 올라온다.

오랜만에, 엄마의 영정 사진에 봄꽃이 핀다!

내 눈에도 작은 눈물이 맺힌다.

어제, 나는 세상에서 가장 슬픈 접대를 보았다.

세상에서 가장 아름다운 식사를 했다.

— 김태현, '엄마 제사 1'

엄마가 그렇게 허망하게 간 이후로, 그 아픔이 그대로 있을 것 같았지만, 신기하게 한 해 한 해 지날수록 상처는 옅어지고 그 속에 새살이 돋아난다. 여전히 아프고 쓰린 순간이 많지만, 신기하게도 삶은 내게 새 마음을 허락한다. 3주기 때는 모처럼 웃으면서 가족끼리 식사를 할 수 있었다. 엄마가 좋아했던 찐빵과 우럭회도 올리고, 매운탕도 끓였다. 아버지도 오랜만에 "너희 엄마가 좋아했던 거였지"라고 하며 웃으신다.

무릎 딱지의 소년은 할머니의 위로를 듣는다. 할머니는 아이의 가슴 위에 손을 올리고 "여기, 엄마는 바로 여기에 있어. 엄마는 절대로 여길 떠나지 않아"라고 말해준다. 할머니의 말을 듣고 아이는 이제 달리기 시작한다. 심장이 두근거릴 때, 엄마의 소리를 듣는다. 그리고 그날 편안히 잠에 들고 아침을 맞이한다. 무릎에는 새살이 돋아났다.

운동을 하다가 다쳐 도수치료를 받으러 가면, 도수치료사가 늘 하는 말이 있다. 우리 근육은 스스로 치료하는 힘이 있다. 시간이 오래 걸리기는 하지만, 따듯한 손으로 만져주고, '여기가 아팠구나'라고 뇌에서 인지만 해도, 근육을 풀어주는 물질이 몸에서 분비되어 스스로 치료한다고 한다. 인간이란 존재가 그렇게 위대하다. 늘 내 삶이 아프고 초라한 것 같지만, 그 아픔을 수많은 예술 작품으로 들여다보기만 해도, 삶은 우리에게 위로자들을 보내준다. 내 삶이 늘 작은 것 같지만, 나를 통해 이뤄지는 수많은 평범한 기적이 있다. 내 삶에 찾아온 아름다움, 내 삶에 이미 존재하는 치료의 능력을 믿고, 나만의 심미안을 찾아보자. 나는 약한 듯하나, 강하다.

위로(慰勞) [명사]

1. 따뜻한 말이나 행동으로 괴로움을 덜어 주거나 슬픔을 달래 줌

• 내가 나를 따뜻하게 위로한 경험이 있나요?

• 학교에서 누군가를 따뜻하게 위로한 경험이 있나요?

심미안 찾기 1
감정의 발견

지상의 어디서나 소리 없이 나부끼는 빨래는
내겐 어떤 국기보다 빛나는 평화의 깃발이다

정직한 노동의 땀방울을 씻어내고
사나운 폭격의 핏방울을 씻어내고
고단한 마음의 얼룩까지 씻어내고
비록 낡은 옷 지친 몸이지만 깨끗이 소생시켜
새 희망의 걸음으로 앞을 향해 나아가라 한다

강인한 의지와 사랑의 투혼으로 빛나는 빨래들
지상의 가장 아름다운 깃발로 펄럭이는 빨래들

— 박노해, '눈부신 삶의 깃발'

빨래는 더러워진 옷을 깨끗하게 하는 아주 일상적인 행위이다. 그런데 시인은 그 빨래에서, 살아보겠다고 외치는 사람들의 소리를 듣는다. 피폐해진 현실이지만, 그 속에서도 생의 의지를 놓지 않고, 자신의 삶을 살아가는 사람들. 그것을 빨래 속에서 발견한다. 심미안은 이런 것이다. 사물 너머에 있는 또 다른 맥락을 살펴보면서 삶의 본질을 다시 깊이 찾는 시선, 이것이 심미안이다.

사실, 우리는 학교에서 '주제 찾기'라는 것을 통해 예술가들의 심미안을 찾는 행위를 해왔다. 하지만 이것을 스스로 감상하면서 맛보게 해야 했는데, 우리는 이런 심미안을 지식으로 주입했다. 학생들이나 어른들이나 삶에서 심미안을 갖고 내 삶 속에 이미 찾아온, 아름다움을 발견하지 못했다. 교사로서 늘 이것이 안타까웠다.

엄마의 죽음 속에서도 나를 잔잔하게 위로해줬던 예술 작품들을 감상하면서, 앞으로 우리가 걸어가야 할 교육은, 자신만의 심미안을 찾게 하는 것이라고 생각했다. 우리 삶에서 교육의 가치는 눈에 보이는 것 너머에 또 다른 세계가 있음을 알려주는 것이다. 그래서 학생들이 교육을 통해서 말 없는 자연과 대화하면서, 그 속에서 삶의 지향점을 찾아가게 하는 것이 우리 교육의 목적이어야 한다. 4차 산업혁명을 주도할 수 있게 코딩 교육을 하는 것도 중요하겠지만, 교육적인 시선에서는 삶에서 갑작스럽게 맞이하는 어쩔 수 없는 아픔 속에서도 절망하지 않고, 다시 일어서는 힘을 찾게 하는 것이 우리 교육의 목적이어야 했다. 이를 위해서는 자신만의 심미안을 찾고, 눈에 보이는 것 너머의 세계를 보면서, 그 속에 담겨 있는 아름다움을 발견하게 해야 한다. 하지만 우리는 속도와 경쟁에 빠져 상상하고 사색하는 것을 시간 낭비라고 폄하했다. 그리고 사람들이 만들어놓은 표준의 길, 그 길만 따라가는 것이 삶의 목표라고 생각하게 만들었다.

중세 시대도 마찬가지였다. 개별적인 다양한 시선이 아닌, 하나의 시선
으로만 삶을 보게 했다. 인간의 눈이 아닌 오직 신의 시선으로만 모든 것
을 판단하고, 성경에 쓰인 교리대로만 모든 것을 결정해 버렸다. 성경 속에
만들어놓은 단 하나의 매뉴얼에 맞춰서 삶을 살아야 했다.

　아래 그림은 각각 중세 시대에 가장 유명했던 화가, 두초와 치마부에의
작품이다. 기독교가 지배했던 시대라 가장 많이 그려진 그림이 성모자상
이다. 이탈리아 사람들은 이 성모자상 앞에서 기도를 해야 했기 때문에 성
모자상 그림은 근엄하고 종교적인 성격을 지녀야 했다. 이 그림에는 개성
이 있으면 안 되었다. 사람들의 통념대로 마리아와 예수를 그려야 했다. 작
가가 다른데도 마리아의 얼굴은 거의 비슷하다. 무뚝뚝하고 무슨 감정인

(좌) 두초, Rucellai Madonna, 1285
(우) 치마부에, Virgin Enthroned with Angels, 1290-1295

지를 알 수 없다. 아기 예수 또한 아기의 얼굴이라고 하기에는 노숙한 모습으로 그려져 있다. 그런데 200년이 지나면 성모자 그림은 다음과 같이 그려진다.

우리가 잘 알고 있는 라파엘로의 그림이다. 무엇이 달라졌는가? 눈에 보기에도 라파엘로의 그림은 앞선 두 화가의 그림보다 월등한 점이 보인다. 화사한 색감, 입체적인 표현, 신비로운 분위기 등 200년의 시간 동안 무슨 일이 있었기에 그림이 이렇게 달라진 것일까? 라파엘로가 이 그림을 그렸던 1500년대는 르네상스 미술의 부흥기로, 미술사에서 아주 중요한 역할을 차지한다. 바로 이 시기에 라파엘로, 레오나르도 다빈치 그리고 미켈란

라파엘로, The Grand Duke's Madonna, c.1504-1505

젤로가 활동했다. 나는 이것을 교육의 시선으로 보고 싶었다. 어떻게 이런 미술의 천재가 한 번에 나올 수 있었을까? 분명 이것은 이 세 사람의 태생적인 능력이 아니라, 이 세 명의 천재가 나올 수밖에 없는 무슨 이유가 있었을 거라고 생각하면서, 교육의 시선으로, 천재 화가들의 삶을 들여다보기로 했다.

운 좋게도 나는 2018년에 미래 교육을 연구하는 교사로 뽑히게 되어서 일 년 동안 르네상스 미술에 드러난 미래 교육의 가능성을 원 없이 공부하게 되었다. 그래서 나는 미술사에 드러난 이 혁신성을 더 깊이 탐구하고자 이탈리아 피렌체에 직접 가서, 이들의 위대한 예술 작품이 어떻게 탄생하게 되었는지를 연구했다. 단순히 레오나르도 다빈치와 같은 인재를 만들어라, 이런 결과론적인 이야기가 아니라, 이런 천재가 나오게 된, 그 자세한 맥락을 나의 시선에서 들여다보기로 했다.

내 예상이 맞았다. 처음부터 이 세 명이 위대한 그림을 그린 것이 아니었다. 이 세 명에게 많은 영향을 준 화가가 한 명 있으니 그 사람이 지오토이다. 피렌체에 가면, 피렌체 대성당이 가장 먼저 눈에 들어온다. 그 옆에 종탑이 하나가 있는데, 그 종탑을 설계한 사람이 지오토이다. 르네상스 시대의 사람들은 참 재주가 많았다. 그림도 잘 그리고, 건축 설계도 잘하고, 철학, 인문 지식이 매우 뛰어났다. 지오토도 그런 사람 중의 하나다.

지오토가 그린 성모자상을 얼핏 보면, 앞에서 본 중세 시대의 성모자 그림과 별다른 점이 없어 보인다. 하지만 조금 더 자세히 들여다보면, 다른 지점이 보인다. 그것은 성모자를 중심으로 사람들이 놓인 모습이다. 미술사에서 지오토의 성모자 그림은 그 이전의 그림에 비해서 혁명적인 그림에 속한다. 그 이유는 평면적인 형태의 그림에서 입체적인 느낌을 주는 시도를 했기 때문이다. 작품 하단부에 있는 천사들을 보자. 앞선 두초와 치마

지오토, Madonna in Maest(Ognissanti Madonna), c.1306-1310

부에의 성모자 그림과 달라진 점이 있지 않은가? 조금만 자세히 들여다보면, 마리아의 옷자락 주름이 도드라지고, 하단에 있는 천사가 조금 앞에서 올려다보고 있는 것이 예전 그림과 달리 공간감이 느껴지는 것을 알 수 있다. 지오토는 2차원의 평면에 3차원의 그림을 그리려고 고민했던 거 같다. 그래서 앞쪽에 있는 천사를 조금 작게 그리고, 시선을 위쪽으로 향하게 해서 성모자를 중심으로 그림 속 인물이 3차원적으로 보이게끔 그렸다. 이런 혁신적인 시도는 그의 명작 '애도'에서 더 잘 볼 수 있다.

다음 그림을 보면, 대부분의 사람은 '이것이 명작인가?' 라고 또 이야기할 수 있겠지만, 이 그림을 제대로 보려면 1300년대의 시선으로 봐야 한다. 그림을 단순히 딱딱한 평면화로 그리던 시절, 지오토는 자기만의 감성을 이 그림에 넣는데, 십자가에서 죽은 예수를 중심으로 동그랗게 둘러싼 주변 사람들의 모습이 그것이다. 앞서 봤던 입체적인 구도가 더 발전한 것을 볼 수 있다. 특히 아랫부분에 등을 보이는 두 사람이 있는데, 이렇게 등을 보이는 그림이 당시 이전에는 거의 없었다. 대개의 그림들은 사람의 앞, 얼굴을 표현해야 하는데, 지오토의 그림에는 두 사람이 아예 등을 돌리고 있어서, 예수를 중심으로 사람들이 입체적으로 둘러싸고 있는 느낌이 아

지오토, 애도, c.1304-1306

주 잘 표현되어 있다. 그리고 이 그림에는 중세 시대의 다른 어떤 그림에도 나타나지 않았던 대범한 시도가 있다. 그것은 바로 인간의 감정을 표현했다는 점이다. 예전 그림들은 인간의 감정을 느낄 수 없는, 마네킹 같은 느낌으로 그렸다. 하지만 지오토는 인간의 슬픔을 표현하는 데 많은 애를 썼다. 얼굴 표정에서부터 손동작까지 많은 연구를 한 것으로 보인다. 특히 천사들의 표정과 동작은 지오토가 애도의 감정을 깊게 표현하기 위해서 많은 노력을 했다는 것을 알 수 있다. 이런 몸짓 언어들은 나중에 다빈치에 의해서 한층 더 깊게 발전된다. 다빈치는 지오토의 작품에서 영감을 받아 최후의 만찬에서 열 두 제자의 다양한 감정을 몸짓으로 표현한다.

르네상스 회화 예술의 시작은 이 감정의 발견에서부터 시작한다. 어찌 보면 참 별거 아닌 거 같다. 이미 우리는 작가의 감정이 들어가 있는 수많은 작품을 봤기 때문에, 그림 속 각 인물에 감정이 들어간 것이 '뭐가 그리 대단한 거냐'고 반문할 수 있지만, 서양 미술사에서 지오토는 근대 미술의 아버지로 평가받는다. 지오토 이후의 화가들은 이 '애도'를 보면서 그림에 인간의 감정을 넣기 시작하고, 그 감정을 더 풍부하게 표현하기 위해서 명암과 색감, 구도의 발전을 이루게 된다.

지오토 이전의 그림은 있는 정보를 옮기는 데 충실했다. 이전까지는 성경에 있는 내용을 잘 재현한 그림, 객관적인 설명문과 같은 그림이었다면, 지오토에 의해서 그림은 그 접근 방식이 완전히 달라진다. 표현하고 싶은 감정을 어떻게 그림 속에 잘 넣을까? 지오토를 통해 화가들은 정보의 그림이 아닌 감정의 그림으로 패러다임을 바꾸게 된다.

이런 지오토의 그림을 보면서 인간의 감정에 더 눈을 뜬 사람이 있었으니 그의 이름은 마사초였다. 그의 이름은 '키 크고 속없는 녀석'이라는 뜻이지만, 그의 그림은 지오토의 그림만큼이나 혁신적이었다.

마사초, 세례를 주는 베드로, 1426-1427

'세례를 주는 베드로' 그림을 보면 평범한 옛날 그림으로 보일 것이다. 하지만 당대의 시선으로 이 그림을 깊이 들여다보면, 굉장히 이상한 장면이 들어온다. 세례를 받는 사람들의 표정과 살갗을 보자. 세례를 주는 날이 추웠나 보다. 벌벌 떨면서 세례를 받는 사람들의 모습이 보이는가? 종교가 지배하는 사회에서 성스러운 세례식에 추위를 떠는 사람은 그려서는 안 되었다. 하지만 마사초는 인간의 감정을 더 사실적으로 표현하기 위해서 당대에는 없었던 장면을 과감하게 그려넣는다.

세 명의 천재들은 그냥 태어난 것이 아니다. 앞선 선배들의 작품을 통해 영감을 받고, 인간의 복잡하고 깊은 감정을 더 잘 표현하려고 애쓰면서, 위대한 걸작을 만들어냈다.

이런 르네상스의 걸작을 직접 보면서, 변화란 신박한 기술의 발견에서 오는 것이 아니라, 우리가 놓치고 있던 것, 우리가 잊고 있던 것을 다시 유심히 살펴보는 데 있음을 알게 되었다. 신의 시대에서는 잃어버렸던 인간의 감정들, 슬픔과 기쁨, 증오와 용서, 분노와 화해 등 우리 삶에서 지극히 일상적으로 느끼는 보통의 감정들을 다시 찾고, 그것을 사실적으로 그려낸 것이 미술사에 커다란 변화를 가져왔다.

라파엘로는 중세 시대에는 놓치고 있었던 모자 관계에 집중한다. 마리아에게 예수는 결국 자신의 아들이다. 이 땅에 구원자로 왔지만, 자신의 사랑스런 아들이다. 라파엘로는 이런 마리아의 모성애를 예쁘게 표현했다. 그가 이런 그림을 그릴 수 있었던 것은, 가정이 매우 화목했기 때문이라고 한다. 화가인 아버지, 따사로운 정이 많은 어머니. 그런 아버지와 어머니의 모습을 떠올리면서 성모자상을 그렸을 거라고 한다. 그래서 라파엘로는 행복했던 어린 시절의 추억을 더듬으면서 따사로운 성모자상을 아주 많이 그렸다. 가끔 엄마가 보고 싶을 때, 라파엘로의 성모자상을 보면, 마음이 조금 가라앉는다. 그의 그림을 깊이 들여다보면, 엄마의 시선이 정겹게 다가온다. 아기를 사랑스럽게 바라보는 눈빛, 아기를 다정하게 만지는 손길. 나에게 늘 사랑으로 다가오셨던 어머니. 내 등을 토닥이고, 나를 최고라 여겨주셨던 그 어머니의 모습이 자연스레 떠오른다. 심미안으로 보면, 라파엘로의 성모 그림에서 엄마가 보인다.

빨래를 말리는 여자가 있다. 그냥 보면 빨래를 너는 지극히 평범한 그림이다. 그러나 어떤 날, 특히 하루의 삶이 지치고 힘들 때, 빨래를 너는 이 여자의 마음이 읽힐 때가 있다. 삭막한 옥상, 여인은 저 많은 빨래를 이고 혼자 올라왔다. 빨래를 털고 햇빛에 말리는 여인의 마음. 그 마음이 삶으로

라파엘로, Madonna in the Meadow, 1505-1506

존 슬로안, Sun and Wind on the Roof, 1915

그냥 읽힐 때가 있다. 삶에 지친 마음을 빨래를 하면서, 바람에 털어버리고 싶은 마음, 그것이 내 모습으로 비춰질 때가 있다. 심미안으로 예술작품 속 인물들의 감정 혹은 이 그림을 그린 작가의 마음과 연결되면, 동병상련의 마음을 느끼고, 그 속에서 따스한 위로를 느낀다. 현상 너머에 있는 감정을 읽는 눈, 그것이 심미안이다.

아름답다 [형용사]

1. 보이는 대상이나 음향, 목소리 따위가 균형과 조화를 이루어 눈과 귀에 즐거움과 만족을 줄 만하다.

• 최근 아름다움을 느낀 순간은 언제인가요?

• 아름다움을 자주 느끼기 위해 내가 무엇을 하면 좋을까요?

심미안 찾기 2
감성 콘텐츠 모으기

다빈치의 성모자 그림은 라파엘로의 것과는 또 다른 느낌을 준다. 라파엘로의 그림에서는 자연 배경과 인물이 따로 존재한다면, 다빈치의 그림에서는 배경과 인물이 하나의 물이 되어 흐르는 듯한 느낌을 준다. 이것은 다빈치의 그림에서만 발견되는 독특한 느낌인데, 이 느낌 때문에 다빈치는 역사상 최고 유명한 화가가 되었다.

다빈치는 그의 이름에 나타나 있듯이 빈치 지역에서 태어났다. 이 지역은 르네상스의 발원지인 피렌체의 인근에 있다. 혼외 자식으로 태어난 다빈치는 어머니의 따뜻한 돌봄을 받지 못했다. 오히려 삼촌과 할아버지의 사랑을 받고 자라나는데, 그래서 혼자서 토스카나 인근 지역을 돌아다니면서 관찰하는 습관이 길러졌다. 그는 특히 어린 시절의 관찰을 통해서 인간과 자연은 연결되어 있다고 생각하게 된다. '성 안나와 성모자'에서 푸른 배경이 마리아와 그녀의 엄마 안나의 옷주름과 자연스럽게 어우러지면서, 마리아가 예수를 바라보는 시선을 더 따뜻하게 한다. 우리가 이미 알

다빈치, 성 안나와 성모자, c.1503-1519

고 있는 모나리자에도, 배경과 모나리자의 옷 주름이 절묘하게 연결되어서 리자 부인과 자연이 하나인 것처럼 느껴지는 묘한 느낌이 있다. 이것을 더 감성적으로 전달하기 위해서 다빈치가 새롭게 시도한 방법이 스푸마토(sfumato) 기법이다. 일명 대기 원근법이라고 불리는 것으로, 얼굴의 윤곽선을 분명하게 그리지 않고, 경계를 흐릿하게 해서, 대상과 배경이 하나로 연결되는 듯한 느낌을 주면서 인간의 감정을 더 깊게 표현하는 방법이다.

이런 다빈치의 그림을 깊게 들여다보면서, 교사와 학생 간의 벽이 무너지고 자연스럽게 하나가 되는 수업을 꿈꾼다. 그래서 수업에서 할 수 있으면 학생들의 정서를 촉발시키려는 시도를 많이 한다. 학생들이 수업에 몰입할 수 있는 에너지가 없다면, 음악으로 혹은 그림으로 학생들의 정서를 어루만지는 작업을 많이 한다.

때에 따라서는 학생들에게 심미안에 대해 질문을 많이 한다. 정보는 같은데 왜 느낌이 다른지, 그 차이는 어디서 오는지를 학생들에게 물어본다. 도로를 보면 수많은 자동차가 있다. 그런데 왜 어떤 차는 디자인이 멋이 있고, 어떤 차는 유행에 뒤처진 느낌을 줄까? 이런 질문을 통해 학생들에게 전달되는 정보 너머에는 또 다른 정서의 세계가 있음을 알려준다. 이런 정서적인 알아차림이 인간관계에서도 매우 중요하다. 사과를 하는 행동에도, 아쉬워서 사과를 건네는 것과 짜증을 내면서 사과를 건네는 것에는 묘한 차이가 있다. 이런 차이를 이해하는 눈이 생길 때, 우리는 다른 사람의 감정에 귀를 기울일 수 있는 공감 능력이 생기기 시작한다.

온라인 수업을 하면 할수록 학생들과 감정과 감정으로 소통하는 것이 너무 힘이 든다는 것을 느낀다. 실시간 온라인 수업을 해도, 학생들의 감정이 잘 읽히지 않으니 수업을 30분만 해도 너무 힘이 든다. 학생들이 등교를 해도 마스크 때문에 눈밖에 보이지 않고, 서로 질문하고 토의할 수 없으니 수업이 일방향으로 흐르게 된다. 앞으로 우리가 맞이하는 미래 교육이 온라인으로만 흐르게 된다면, 학생들이 자신에 대한 감정을 이해하거나, 일상 속에 누릴 수 있는 아름다움을 놓치기 쉽다.

요새 와서 드는 생각은 앞으로 학교 교육에서 더 중요하게 생각해야 할 것은 학생들이 일상의 삶에서 심미안을 키우고, 그 시선으로 삶의 아름다움을 풍성히 누리게 하는 것이다. 수학은 수의 아름다움을, 국어는 언어의 아름다움을, 생물은 유기체의 아름다움을 경험하게 해줘야 한다. 학생들이 수업에 참여하면서 지식 속에 담긴 경이로움을 느끼게 해줘야 하는데, 우리는 그것을 잃어버렸다.

가장 미래적인 교육은 우리가 잃어버린 이 아름다움을 회복하는 것이다. 자기만의 심미안을 찾게 하고, 삶의 어려움을 이길 수 있는 마음 근육을 키워주는 것이 교육이고, 이것이 수업의 목표이어야 한다. 이런 수업을 하려면, 교사가 먼저 나만의 심미안을 찾아야 한다. 이를 위해서는 내 감정에 울림을 주는 영감 있는 콘텐츠를 잘 찾는 작업이 필요하다.

다빈치도 감성이 있는 그림을 곧바로 그린 것이 아니다. 선배들의 그림, 특히 지오토와 같은 선배 예술가들의 그림을 보면서 그들의 그림을 따라 하고 배우면서 자신만의 심미안을 찾고, '모나리자'와 '최후의 만찬' 같은 대작을 남길 수 있었다. 미켈란젤로와 라파엘로 같은 천재 화가들도 예술가로 성장하는 과정에서, 지오토의 그림 앞에서 수없이 스케치하고 인간의 감정을 깊게 표현하려는 그의 생각에 대해서 많이 토의했다고 한다.

그림에 지오토가 있다면, 문학에는 단테가 있다. '신곡'은 우리가 잘 알다시피 지옥을 여행하는 대서사시다. 신곡에서 단테는 로마 시인 베르길리우스를 만난다. 시인을 만나서 지옥, 연옥, 천국을 여행하면서 신화 혹은 역사적 인물들을 만나 이야기를 나눈다. 우리식으로 하면, 내가 이순신, 김구, 세종대왕을 만나면서, 삶을 살아가는 지혜를 묻는 이야기이니, 그 당시에 얼마나 많은 사람이 이것을 읽고 좋아했을지 상상이 간다. 그런데 신곡에서 중요한 지점은 단순히 유명 인물들을 만난 것이 아니라, 현재를 살아가는 인간의 복잡한 내면을 잘 표현했다는 점이다.

단테는 정치가로서 문학가로서 삶에 질문이 많았다. 왜 우리 사회가 분열되어 있는지, 인간은 왜 자유로운 삶을 선택할 수 없는지 등을 살면서 일어났던 수많은 문제에 대해서 질문을 던지고 이에 대한 답을 하기 위해서 신곡을 썼다. 그래서 신곡은 이렇게 시작된다.

귀스타브 도레, The Forest

생의 절반을 보낸 나는 올바른 길을 잃고 홀로 어두운 숲 속에 서 있었다.

아, 그토록 음산하고 울창하며 험한 그 숲을 어찌 다 말로 표현할 수 있으리.

그는 답답했던 것이다. 생의 절반을 살았지만, 여전히 자신이 안개가 낀 숲을 걷는 느낌으로 살았다고 한다. 이 모습은 지금 우리의 모습과 비슷하다. 생의 절반까지 왔지만, 여전히 길을 잃은 우리의 모습. 600년 전 단테나 지금의 우리와 상황은 비슷하다. 중세는 답이 있는 사회였다. 성경 속에 답이 있다고, 성경을 읽고 신의 은총을 빌면 모든 것이 해결된다고 믿었다. 하지만 단테는 여기에 의문을 제기한다. 신의 예배자로 살아도 사랑하는 여인과 결혼할 수 없고, 고향은 늘 적국에 침탈을 당하고, 이런 혼란한 감정 속에서 어떤 삶을 살아야 하는지를 늘 질문했다. 그래서 그는 길을 잃고 헤매는 자신의 내면을 본다. 음산한 인생의 숲에서 길을 찾느라고 지친 자신의 영혼을 자유로이 신곡에서 표현한다. 이런 단테의 솔직한 고백은 수많은 사람에게 영감을 준다. 삶의 답은 오직 신의 은총에 의해서 주어지는 것인데, 스스로 삶의 답을 찾으려고 하는 단테의 시도에 수많은 예술가가 영감을 받고, 저마다 삶을 어떻게 살아야 하는지, 어디로 가야 하는지, 지금으로 말하면 인문학 열풍이 13세기 피렌체에서 시작된다.

이 분위기를 한층 더 고조시킨 사람이 페트라르카다. 그는 1345년 로마 철학자 키케로의 서한문을 발견한 뒤 이를 쓰고 한데 묶었다. 키케로·호메로스와 같은 역사적 인물들에게도 수백 통의 편지를 써 '편지 열풍'을 일으킨다. 이에 사람들은 중세 시대에 억압되었던 개인의 감성이 편지를 통해 터져 나오고, 예술에서 점차 주체적인 시선으로 자신의 아름다움을 표현하려는 심미안이 생기기 시작한다.

특히 페트라르카는 최초의 등산인으로 유명하다. 그가 지은 글 중에 '빵투산을 내려오며'라는 글이 있는데, 1350년대 지식인들에 많은 영향을 미쳤다. 그는 '높은 곳에 올라가면 무엇이 보일까?'라는 호기심으로 빵투산을 올라갔다. 그리고 거기서 늘 가지고 다닌 책, 어거스틴의 고백론을 그냥 펼쳐서 읽었는데, 다음과 같은 구절이 보였다.

사람들은 이리저리 다니면서 높은 산봉우리, 몰아치는 바다의 파도, 드넓게 흐르는 강물, 끝없이 펼쳐진 대양, 돌고 도는 별들을 보면서 크게 감탄합니다. 그러나 자기 자신에 대해서는 아무 관심이 없습니다.

그는 이 구절을 읽고 부끄러움이 밀려왔다고 한다. 자신의 영혼을 돌보지 않았다는 자각이 일어났기 때문이다. 그는 더 깊게 자신만의 심미안을 가지고 내면에 집중했고, 수백 편의 서정시를 남기고 그것을 책으로 펼쳐냈다. 한쪽에서는 '이런 개인의 감정을 노래한 시가 무슨 가치가 있냐'고 비아냥거렸지만, 솔직한 자기 감정을 노래한 이 시들이 누군가에게는 깊은 위로를 주었다. 결국 이 시는 그림으로 연결되어 수많은 예술가에게 영감을 주었다. 우리가 알고 있는 르네상스의 부흥기는 갑자기 찾아온 것이 아니다. 지오토, 단테, 페트라르카가 만들어낸 그림, 시, 편지, 일기 등이 사람들의 감성을 새롭게 열고, 주체적인 눈, 즉 심미안을 발견케 해서, 우리가 걸작이라고 부르는 작품들이 나오게 되었다.

인간은 누구나 아름다움을 볼 수 있는 눈이 있다. 다만, 바쁜 삶에 지쳐서 내 감성을 돌아볼 여유가 없을 뿐이다. 바쁜 삶에도 좋은 음악, 시, 그림, 글을 접하면, 내 안에 숨겨져 있던 감성이 터져 나오고, 삶을 새롭게 보는 심미안이 생긴다. 결국, 심미안은 앎의 문제가 아니라 태도의 문제다.

속도를 늦추었다
세상이 넓어졌다
속도를 더 늦추었다
세상이 더 넓어졌다
아예 서 버렸다
세상이 환해졌다

— 유자효, '속도'

삶의 속도를 조금만 늦추면, 보이지 않았던 것들이 보인다. 예전에 학생들과 함께 '어둠 속의 대화'라는 프로그램에 참여한 적이 있는데, 이 프로그램에서는 칠흑 같은 어둠을 만나게 된다. 십여 명이 한꺼번에 들어가는데, 처음에 큰 공포감을 준다. 앞이 보이지 않아 더듬더듬 앞 사람 어깨를 잡고 나아가면서, 어떻게 이 어둠의 시간을 보낼 것인지 걱정이 된다. 그런데 인간은 참으로 놀랍다. 어둠이 계속되자 시각이 닫히고, 촉각과 청각이 새로이 열리면서, 일상에서 느끼지 못했던 감각의 섬세함이 생긴다. 작은 소리에 귀를 기울이고, 손에 느껴지는 작은 촉감으로도 무엇이 있는지를 알아맞히게 된다. 마지막에 가서는 어둠 속에서도 어느 정도 자유롭게 움직일 수 있게 된다. 이렇게 감각은 늘 살아 있는데, 내가 알아차리지 못한 것이지, 능력이 있고 없고의 문제가 아니었다. 이처럼 심미안을 키우기 위해서는 감성 콘텐츠로 내 감각을 새롭게 여는 작업이 필요하다.

그중에 가장 먼저 발달하는 것이 귀다. 우리가 다 알다시피 귀는 개방적이다. 모든 소리에 대해 열려 있다. 오감 중에서 유일하게 닫을 수 없는 감각이다. 청각은 듣기만 해도 본능적으로 우리에게 특정 감정을 떠올리게 한다.

정신이 없고 바쁜 교무실이라도 잔잔한 피아노 음악을 이어폰으로 듣고 있으면 마음에 평안함이 찾아온다. 사진을 그냥 보는 것과 분위기에 맞는 음악을 들으면서 보는 것에는 큰 차이가 있다. 정서적인 감흥의 세기가 완전히 다르다. 들리는 소리에 내가 관심을 기울이게 된 것은 대중가요의 영향이 크다. 내가 가장 좋아했던 가수는 이승철이었다. '마지막 콘서트', '희야'를 들으면서, 누군가를 사모하는 감정의 절실함을 조금 깨달았던 거 같다.

나는 어려서부터 외로움을 많이 탔다. 항상 바쁘신 아버지와 어머니, 형은 자기 친구들과 많이 놀러 다녔지, 어설픈 동생과는 많이 놀아주지 않았

다. 혼자 있을 때가 많았던 나도 다빈치처럼 강원도 영월의 산골을 돌아다
녔다. 그래서 내가 좋아하는 가수들의 목록을 보면, 변진섭, 신승훈 그리고
김광석, 폴 킴, 박정현 등 발라드풍의 가수가 거의 대부분이다. 잔잔하고
여릿여릿한 느낌을 좋아하고, 누군가의 사랑을 갈망하고 기다리는, 외로
움의 노래를 좋아했다. 겉으로는 쾌활한 척했지만, 내 진짜 감정은 외로움
이었다.

　　좋아하는 노래 곡목을 살펴보면, 그 속에 내가 공감받고 싶은 감정이 있
다. 우리는 결핍된 감정을 채우기 위해서 노래를 듣는다. 요즘 자주 듣는
노래 두 곡이 있다. 하나는 김광석의 '어느 60대 노부부의 이야기'이다.

> 세월은 그렇게 흘러 여기까지 왔는데
> 인생은 그렇게 흘러 황혼에 기우는데
>
> 다시 못 올 그 먼 길을 어찌 혼자 가려 하오
> 여기 날 홀로 두고 여보 왜 한 마디 말이 없소
> 여보 안녕히 잘 가시게
> 여보 안녕히 잘 가시게
> 여보 안녕히 잘 가시게
>
> ─ 김광석, '어느 60대 노부부의 이야기'

　　엄마를 보내고 나서, 가장 걱정이 되는 것은 아버지였다. 홀로 남게 된
아버지. 엄마의 죽음 앞에서 가장 눈물을 보이지 않았던 사람이 아버지다.
엄마를 보낸 날, 아버지는 황망한 얼굴이었고, 장례식장에서 누가 통곡을
하고 있을라치면, 오히려 "울지 마라"고 소리를 쳤다. 뒤늦게 온 이모가 통

곡을 하는데, 아버지는 "조용히 하라"고 소리치면서, 장례식장에 큰 싸움이 일어날 뻔했다. 아버지는 슬픔을 꾹꾹 누르고 있었다. 엄마의 시신을 마지막으로 볼 때도 아버지는 엄마를 애써 보지 않았고, 한쪽 구석에서 털썩 앉아 계셨다. 그렇게 슬픔을 간신히 참고 있었던 아버지가 마지막으로 큰 눈물을 흘리신 때가 있었다. 엄마를 화장하고 나서, 무덤에 재를 묻을 때였다. 이제 정말 마지막으로 엄마의 육신을 땅에 묻으려고 하려는 찰라. 아버지는 엄마의 온기가 그대로 남은 재를 황급히 가슴에 끌어안고 통곡을 했다. 아버지가 소리 내어 우는 모습을 처음 보았다. "아이고, 이 사람아, 이 사람아, 어떻게 이렇게 가나? 원통해서 내가 어떻게 사나?"

가슴에 엄마를 안고 우시는데, 아버지의 서툰 감정 표현에 마음에 응어리를 진 분들이 같이 다 울었다. 그렇게 한참을 울고 나서야 엄마를 곱게 땅에 묻었다. 이런 아버지의 마음을 가장 잘 표현하고 있는 노래가 바로 김광석의 '어느 60대 노부부의 이야기'이다. 이 노래를 듣고 있으면, 엄마를 사랑한 아버지의 마음이 진하게 느껴져서 요즘 종종 듣는다.

엄마를 허망하게 보내고 나서 홀로 잠들어야 하는 밤. 아직도 내게 엄마가 없다는 사실이 믿어지지 않았다. 엄마 생각을 하면, '왜 내가 그때 엄마에게 따뜻한 한마디의 말을 하지 못했을까?' 하는 후회의 감정이 마구 밀려와 잠을 이루지 못했다. 아침에 일어나도 개운하지 못한 날의 연속이었다. 그러나 그럼에도 아침에 기쁘게 일어나는 날이 가끔 있었는데, 그것은 엄마가 꿈에 나온 날이었다.

기억해보면 4년 동안 세 번 나타나셨는데, 그중 첫 번째 꿈이 생생하다. 엄마가 돌아가신 지 얼마 안 돼서, 울면서 잠이 들었는데, 그때 엄마가 나타났다. 환하게 웃으면서 어떤 자리에 앉아서 나를 보고 있었다. 그때 나는 엄마에게 "잘 있나?"고 물었다. 엄마는 "잘 지낸다"고 짧게 답했다. 그리고

"잠은 어떻게 잘 주무시냐?"고 물었더니 "잘 자고 있으니 걱정 마라"고 했다. 그래서 내가 "다행이다"고 계속 말을 하면서 잠에서 깼다. 시간이 너무 짧아서 아쉬움이 한가득이었지만, 그래도 잘 잔다고 말하던 엄마의 환한 모습이 떠올라 기분이 좋아졌다. 이런 간절한 꿈속의 만남으로 인해 박정현의 '꿈에'는 나를 위로해주는 노래가 되었다. "내 손을 잡네요, 지친 맘 쉬라며"라는 가사가 마음에 박히면서, 이제는 슬픔에서 서서히 빠져 나와야겠다는 생각을 하게 한다.

이처럼 음악은 그리고 시는, 노래는, 그림은 우리를 위로한다. 물론 모든 예술, 대중문화가 나를 위로해주지는 않는다. 인간의 말초 신경을 자극하기만 하고 삶의 허무만을 느끼게 하는 것들도 있다. 하지만 나만의 심미안을 갖고, 내 마음을 위로했던 노래, 시, 책, 음악, 사진 등을 모아보면, 그 안에 내가 아파하고 있는 내 삶이 보인다. 그리고 그것을 표현한 예술가들과 그들의 삶의 이야기를 심미안으로 보면, 또 다른 힘이 생긴다.

> 수면의 물이 고불고불하게 말리는 동작은 머리카락의 동작과 닮았다. 머리카락에는 두 가지 힘이 작용하는데, 하나는 머리카락의 무게로 인한 것이고 다른 하나는 머리카락의 회전 방향에 의한 것이다. … 영혼의 창이라 불리는 눈을 통해 우리 뇌의 감각 수용기는 무한한 자연의 조화를 온전하고 훌륭하게 받아들일 수 있다. … 화가로서 더 영광스러운 일, 즉 자연을 읽고 이를 표현하는 것이다. (월터 아이작슨, 『레오나르도 다빈치』, 아르테, 2019)

다빈치에게 최고의 콘텐츠는 자연이었다. 다빈치는 앞서 이야기했듯이 혼자 자연을 벗 삼으면서, 여러 관찰한 것을 노트에 스케치를 하고 글을 적는다. 특히 그는 물에 관심이 많았다. 물보라가 일어나는 과정을 정확히 스케치하면서, 그 모습에서 생명력을 느낀다. 그리고 그런 물의 움직임이 인간의 머리카락, 혈류의 움직임과 유사하다고 느낀 그는 자연과 인간은 긴밀하게 연결되어 있다고 생각했다. 그리고 대부분의 그림에서 물의 움직임과 곱슬거리는 머리카락 그리고 옷 주름을 물의 흐름과 비슷하게 그린다. 그 안에 있는 생명력을 어떻게든 보여주려고 한다.

이렇게 심미안으로 세상을 보면 도처에 위로가 있다. 깊은 슬픔을 경험하니 언제부턴가 예전에는 잘 보이지 않았던 것이 보인다. 메마른 나뭇가지에서도 소박하게 피어오르는 조팝꽃, 라일락, 돌 틈에서 피어오르는 들꽃들. 아주 작은 홀씨 하나가 그 속에서 꽃을 피우는 모습을 보면, 생명에 대한 경이로움을 느낀다.

이런 위로는 비단 자연에만 그치지 않는다. 사람에게서도 마찬가지다. 삶이 지치고 외로울 때면 재래시장을 간다. 거기서 부지런히 물건을 팔고 있는 상인들에게서 삶을 다시 일어서는 힘을 얻는다. 시장을 돌다 보면 "골라, 골라" 소리치는 과일가게의 아저씨, 한자리에 앉아서 끊임없이 부침개를 만드는 할머니, 뜨거운 국밥에 손님이 입을 댈까 봐 한 번 더 열을 식히고 내어주는 주인장의 마음과 만나게 된다. 심미안으로 보면 새로운 세계가 열린다. 지금 내 삶에서, 내 아픔을, 내 결핍을 위로하고 있는 콘텐츠를 모아보자. 심미안은 멀리 있지 않다.

지금 바깥을 나가 내 공허한 마음을 위로해주는 풍경을 찾아보자. 자연물을 만져보자. 심미안은 멀리 있지 않다. 내가 발 디디고 있는 '지금, 이곳'이 위로의 선물이다.

소리 [명사]

1. 물체의 진동에 의하여 생긴 음파가 귀청을 울리어 귀에 들리는 것

- 오늘 하루 당신을 행복하게 한 소리는 무엇인가요?

- 당신의 마음을 위로해주는 노래는 무엇인가요?

심미안 찾기 3
공간을 여행하기

    유럽의 도시를 여행하다 보면 꼭 들르는 곳이 있다. 그곳은 광장이다. 도시마다 특색 있는 광장들이 여러 건축물과 함께 독특한 감정을 일으키는데, 그중 하나가 베네치아의 산마르코 광장이다. 물의 도시 베네치아답게 이 산마르코 광장은 물이 범람할 때가 많은데, 이때 광장의 불빛과 물이 같이 빛나는 모습은 그야말로 신세계다. '유럽의 응접실'이라고 한 나폴레옹의 말처럼 확 트인 모습이 베네치아를 방문한 사람들에게 아름다운 추억을 선물해준다. 이렇게 시각적으로도 아름다운 광장이 있지만, 기능적으로도 광장의 기능을 하는 곳이 있다. 이탈리아의 소도시 시에나는 한때는 피렌체와 더불어 이탈리아를 대표하는 도시 공화국이었지만, 1450년 흑사병이 돌면서 도시로서의 기능이 멈추게 된다. 그리고 500년 동안 현재의 모습이 그대로 유지되어서, 중세 도시를 여행하고 싶은 여행객들에게 사랑을 많이 받는 도시다. 이 시에나에 가면 꼭 들를 수밖에 없는 곳이 있는데, 바로 캄포 광장이다.

도시 가운데에 있어서 어느 곳을 가더라도 잠시 들르게 되는 곳이 이 캄포 광장이다. 이 광장은 조개 모양으로 둥그렇게 그려져 있는데, 배수 역할을 하도록 약간 기울어져 있다. 그래서 눕기에 아주 좋다. 여행객들은 지친 몸을 이끌고 태양이 쏟아지는 오후에 이곳에 누워 망중한을 즐긴다. 나도 이 광장에 30분 동안 누워본 적이 있는데, 정말 꿀잠으로 편하게 쉬었다. 이곳에 누워있으면 시간이 멈춘 듯한 느낌이 든다. 둥그런 광장에 15세기의 붉은 건물들과 담소를 나누는 사람들. 이 공간 속에 누구라도 누워 있으면 마음의 평온함을 찾고 다시 걸어갈 힘을 얻는다.

여기에 가만히 누워서 시에나라는 도시가 여전히 낡음을 유지하는 것에 대해 생각했다. 피렌체에 비해서 르네상스의 문화적 혜택이 덜한 이곳. 어쩌면 문명과 기술은 퇴보하고, 15세기에 멈춰 있는 이 도시에서 미래의 메시지를 찾았다. 있는 그대로 이렇게 끝까지 버티고 있는 것. 그것이 비록 구시대의 낡은 유물일지라도, 그 자체가 가지는 아름다움이 있다는 것이다. 색깔 중에 시에나 색이 있다. 시에나 도시에서 자주 보이는 붉은 갈색

이 바로 시에나 컬러다. 15세기에 멈춰 버린 도시가 세월을 두고 오래 버티고 있으니 자기만의 색깔까지 가지게 되는 이 모습에서, 최첨단의 미래에 우리가 어떤 길을 걸어갈지를 고민하게 된다. 태양이 붉게 물드는 저녁 즈음 시에나는 온통 붉은색으로 빛난다.

이렇듯 어떤 특정 공간은 우리에게 평상시 맛볼 수 없는 감정을 불러 일으킨다. 사람들이 바다를 보면 좋아하는 이유가 탁 트인 무한의 공간에서 자유로움을 느끼기 때문이다.

스스로 위로하기 위해 심미안을 갖고, 공간을 탐색하는 일은 무척 의미 있는 일이다. 교사는 예술가의 삶을 살아야 한다. 창의적인 수업을 만들고, 학생들에게 삶에 대한 새로운 용기와 꿈을 주려면, 내 안에 채워지는 무엇인가가 있어야 한다. 이를 위해서 수시로 나만의 장소를 홀로 찾아가, 그곳에서 내 마음과 생각을 알아차리면서 고독을 즐기는 삶이 있어야 한다. 그 안에서 공간이 주는 위로를 들어야 하는데, 실상은 너무 힘이 든다.

학교는 모든 것이 공개되어 있다. 조용히 글을 쓸 수 있는 데가 없다. 교무실에서 잠시 글을 쓰거나 수업이라도 연구하려고 치면, 학생들이 갑작스럽게 들어와 질문을 하거나 동료 교사가 말을 건다. 그리고 잠시 이야기를 마치고 내 일, 내 생각에 집중하려고 하면 업무 메신저로 각종 일들이 쏟아진다. 대개 큰일은 아니다. 20~30분에 끝나는 일이다. 그러나 이 일을 하고 나면, 깊은 생각에 잠기기가 힘이 든다.

이때 나는 빌헬름 함메르쇼이의 방 그림을 본다. 고독의 화가라 불리면서, 자신의 방을 따사로운 시선으로 그린 화가. 그의 그림에는 창문을 살포시 통과하는 햇살이 있다. 내 마음을 포근히 안아주는 것 같아 조용히 이 그림을 보고 있으면 마음이 차분해진다. 특히 빈 공간이 주는 여백이 나를 평화롭게 한다. 언제부턴가 우리 시야에 걸리는 것이 많아졌다. 수직의 건

빌헬름 함메르쇼이, Interior, Sunlight on the Floor, 1906

물들, 수평의 시야가 사라진 현대인이다. 끝없는 욕망으로 우리는 무엇을 자꾸만 세우고, 소유하려고 한다. 그러나 우리는 안다. 곧 이런 것들이 자꾸만 우리를 불안하게 한다는 사실을. 오히려 아무것도 없을 때가 좋다. 그런데 우리는 욕심으로 자꾸만 무엇인가를 소유하려 한다.

캐비닛을 본다. 무엇이 이렇게도 많은지, 언젠가 써먹겠지 하면서, 자꾸만 무엇인가를 남겨 놓는다. 제자들의 편지는 당연히 남겨 놔야 하지만, 살펴보지 않은 문제지가 수십 권이다. 우리는 모으는 것은 선수인데, 왜 이렇게 버리지 못하는지. 오늘의 하루를 마감하면서도 버려야 할 생각들은 버려야 하는데, 왜 이렇게 버리지 못하는지. 관리자의 폭언, 동료 교사의 비꼬는 말투, 아이들의 지저분한 욕들이 가슴에 한가득 남는다.

그럴 때 나만의 아지트를 찾아 떠나야 한다. 도피해야 한다. 나를 위로하기 위해서는 부정적인 감정으로부터 탈출해야 하는데, 당장 수업이 코앞이고, 학교를 그만둘 수 없는 이상, 내 자리에 그런 공간을 만들어야 한다. 내 현실의 공간을 유럽의 광장처럼 특별한 공간으로 만들기 위해서는 그림이 필요하다.

소란스러운 교무실에서 내 마음을 차분히 가라앉히는 데는 그림쇼의 그림만한 것도 없다. 달빛의 화가로 불리는 그는, 늘 어둠을 소박하게 비추는 달빛을 그렸다. 조용히 어둠을 밝히는 달빛, 보고만 있어도 마음이 평화롭다. 이때 드뷔시의 '달빛'을 듣는다. 공간에서 나를 위로하기 위해서 우리가 가장 먼저 해야 할 일은 내 마음속 고요를 찾는 작업이다. 시끄럽고 지

그림쇼, Moonlight, Wharfedale, 1870-1879

저분한 소리들이 온갖 곳에 스쳐 간다. 소비를 자극하고, 감성을 흩트려버리는 자극적인 사건들, 사진들이 지나간다. 이런 것에 너무 매몰되다 보면, 저절로 나의 고요는 찾지 못하고, 외부의 지저분한 사건들만 가득 찬 상태에서 수업을 하게 되고, 하루를 소란스럽게 마감한다.

나의 하루는 의미 있게 봐달라고 하는데, 우리는 눈에 띄는 자극적인 정보, 연예인의 사생활, 스포츠 결과를 가지고 하루를 정리하려고 한다. 이럴 때, 시끄러운 정보를 과감히 끊어내고, 학생들 때문에 너덜너덜해진 마음에 수평을 찾아야 한다. '지금, 여기'에서 고요를 찾는 훈련을 해야 한다.

교무실이라는 공간을 조금 특별하게 바꾸기 위해서는 원두커피를 갈아 마시는 일도 좋을 것이다. 믹스 커피가 아닌 원두커피, 원두를 갈 때만은 내가 근사한 바리스타가 된다. 원두를 갈 때의 사각거리는 소리, 원두의 구수한 향기. 인공의 향수로는 도저히 흉내 낼 수 없는 냄새. 자신의 몸을 태우면서 우리에게 전달해주는 이 헌신의 향기는 삭막한 교무실을 근사한 카페로 만들어준다. 어설프게 커피를 내려도 원두의 향기는 교무실에 있는 모든 사람의 마음을 따뜻하게 만들어준다.

교무실의 공간이 답답하다면, 학교 근처, 집 근처에 나만의 명상의 공간, 사색의 공간을 찾아야 한다. 가장 만만한 것이 산책길이다. 나는 다행히 영종도에 살고 있어서 나만의 산책길이 너무도 많다. 아파트를 나와 해변 데크길을 걷고, 그 길을 따라 산길을 조금 걷고, 그리고 나오는 바다. 넓은 시야. 많은 걱정과 고민이 있을 때, 이 길을 걸었다. 수업이 잘 안 풀리고, 엄마에 대한 그리움으로 슬픔이 몰려올 때, 그냥 걷는다. 걷다 보면 나오는 서해 바다. 동해만큼 파도가 우렁차지도 않고, 파도 소리조차도 잘 안 들린다. 밋밋하게 밀려오는 바다. 그리고 시커먼 갯벌. 그래도 바다는 나에게 순수를 준다. 파도로 자신을 감추지 않고, 서해 바다는 수줍게 자신의 속살을 보여준다.

 산책길과 함께 단골 커피집을 찾아가는 것도 좋다. 프랜차이즈 커피집보다 소박하게 자신의 멋과 흥취로 꾸며놓은 동네 커피집을 알아두는 것도, 공간에서 위로를 얻는 비결이다. 예전에는 커피값이 그렇게도 아까웠는데, 이제는 그렇지 않다. 내 마음과 평온함을 되찾을 수만 있다면, 몇천 원 정도는 그냥 지불한다. 내가 좋아하는 커피집에 가서는 굳이 내가 메뉴를 시키지 않는다. 사장님께 부탁한다. 그러면 사장님은 묻는다. "무슨 음식을 드셨나요?" 떡볶이를 먹었으면 그 매운맛을 중화시켜주는 강한 커피로, 스파게티를 먹었으면 그 이탈리아풍에 맞는 에스프레소를, 기분이 우울하다면 달달한 커피로 내 마음을 만져 주신다. 아무런 장식 없이 벽돌이 투박하게 도드라져 나온 동네 카페에서의 커피 한 잔은, 공간과 사람 그리고 음식이 주는 최상의 기쁨을 내게 선사한다.

 집을 특별한 공간으로 꾸며도 좋다. 가족들의 세심한 배려로 나는 내 서재가 있다. 아주 작은 나만의 공간. 이곳에서 나는 자유로움을 느낀다. 『교사, 수업에서 나를 만나다』, 『교사, 삶에서 나를 만나다』 그리고 지금 이 책이 이곳에서 탄생했다. 좋은 음악을 듣기 위해 마련한 조금은 비싼 블루투스 스피커가 놓여 있고, 책장 왼쪽에는 나에게 영감을 줬던 여러 책이 놓여 있다. 수시로 발췌독을 하면서 읽을 책들. 서양미술사, 백석의 시, 월든이 놓여 있다. 책장 오른쪽에는 최신 트렌드의 책들이 놓여 있고, 책상 위에는 내 글을 기다리는 맥북이 놓여 있다. 책상 아래쪽에는 내가 좋아하는 천경자 화백의 그림이 놓여 있다.

 내가 좋아하는 놀이 중에 '남주 놀이'가 있다. 일명 '남자 주인공' 놀이다. 영화 속 주인공처럼 내가 멋있다고 생각하고, 혼자 커피 마시고 온갖 멋을 다 부린다. 이 공간에 들어오면 나를 보는 이가 없기에 가장 편한 차림으로 근사하게 커피를 마시고, 재즈 음악을 틀어놓고, 온전한 내가 된다. 이곳에서 창조적인 아이디어가 잉태되기도 하고, 감정의 응어리가 쌓인 학생을 떠올리면서 그 학생의 마음을 이해하려고 노력한다. 무엇보다 가장 많이 하는 일은 역시나 글쓰기다. 떠오른 생각과 감정을 노트북에 그냥 끄적거린다. 컴퓨터가 질릴 때 즈음이면 작은 메모지를 꺼내 놓고 만년필로 슥슥 아무 글이나 쓴다. 내가 좋아하는 시구, 기억해야 하는 문장들을 아무렇게나 흘려서 쓴다. 이 순간만큼은 내가 최고의 예술가라고 생각하면서 글을 써 내려간다. 처음에는 뻐걱거리던 만년필이 이제는 길이 잘 들어서 나를 잘 안다. 내가 원하는 방향으로 부드럽게 글이 써지면서 종이의 질감을 그대로 나에게 전해준다. 써 내려가는 내 생각과 만년필의 펜촉, 그리고 종이의 질감이 만나서 내게 전해지는 아날로그 감성은, 나를 최고의 작가로 생각하게 해준다.

방학이 되면 여행을 간다. 시간이 없고 돈이 없다면 국내 여행지로 간다. 수많은 여행지 중에서도 특별한 감흥을 느꼈던 곳은 태안 바닷가다. 다른 서해 바닷가와 다르게 이곳은 모래사장이 길게 늘어져 있다. 백사장과 소나무 사이로 난 산책길이 나를 깊은 명상으로 빠져들게 한다. 특히나 신두리 해안 사구는 사막이 없는 우리나라에 유일하게 사막을 맛보게 해주는 곳이다. 시간이 쌓아 올려 만든 그 장소에 맨발로 서면, 발 밑에서 느껴지는 모래 알갱이가 나를 새로운 감각으로 이끌어준다. 그리고 시야에는 확 트인 바다. 여기는 한국이 아니라 그리스 산토리니다. 해외여행이 부럽지 않다.

서해안이 아쉬우면 동쪽으로 간다. 바다를 갔으면 이번에는 숲이다. 자작나무 숲길이 잘 만들어진 인제 원대리 자작나무 숲. 다른 나무보다 아픔이 많아서 살은 다 사라지고 뼈만 앙상하게 남았다는 자작나무. 혼자 있을 때는 서늘하게 외롭지만, 외로운 나무들이 떼를 지어 한 데 모여 있으니 넉넉한 위로를 준다. 그 사이로 난 숲길을 전수연 씨의 '자작나무 숲길로'라는 음악을 들으면서 걷는다. 푸른 잎사귀와 청정의 공기. 가지 사이로 난 햇살이 나를 비추면 마음속의 잡념은 사라지고 다시 내 길을 걸을 수 있다는 용기를 얻는다.

이외에도 나에게 영감의 장소는 많다. 괴산의 삼나무 숲길, 통영의 동피랑길, 부산 감녕마을의 골목길, 제주의 서우봉 해변길 등 현실이 너무 막막하고 어려울 때, 이런 여행지들은 내 지친 영혼을 위로하고, 다시 삶을 힘차게 살아갈 힘을 준다.

자주는 아니더라도 가끔은, 해외에 나가는 것도 좋다. 이색적인 풍광들이 내 안에 숨겨져 있던 감성들을 새롭게 올라오게 한다. 스위스 기차를 타고 갈 때의 그 감흥은 아직도 잊히지 않는다. 유럽의 가장 높은 봉우리 융프라우를 가기 위해 기찻길에 올랐는데, 차장 너머 보이는 풍경은 그야말로 이상적인 목가의 풍경이었다. 어떤 고난도, 싸움도 없는 평화의 공간. 나도 모르게 눈물이 났다. 지난 40년의 세월이 스르륵 흘러가면서, '이렇게 좋은 곳에 내가 와 있다'는 것에 감동이 되어 눈물을 흘렸다. 이 감동을 계속 간직하기 위해서 중얼거렸다. "태현아, 잘 살았어. 너는 정말 잘 살았고, 여기에 올 만한 자격이 있어"라고 고백하면서 기차를 타고 가는 수 시간 동안 감동에 젖어 있었다.

개인적으로 마음을 비우는 여행지로는 이탈리아 아씨씨를 추천한다. 대다수의 관광지는 위대한 건축물들이 있어서 그 건축물 하나로 우리를 압도한다. 대표적으로 베드로 성당, 베르사유 궁전, 에펠탑이 그렇다. 베드로 성당 광장에 서면, 미켈란젤로는 조각뿐만 아니라 저 위대한 돔까지 만들었는데, 나는 그동안 무엇을 했는지 초라하게 만든다. 크기가 나를 압도

한다. 이런 건축물을 보면, 그날은 그것 하나밖에 기억나지 않는다. 그러나 아씨씨는 다르다. 아씨씨의 골목은 흰색 벽돌로 이뤄진 성자들의 길이다. 길이 끊긴 듯 보여도 또 다른 길로 연결되어 있고, 그 길로 가다 보면 내가 원하는 장소에 와 있는 우리 인생이, 아씨씨의 골목길과 비슷하다.

아씨씨는 성자 프란체스코의 사역지로 유명하다. 형식적인 교리를 전하는 성직자가 아니라 가난한 자에게 실제로 빵을 주는 사역을 했던 프란체스코. 모든 특권을 벗어 던지고, 자연과 대화하면서 내적인 풍요의 길을 걸었던 프란체스코의 산책길을 걸으면, 그가 그 많던 재산을 던지고, 내면의 단단함을 어떤 식으로 채웠는지를 잘 알 수가 있다.

주님,
저를 당신의 도구로 써 주소서,
미움이 있는 곳에 사랑을,
다툼이 있는 곳에 용서를,
분열이 있는 곳에 일치를,

의혹이 있는 곳에 신앙을,
그릇됨이 있는 곳에 진리를,
절망이 있는 곳에 희망을,

어두움에 빛을,
슬픔이 있는 곳에 기쁨을
가져오는 자 되게 하소서.

위로받기보다는 위로하고,

이해받기보다는 이해하며,

사랑받기보다는 사랑하게 하여주소서.

우리는 줌으로써 받고,

용서함으로써 용서받으며,

자기를 버리고 죽음으로써

영생을 얻기 때문입니다.

이 기도문을 외우고 성 프란체스코 성당 앞에 서면, 움브리아 평원이 보인다. 이곳은 수평의 세계다. 여기서 보는 석양은 어떤 곳에서도 볼 수 없는 숭고함을 선사한다. 열심히 달리기만 했던 나에게 이제는 좀 쉬라고, 이제는 욕심을 좀 버리고 옆을 보라고, 덜어내는 삶을 살라고 말한다.

좋은 건축물, 아름다운 자연은 우리에게 말을 건다. 어디로 가야 할지 공

간이 나에게 말해준다. 학교에서 우리가 배워야 할 것이 이런 것이었다. 차가운 지식이 아니라, 공간 속에서 심미안을 열어서 자연과 인류의 건축물을 경외하는 마음. 그 속에서 내가 위로를 얻고 다시 걸어갈 힘을 얻는 심미안의 세계. 이것은 지식으로 이뤄지는 것이 아니다. 일상 속에서 내 공간을 찾겠다는 의지, 간절함이 있어야 한다. 눈을 들어서 내 주변을 보자. 심미안을 가지고 공간이 말하는 위로를 듣자. 도처에 위로가 있다.

그럼 비밀을 가르쳐 줄게, 아주 간단한 거야. 오직 마음으로 보아야 잘 보인다는 거야. 가장 중요한 건 눈에 보이지 않아. (생텍쥐페리, '어린 왕자' 중에서)

교사의 언어

여행하다(旅行하다) [동사]

1. 일이나 유람을 목적으로 다른 고장이나 외국에 가다.

- 내가 좋아하는 공간은 어디인가요?
- 앞으로 여행을 한다면, 가장 가고 싶은 곳은 어디인가요?

심미안 찾기 4
나만의 언어 찾기

파란 녹이 낀 구리 거울 속에

내 얼굴이 남아 있는 것은

어느 왕조의 유물이기에

이다지도 욕될까.

나는 나의 참회의 글을 한 줄에 줄이자.

— 만 이십사 년 일 개월을

무슨 기쁨을 바라 살아왔던가.

내일이나 모레나 그 어느 즐거운 날에

나는 또 한 줄의 참회록을 써야 한다.

— 그 때 그 젊은 나이에

왜 그런 부끄런 고백을 했던가.

밤이면 밤마다 나의 거울을

손바닥으로 발바닥으로 닦아 보자.

그러면 어느 운석 밑으로 홀로 걸어가는

슬픈 사람의 뒷모양이

거울 속에 나타나 온다.

— 윤동주, '참회록'

여러 해 동안 시를 가르치다 보면, 시인의 삶이 저절로 마음에 다가올 때가 있다. 특히 윤동주의 시는 더욱 그렇다. 격변의 시대, 앞을 알 수 없는 일제 강점기의 시대에 청년 동주는 방황했다. 어찌 보면 지금의 현실보다 더 전환기에 있었던 청년 동주는 참회록을 쓰면서 처절하게 자신의 삶을 들여다봤다. 그래서 그의 심미안은 늘 성찰의 시선으로 가득하다. 거울을 손바닥뿐만 아니라 발바닥까지로 닦아보겠다면서, 홀로 운석 밑으로 걸어가는 사람이 윤동주였다.

다빈치는 세상을 동주와 같이 슬픔으로 성찰하지 않았다. 세상에 일어나는 모든 것이 그에게는 호기심이었다. 왜 그럴까? 동주는 '매사에 나는 왜 이리 작을까?'를 심미안으로 들여다봤다면, 다빈치는 '왜 이런 일이 벌어지는 것일까?'를 특유의 호기심으로 살피고 이를 작품으로 표현했다.

최후의 만찬은 예수가 십자가에 못 박히기 전, '너희 중 한 명이 나를 팔아먹을 거다'라는 말을 하고 나서의 상황을 그리고 있다. 다빈치가 주목한 것은 역시나 제자들의 감정이다. 제자들이 그 이야기를 듣고 반응하는 제각기 감정을 그는 표정뿐만 아니라 여러 가지 손동작으로 기가 막히게 표현하고 있다. 더군다나, 성당 식당 벽면에 배치하고, 완벽한 원근법과 성당의 창문에 흘러들어오는 빛까지 계산해서 그림을 그려 놨기에, 실제 이 그

다빈치, 최후의 만찬, 1495~1498

림을 가서 보면, 예수와 그의 제자들이 내 앞에서 식사를 하는 듯한 착시를 불러일으킨다. 식당에서 밥을 먹을 때, 사제들은 예수를 본다. 그리고 다빈치가 던지는 '너희는 예수를 잘 따르고 있는가?' 라는 메시지를 식사할 때마다 생각하게 된다.

교사로서 늘 고민하는 것이 있다. 다빈치나 동주처럼 어떻게 내 말과 내 수업에 내 마음을 오롯이 잘 담을 수 있을까? 같은 말도 진심이 담긴 말과 그렇지 않은 말은 다르다. 시인은 이것을 그릇의 세계와 그륵 세계로 설명한다.

어머니는 그륵이라 쓰고 읽으신다
그륵이 아니라 그릇이 바른 말이지만
어머니에게 그륵은 그륵이다
물을 담아 오신 어머니의 그륵을 앞에 두고

그륵, 그륵 중얼거려 보면

그륵에 담긴 물이 편안한 수평을 찾고

어머니의 그륵에 담겨졌던 모든 것들이

사람의 체온처럼 따뜻했다는 것을 깨닫는다

나는 학교에서 그릇이라 배웠지만,

어머니는 인생을 통해 그륵이라 배웠다

그래서 내가 담는 한 그릇의 물과

어머니가 담는 한 그륵의 물은 다르다

말 하나가 살아남아 빛나기 위해서는

말과 하나가 되는 사랑이 있어야 하는데

어머니는 어머니의 삶을 통해 말을 만드셨고

나는 사전을 통해 쉽게 말을 찾았다

무릇 시인이라면 하찮은 것들의 이름이라도

뜨겁게 살아있도록 불러 주어야 하는데

두툼한 개정판 국어사전을 자랑처럼 옆에 두고

서정시를 쓰는 내가 부끄러워진다

— 정일근, '어머니의 그륵'

어머니가 말씀하시는 그륵은 표준어가 아니다. 하지만 그 사투리는 시인에게 따뜻함의 세계다. 진심의 세계요, 사랑의 말이다. 그런데 우리 사회는 그릇의 언어를 사용한다. 정확해야 하고 객관적이어야 한다. 미래 사회를 앞에 두고, 속도만을 이야기하는 것은 그릇의 세계이다. 존재의 시선, 교육의 시선은 그륵의 세계다. 겉으로는 표준어가 아니지만, 그 너머에서는 오히려 따뜻한 진심을 담은 세계이다. 나는 수업에서도 이런 그륵의 언어를 사용하는 데 힘쓰지만, 인문계 고등학교 국어 교사에게 수업은 늘 그릇의 세계다. 문제를 더 잘 맞게 해야 하고, 점수를 올리게 해야 한다. 그럼에도 김태현만의 색깔, 김태현만의 수업을 하기 위해서 어떻게 해야 할지 늘 고민한다.

온라인 수업을 할 때도 그랬다. 2020년 온라인 개학을 하고 교사들은 그야말로 대혼란에 빠졌다. 교육부의 일방적인 선포로 시작된 온라인 개학. 모든 교사는 자신의 수업을 영상으로 올리는 법을 익혀야 했다. e학습터, 구글 클래스룸, EBS 온라인 클래스…. 처음 들어보는 온라인 플랫폼의 장단점을 익혀야 했고, 어떻게 학생들을 가입시켜야 하는지, 출석 점검에서부터 수업 영상을 올리는 것까지 수백 번의 시행착오를 겪어야 했다. 젊은 세대일수록, 앱을 이용하여 자막을 멋있게 올리고, 웬만한 유튜버 못지않은 편집 실력으로 개성 있고 맛깔난 영상으로 학생들의 시선을 끄는 수업을 잘 만들었다. 아직 이런 것이 익숙하지 않은 나에게는 그런 멋진 편집을 따라 하기는 무리였다. 이것을 익히고 숙달하기까지는 시간이 오래 걸릴 거 같았다. 그래서 나는 내가 가장 잘 할 수 있는 방법으로 온라인 수업을 찍기로 했다.

최소한의 편집, 영상을 화려하게 꾸미는 것보다 내가 잘 할 수 있는 내용으로 온라인 수업을 하기로 했다. 내 이름을 걸고 하는 수업이기에, 입시 학원처럼 수업을 올리고 싶지 않았다. 평상시의 수업에서처럼 감성이 있고 생각이 있는 수업을 온라인으로 찍고 싶었다. 일단, 2학년 문학 수업을 하는 동료 교사 두 명이 같이 모였다. 그리고 각자 어떤 느낌으로 수업을 만들어 올리고 싶은지를 이야기나눴다. 당장 내일 수업을 올려야 했는데, 우리는 제대로 된 수업 하나 찍지 못했다. 전전긍긍하는 중에 우리는 가장 기본적인 질문을 시작했다.

온라인 수업이 한계가 많지만, 오프라인 수업보다 좋은 것이 무엇일까?

문학 작품을 외운다는 느낌이 아닌 즐긴다는 느낌을 어떻게 줄까?

학생들이 같이 참여하고 소통하는 느낌을 어떻게 줄까?

일단 우리는 작품을 일방적으로 해설하고 설명하기보다는 우리가 느끼는 감성을 학생들에게 전하기로 했다. 한 명의 교사가 아닌 여러 명의 교사가 다채롭게 출연해서, 시에 대한 수다를 떨기로 했다. 그래서 세 명의 문학 교사뿐만 아니라, 시와는 관계가 먼 수학 선생님도 출연시키고, 음악 선생님도 출연시켜서 선생님들이 시를 어떻게 느끼는지를 학생들에게 보여주기로 했다. 다행히도 구글 프레젠테이션이 이런 느낌을 만들어내는 데 적절했다. 통으로 하나의 영상을 찍기보다는 구글 슬라이드에 적절한 안내문과 함께 동영상을 끊어서 올릴 수 있었다.

이 수업에서 기억이 나는 장면은 복도를 지나가는 장 선생님(수학)을 붙들고 게릴라 시 토크를 하는 장면이었다. 이때 장 선생님은 '참회록'을 감상하고, 생각지도 않은 질문을 나에게 했다.

내일이나 모레나 그 어느 즐거운 날에

나는 또 한 줄의 참회록을 써야 한다.

- 그 때 그 젊은 나이에

왜 그런 부끄런 고백을 했던가

"왜 윤동주는 즐거운 날에도 참회를 하려고 했을까요?"

"즐거운 날에는 기뻐해야지, 굳이 참회까지 할 필요가 있었을까요?"

예상치 않은 질문에 나는 당황했고, 순간, 장 선생님의 옷깃에 있는 '세월호 배지'가 눈에 들어왔다. 늘 세월호 배지를 옷에 달고, 세월호 합창단까지도 후원하는 장 선생님은 가끔씩 세월호 사건을 기억하는 나를 부끄럽게 만들었다. 나는 이런 장 선생님의 모습이 즐거운 날에도 삶을 고뇌하려는 청년 윤동주와 매우 비슷해 보였다.

나는 되물었다. "그러면 왜 선생님은 일 년 내내 세월호 배지를 옷에 달고 다니시나요?" 그러자, 선생님은 이렇게 대답했다.

"학생들한테 너무 미안해서…."

이 말에 즐겁게 온라인 수업을 촬영하던 나와 문학 선생님 모두 마음이 먹먹해지면서 눈물을 흘리고 말았다.

인터뷰를 마치고 우리는 세월호 이야기를 중심으로 온라인 수업을 재구성하기로 했고, 장 선생님 인터뷰 뒤에 세월호를 기억하는 사람들, 현재를 참회하는 사람들이라는 부제를 넣어서 수업 동영상을 첨가했다. 그랬더니 윤동주의 참회록, 장 선생님의 고백, 세월호의 이야기, 문학 선생님의 '시 수다'가 어우러져 한 편의 멋진 수업이 만들어졌다.(마침 이 강의는 세월호 사건이 일어났던 4월 16일에 공개되었다.)

온라인 수업이 벽으로만 느껴졌는데, 이 수업을 촬영하면서, 새로운 지점을 보게 되었다. 온라인 수업 속에서도 깊은 배움의 지점을 발견한 느낌이었다. 처음에는 온라인 수업을 어떻게 촬영할 것인지, 그 기술적인 문제에만 몰두했는데, 영상 편집에 대한 욕심을 버리고, 문학 교사끼리 우리의 마음, 우리의 감성만을 진실하게 담아보자는 생각으로 수업 시간에 하지 않았던 이야기를 진술하게 나누다 보니, 생각지도 않은 배움의 지점이 나타났다. 블렌디드 수업, 미러링 수업, 줌 수업 등 수많은 조어로 수업의 종류가 늘어났는데, 이런 용어로 내 수업을 가두기보다는 우리가 질문해야 할 것은 '온라인 수업에서도 내 수업을 어떻게 하느냐?' 였다. 여기서 말하는 내 수업이란 나만의 느낌과 감성이 살아있는 수업이다.

교사의 삶과 수업은 연결되어 있다. 교사가 살아온 과거, 현재 그리고 미래에 대한 기대감이 내 한 차시 수업에 들어가게 되어 있다. 그래서 미래형 수업을 하라고 할 때, 남의 수업을 따라가기보다는 내가 그 수업에 녹이고 싶은 느낌이 무엇인지를 먼저 잘 살필 필요가 있다. 수업은 공학이 아니라 예술적 요소가 있어서, 교사만의 독특한 감성이 묻어나오게 되는데, 그 느낌을 살리는 수업이 오히려 몰입감이 있고, 그런 수업에서 교사는 자존감을 회복한다. 그렇지 않고 누군가를 흉내 내고, 자신이 원하지 않는 대로 수업을 하면, 기계적으로 정보를 전달하고, 교사의 에너지도 떨어지게 된다.

라파엘로, 다빈치 등 르네상스의 황금기를 열어젖힌 화가들이 나오니, 모든 화가가 이 두 사람의 화풍을 따라 하기에 급급했다. 다빈치의 스푸마토 기법, 라파엘로의 화사한 색 표현 등을 그대로 답습하는 화가들이 나타났다. 나중에는 누구의 그림인지 알아볼 수 없게 되어, 자기만의 색깔을 잃어버린 그림이 많이 나왔다. 이런 관습에 새로운 저항을 한 화가들이 있는데, 이른바 베네치아파 화가들이 그들이다. 라파엘로와 다빈치는 피렌체 지역을 중심으로 활동했다. 그런데 그 지역에서 동북쪽으로 떨어진 곳에 물의 도시 베네치아가 있었다. 이곳은 평야 지대의 토스카나 지역보다 상업이 훨씬 더 번창하고, 화려한 도시였다. 그래서 이곳은 피렌체 화가들보다 더 많은 색상을 화려하게 사용하고, 뱃사람 특유의 활달하고 에너지 넘치는 그림을 그렸다.

그 한 사람이 파올로 베로네세이다. 그는 베네치아 특유의 에너지와 화려한 색채를 그림에 담으려고 했다. 그중 하나가 '가나의 혼인 잔치' 그림

베로네세, 가나의 혼인 잔치, 1563

이다. 다빈치는 최후의 만찬, 즉 진지하고 장엄한 느낌의 장면을 선택해 그렸는데, 베로네세는 자신의 감성을 잘 드러낼 수 있는 가나의 혼인 잔치 장면을 선택한다. 성경에서 이 장면은 포도주가 다 떨어질 정도로 흥이 넘친다. 이 그림은 1562년에 그린 것으로, 다빈치의 최후의 만찬보다 60년 후에 그려졌다. 이 그림에는 다빈치의 감성이 없다. 오직 베로네세가 바라본, 화려한 잔치만이 있을 뿐이다. 공교롭게도 이 그림은 루브르 박물관 모나리자 앞에 전시되어 있다. 늘 사람들은 모나리자를 보느라고 이 그림을 놓치는데, 루브르에 간다면 모나리자를 보고 나서 바로 뒤를 돌아보면 시끌벅적한 이 잔치의 그림을 보게 될 것이다.

이런 베네치아 화가들의 도전을 과감하게 받아들여서, 자기만의 그림을 완성한 화가가 있는데, 그 사람은 틴토레토다. 그는 소재를 바꾸지 않는다. 그대로 '최후의 만찬' 장면을 활용하면서 다빈치와 경쟁을 한다.

틴토레토, 최후의 만찬, 1592-1594

위 그림이 틴토레토가 그린 '최후의 만찬'이다. 틴토레토도 초기에 그
린 최후의 만찬은 레오나르도의 틀을 따랐지만, 점차 자신만의 독창적인
심미안으로 그림을 그려냈다. 다빈치의 그림과 비교해보면, 시끌벅적하
다. 다빈치의 그림은 심플하고 진중한 멋이 있는데, 틴토레토는 예수가 제
자들의 발을 씻기는 장면으로 새롭게 구성했다. 분명 성경에 있는 사건이
었는데, 많은 화가가 다빈치의 영향으로 유다의 배신 사건만 그렸지, 예수
가 제자의 발을 씻기는 장면을 그리지 않았다. 그런데 틴토레토는 남들이
놓치고 있는 장면을 찾아냈다. 그리고 구도에 파격을 더해서 식탁을 대각
선으로 놓고, 위에서 이 식탁을 바라보게끔 그림을 구성했다. 그로 인해 더
많은 사람이 입체적으로 만찬장을 중심으로 놓일 수 있었다. 밝음과 어둠
을 강하게 대비해서, 다빈치 그림에서 느낄 수 없는 기괴한 느낌이 이 그
림에는 나타나 있다. 틴토레토가 100년 후에 다빈치의 그늘에서 벗어나고
자 하는 시도가 보여서 이 그림도 인상 깊게 다가온다.

수업도 마찬가지다. 어떤 잘 정돈된 수업을 그대로 따라가기보다는, 나만의 심미안으로 내가 원하는 느낌을 연출하는 것이 좋다. 온라인 수업을 B급 감성으로 편하게 올려놓으니 학생들의 피드백도 매우 좋았다. 학생들은 문학 작품을 가지고 선생님들이 수다 떠는 모습이 너무 좋게 다가왔다고 한다. 보통은 한 명의 선생님과 수업 하게 되어 하나의 시각에서만 시를 보게 되는데, 여러 선생님이 같이 등장하여 다양한 관점으로 시를 이야기하고, 그것을 서로 협의하면서, 시를 깊게 감상하는 법을 알 수 있어서 좋았다고 했다.

수업은 교사의 언어다. 내 느낌과 감성을 수업에 녹여낼 때, 교사도 학생도 즐겁게 수업에 동참할 수 있다. 그렇지 않고 미래형 수업이라고 해서 자신의 감성을 무시하고 온라인 형식에만 몰두하면 오히려 그 수업은 내가 없는 수업이 된다. 이렇게 내가 있는 수업을 하려면, 삶에서 먼저 나만의 감성을 예술적으로 표현하는 작업을 해야 한다. 사진으로 혹은 그림으로, 시로, 노래로, 연주로, 자신의 감성과 느낌을 찾아가는 작업을 하면 좋다. 서툴러도, 나만 좋으면 된다. 내게 맞는 예술 언어로 고단했던 마음을 정리하고, 오늘도 어제와 같은 평범한 하루를 보냈지만, 예술의 언어로 내 감성을 건드리면, 그 순간만큼은 나도 다빈치와 같은 위대한 작가가 된다.

정 선생님은 하루에 그림을 꼭 한편 그린다. 그림을 그리면서 그는 분주했던 자신의 감정을 가라앉히고, 그림 속에 자신의 마음을 담는다고 한다. 삶에서 다시 세워야 할 용기가 무엇인가를 생각하면서, 감성을 표현한다. 김 선생님은 자전거를 탄다. 그리고 둑길에 조용히 앉아서 석양 사진을 찍는다. 붉게 물든 석양, 파란 하늘, 바람에 흔들리는 들꽃에 자신의 마음을 두다 보면, 지친 마음이 위로받는다고 한다. 박 선생님은 연주를 한다. 현재 자신의 감정에 어울리는 곡을 치고, 시간에 여유가 되면, 피아노 치는 자신의 모습을 찍고 지인들에게 전송한다. 지인들은 박 선생님 피아노 영상에 잠시나마 휴식을 얻는다. 현 선생님은 클래식 음악 듣는 것을 좋아한다. 집에 와서 아이들을 재우고 나면, 피곤이 몰려오지만 그래도 하루의 마지막은 클래식 음악을 듣는다. 돈을 들여서 고급 헤드폰을 마련해 와인과 함께 클래식 음악을 듣는다고 한다. 이때만은 자신이 왕이 된 것 같은 기분이라고 한다.

이렇게 각자가 선택한 예술적 언어로 자신의 감성을 표현하기도 하고, 감상하다 보면, 이것을 즐기는 자신이 사랑스럽고 멋있어 보인다. 내가 스스로 나의 존엄을 지키는 것 같아 기분이 좋다고 한다. 이런 삶이 있어야지 나의 예술적 감성이 자연스럽게 수업으로 학급으로 흘러간다.

최첨단 시대가 우리 앞에 도래하겠지만, 그래도 변하지 않는 것은 인간이라는 가치다. 스스로 내 존엄을 지키고 감성을 찾기 위해서는 일상의 내 삶에서 심미안을 발견하는 연습을 해야 한다. 보이는 것 너머에 있는 세계를 들여다보기 위해서, 내 감정을 들여다보고 자연과 각종 예술에서 감성 콘텐츠를 찾아보자. 그리고 내 언어로 나를 표현해보자. 그러면 다른 사람이 줄 수 없는 나만의 위로를 얻게 될 것이다. 나라는 존재가 참 작게 느껴지기도 하지만, 그래도 내 안에 나를 위로하는 시인이 살고 있다.

모든 사람의 가슴 속에는 시인이 살고 있었다는데
그 시인이 언제 나를 떠난 것일까

제비꽃만 보아도 걸음을 멈추고 쪼그리고 앉아
어쩔 줄 몰라하며 손끝 살짝살짝 대보던
눈빛 여린 시인을 떠나보내고 나는 지금

습관처럼 어디를 바삐 가고 있는 걸까

맨발을 가만가만 적시는 여울물소리
풀잎 위로 뛰어내리는 빗방울 소리에 끌려
토란잎을 머리에 쓰고 달려가던
맑은 귀를 가진 시인 잃어버리고
오늘 하루 나는 어떤 소리에 묻혀 사는가

바알갛게 물든 감잎 하나를 못 버리고
책갈피에 소중하게 끼워두던 고운 사람
외롭지 않은 이가 내미는 손은 잡지 않고
산과 들 서리에 덮여도 향기를 잃지 않는
산국처럼 살던 곧은 시인 몰라라 하고
나는 오늘 어떤 이들과 한길을 가고 있는가

내 안의 시인이 사라진다는 건 마지막까지
남아 있던 최후의 인간이 사라지는 거라는데
지팡이로 세상을 짚어가는 눈먼 이의
언 손 위에 가만히 제 장갑을 벗어놓고 와도
손이 따뜻하던 착한 시인 외면하고
나는 어떤 이를 가슴속에 데려다놓은 것일까

― 도종환, '내 안의 시인'

감성(感性) [명사]

1. 이성에 대응되는 개념으로, 대상을 오관으로 감각하고 지각하는 인
   간의 인식 능력

- 감성이 메마르다고 느끼는 순간은 언제인가요?
- 개인 감성을 표현하는 나만의 언어가 있나요?

3장

메시지

메시지가 있는 삶

그림에 대한 지식이 없어도 그냥 한눈에 빠져들게 하는 작품이 있다. 화가의 감성적인 표현에 그냥 내 마음이 움직인다. 귀도 레니가 그린 베아트리체 첸치의 초상화가 그렇다. 사연 많은 슬픔의 눈빛. 실제 이 그림 앞에 서면, 소녀가 '삶이여 안녕!'이라고 작별을 고하는 거 같다. 자료를 찾아보니 베아트리체는 사연 많은 소녀였다. 아버지가 잔혹한 사람이었나 보다. 아내와 자녀를 학대했고, 심지어 이 소녀는 아버지로부터 성폭행을 당했다. 결국 베아트리체는 계모와 친오빠, 이복동생과 힘을 합쳐서 아

귀도 레니, Beatrice Cenci, 1662

버지를 죽이고 높은 난간에서 시체를 떨어뜨렸다. 완전범죄로 끝날 줄 알았던 사건은 경찰에 집요한 수사에 발각되고, 그녀는 결국 사형을 당한다. 아픈 사연에 로마의 많은 시민이 탄원서를 제출했지만, 교황은 거절한다.

귀도는 이 이야기를 듣고 베아트리체 첸치의 마지막 모습을 그렸다. 한 많은 소녀의 삶을 눈빛에 그대로 담아냈다. 귀도는 뛰어난 화가이기에 눈빛에만 신경 쓰지 않았다. 그 슬픔을 더 깊게 표현하기 위해서 소녀를 정면이 아닌 뒷모습으로 그리고, 소녀가 뒤돌아서 관객을 보게끔 만들면서, '저는 이제 떠나요'라는 메시지를 애처롭게 던지게 한다. 고개도 비스듬히 돌리게 해서 안타까움을 증폭시킨다. 옷도 순백의 옷을 입혀서, 베아트리체에게는 죄가 없음을 표현했다. 이렇게 메시지가 분명한 그림들은 오랫동안 기억에 남는다. 일순간의 감정으로만 남지 않고, 계속 꺼내서 보게하는 지속적인 힘이 있다.

이렇게 메시지가 분명한 예술가를 한 명 꼽으라면 단연코 나는 미켈란젤로이다. 그의 조각 실력을 바로 확인할 수 있는 작품은 우리가 잘 알고 있는 다비드상이다. 이 당시 조각들은 아무리 조각을 잘해도, 대리석이라는 차가운 물성 때문에 따듯한 느낌이 없다. 마네킹 같은 느낌이어서 대리석 조각으로 사람의 내면을 표현한다는 것은 무척 힘든 일이었다. 그런데 미켈란젤로가 조각한 작품들은 단순히 외형을 멋지게 묘사한 것을 넘어서, 그 안에 인간의 복잡한 감정을 표현했다. 이 당시의 다

미켈란젤로, 다비드 (눈)

비드는 승리자의 전형이었다. 많은
예술가가 골리앗을 돌팔매로 무너
뜨리고 그의 머리를 밟고 있는 다비
드의 모습을 표현했다. 그런데 미켈
란젤로의 다비드는 조금 다르다. 승
리자보다는 고뇌하는 자의 모습이
다. 눈은 동그랗게 뜨고 미간을 찌
푸린 채 골리앗을 쳐다보는 모습.
피렌체 의회는 적의 침략에 맞서서
승리자인 다비드상으로 피렌체 시

미켈란젤로, 다비드 (손)

민의 불안감을 없애려고 했는데, 오히려 미켈란젤로는 그 불안감을 더 증
폭시킨다. 미켈란젤로의 메시지는 분명하다. 승리의 기쁨보다는 현실을
직시하기를 원했던 것이다. 강 저편에서 침략해오는 적에 맞서서 우리에
게 필요한 것은, 현실을 정확히 보는 눈이라는 것을 표현하고 있다. 그래서
지금은 긴장감을 늦춰서는 안 된다고, 우리에게 있는 모든 수단을 동원해
서 적을 향해 돌을 던질 준비를 하고 있어야 한다고, 손목과 목의 힘줄로,
이 깊은 메시지를 절제된 아름다움으로 표현하고 있다.

미켈란젤로의 이런 조각 능력은 어려서부터 정평이 났다. 29살의 다비
드상도 걸작이지만, 이미 24살에 만든 피에타상은 당시의 누구도 흉내 낼
수 없는 조각 실력을 보여준다. 피에타상은 숨진 예수를 끌어안고 슬퍼하
는 마리아의 모습을 의미한다. 자식을 잃은 어머니의 고통이다. 당시의 예
술가들은 이를 잘 표현하지 못했다. 어머니의 깊은 슬픔, 예수의 누운 모습
을 표현하기가 너무 어려웠다. 하지만 미켈란젤로는 달랐다.

부드럽게 눕혀진 예수의 시신, 슬픔을 절제하고 있는 마리아의 표정, 예

미켈란젤로, 피에타

수를 잡고 있는 마리아의 손, 그리고 섬세하게 주름이 잡힌 마리아의 옷. 여태껏 볼 수 없었던 조각에 사람들은 놀라워했다. 하지만 누가 조각했는 지를 사람들이 모르자, 미켈란젤로는 마리아의 어깨띠에 다시 조각을 한 다. '피렌체의 미켈란젤로 부오나로티'라고 크게 서명을 하고 내가 이 조 각을 만들었다고 만천하에 알린다. 사람들은 이를 보고 미켈란젤로는 조 각의 신이라고 칭송하면서, 미켈란젤로는 20대 때 이미 조각의 거장으로 사람들에게 인정을 받고, 여러 권력자로부터 주문을 받는다.

그런데 내가 미켈란젤로의 작품에서 주목하는 것은 이런 초창기의 작품 이 아니라 말년의 작품이다. 상상해보자. 20대에 이미 완성형의 조각가가 세월이 지나면서 같은 소재의 작품, 피에타상을 남긴다면 어떤 모습으로 남길 것인가? 24세에 이미 완성형 단계의 작품을 만든 사람이 72세에 피에타를 만들고 89세에 피에타를 만든다면 어떻게 만들까?

먼저 피렌체 두오모 대성당 옆에 있는 오페라 박물관에 보관되어 있는 피에타를 보자. 이 작품은 미켈란젤로의 72세 나이에 시작해서 약 80세 경에 완성한 것으로 보인다. 미완성작이지만, 이 피에타에는 노장의 깊은 숨결이 살아 숨 쉰다. 20대 때의 피에타상과 비교해보면, 작품의 화려함은 덜 하다. 옷자락의 주름이나 인체의 표현이 섬세하나, 20대 때의 피에타보다 훨씬 단출하다. 그런데 이 피렌체의 피에타는 20세 때의 피에타에는 없는 중요한 것이 표현되어 있다. 죽은 예수를 바라보는 니고데모의 얼굴에 자신의 모습을 새겨 넣은 것이다. 젊은 시절의 피에타는 자신이 솜씨를 뽐

미켈란젤로, 반디니 피에타

미켈란젤로, 반디니 피에타 (뒤)

내기 위해서 마리아의 옷 주름을 과도하게 표현했지만, 70대의 노인은 조각 실력을 뽐내기보다는 삶의 내리막에서 죽음을 겸허히 맞이하려는 자신의 마음을 표현했다. 20대 때의 피에타는 미켈란젤로의 뛰어난 조각 솜씨에 더 눈길이 가는데, 70대 때의 피에타는 조각 실력이 아닌 미켈란젤로의 삶에 더 눈길이 간다.

사람마다 취향 차이가 있겠지만, 요즘 들어서는 70대 때의 피에타에 더 마음이 가고, 삶의 내리막에서 미켈란젤로가 어떤 마음으로 이 피에타상을 조각했을까 여러 생각을 하게 된다. 미켈란젤로의 그 생각에 머무르기 위해서 조각상 뒤로 돌아보니, 두꺼운 손으로 예수의 시체를 안고 낡고 쇠락해진 자신의 마음을 만지려는 그의 마음에 다다르게 된다. 마치 자신의 죽음을 이해하고 초월하려는 것처럼 말이다. 이때 남긴 미켈란젤로의 소네트에는 이런 것이 있다.

예술을 우상으로 섬기고 그 예술에 열렬했던 내 환상은 착각이었네

나를 유혹하고 괴롭혔던 욕망도 헛것이었네, 옛날에는 그토록 달콤했던

사랑의 꿈들, 지금은 어떻게 변했나

어떤 그림이나 조각도 나를 만족시키지 못한다네

이제 나의 영혼은 십자가 위에서 우리를 껴안기 위해 팔을 벌린 성스러운

사랑을 향해 간다네

20대의 천재 조각가가 70대에 이르러서는 어떤 변화가 있는 것일까? 아마도 그는 예술로 모든 것을 다 할 수 있을 것이라고 생각했을 것이다. 그래서 어떻게든 더 화려하고 섬세한 조각을 표현하려고 했다. 그러나 70세에 이르러서는 그런 자신의 욕망이 헛된 것임을 깨닫고, 겸손하게 자신의 마음을 조각하는 데 신경을 쓴다. 누군가에게 보여주기 위한 조각이 아니라, 나를 위로하기 위한 조각으로 바뀐다.

교사들도 마찬가지다. 초년 차 때 우리의 모습은 어떠한가? '최대한 화려하게!', '최대한 멋있게!'를 외치면서 수업을 준비하고 많은 것을 채워 넣으려 했다. 그러나 시간이 지나면서 알게 된다. 채우면 채울수록 꾸밈이 많아지고 교육이 아닌 것으로 자기 능력을 포장하려 한다는 것을 말이다.

결국 시간이 지날수록 우리는 안다. 하나의 메시지에 집중하면서 단순하게 수업하는 것이 더 교육적이라는 것을 말이다. 그런데 주변에서 창의 융합수업을 하라고 하고, 온라인을 기반으로 하는 블렌디드 수업을 만들라고 하면, 나도 모르게 수업에 힘이 들어간다. 남들보다 수업 능력이 더 있다는 것을 뽐내기 위해서, 내 수업에 여러 치장을 한다. 하지만 그럴수록 내 수업에서 멀어진다. 중요한 것은 수업에서 전하려고 하는 메시지이지, 수업의 겉치장이 아니기 때문이다. 온라인 수업에서 줌을 사용하든, 온라

인 협업툴을 사용하든 그것은 부차적인 문제다. 중요한 것은 수업을 통해 전하고자 하는 분명한 메시지다.

미켈란젤로도 마찬가지였던 거 같다. 젊어서는 자신의 능력을 자랑하기 위해 조각상에 자신의 이름을 다시 새기지만, 삶의 끝자락에서는 삶을 고뇌하면서 자신의 얼굴을 조각상에 넣는다. 그래서일까? 조각뿐만 아니라 회화에서도 미켈란젤로는 자신의 모습을 껍데기로, '최후의 심판'에 새겨 넣었다.

미켈란젤로는 나이가 들어갈수록 신의 뜻에 맞는 조각, 신의 진리를 찾아가는 구도자의 모습을 보여준다. 결국 마지막 89세, 죽기 이틀 전까지 조각했던 피에타는 극도의 미니멀한 모습을 보여준다.

죽음을 바라보는 것뿐만 아니라 죽은 예수와 동일시해서 자신의 모습을 조각한다. 앞에 예수의 얼굴은 입 모양조차 잘 드러나지 않는다. 죽은 예수의 모습은 그야말로 뼈만 남은 거 같다. 뒤에서 예수를 안고 있는 마리아 또한 삶이 고단한지 앙상한 나뭇가지처럼 표현되어 있다. 20대 때의 피에타와 비교하면 초라하기 짝이 없다. 화려함은 없고, 오직 삶의 가느다란 본질만 남았다. 미켈란젤로는 죽기 직전, 가장 단순한 조각으로 삶의 깊은 메시지를 우리에게 던진다. 삶이 겉보기에 화려한 듯하지만, 아무것도 아니라는 것을 그의 조각을 통해 다시 한번 깨닫게 된다.

때때로 지금보다 더 힘이 없고 열정이 사라질 무렵 나는 어떻게 수업을 잘할 수 있을까를 종종 고민한다. 미켈란젤로처럼, 내 수업 속에서 어떻게 하면 삶의 깊이, 삶의 메시지를 담아낼 수 있을까를 고민한다. 그리고 지금 나는 무엇을 조각하고 있는지를 곰곰이 생각한다.

앞서 2장에서 심미안으로 나만의 감성을 찾으면서, 나를 위로하고 나를 세워가는 법을 생각해봤다. 하지만 사람은 감성만으로 살 수 없다. 감성은

미켈란젤로, 론다니니 피에타, c.1550-1564

마음의 문을 열어주는 신비한 열쇠이지만, 시시때때로 변한다. 그래서 어떤 형태로 가둘 수 없고, 흘러가는 대로 놔둬야 한다. 늘 변하는 감성을 나를 세우는 에너지로 치환하려면 하나의 작업이 필요한데, 그것이 바로 사유다. 뜨거운 감성과 함께 삶의 본질을 깊게 사유해야지만, 한 인간으로, 교사로, 흔들리면서도 나의 길을 걸어갈 수 있다.

피렌체 아카데미아 미술관에 가면, 미켈란젤로의 다비드상을 볼 수 있다. 아카데미아 미술관은 작품이 많지 않지만, 이 다비드상 자체가 주는 위압감으로 미술관이 꽉 차 보인다. 그러나 개인적으로 이곳을 방문했을 때 눈에 들어오는 작품들은 미켈란젤로의 미완성작, 깨어나는 노예 시리즈이다. 이 조각상들은 미켈란젤로가 돌 속에 숨겨진 하나의 형상을 조심히 끄집어내서 생기를 불어넣은 듯한 느낌을 준다.

미켈란젤로는 어린 시절부터 피렌체의 거부 로렌초 데 메디치로부터 선

미켈란젤로, 깨어나는 노예

택을 받는다. 당시 최고의 예술후원자 로렌초는 단박에 미켈란젤로의 천재성을 알아본다. 길거리에서 조각을 하던 미켈란젤로를 보고 로렌초는 거처를 마련해주고, 아침 식사에 초대한다. 그 자리는 플라톤 아카데미라고 불리는 모임으로 당대의 최고 석학들이 모여서 이야기를 나누면서 공부를 하는 곳이었다. 미켈란젤로는 이곳에서 신플라톤주의자 피치노를 만난다. 미켈란젤로는 그로부터 모든 사물에는 신의 형상, 그 본질의 세계가 있고, 최고의 아름다움은 이런 신적인 미를 표현하는 것이라는 것을 배우게 된다. 그래서 미켈란젤로는 조각이란 돌 속에 숨겨진 형상을 찾아내는 것이라고 말하는데, 그 모습이 이 조각상에 잘 나타나 있다.

미켈란젤로는 평생 구도자의 삶을 살았다. '아름다움의 본질은 무엇인가?', '신 앞에서 나는 누구인가?' 라는 질문을 던지면서, 자신이 느끼고 깨달은 삶의 메시지를 조각과 그림 속에 표현하며 살았다. 자신의 감정만을 조각에 실은 것이 아니라, 뜨거운 사유 속에서 본질을 찾아내는 작업을 하면서 살았기에, 그의 작품에는 늘 생각하는 인물이 나온다.

미켈란젤로가 앙상한 뼈만 남긴 형태로 마지막 조각을 완성해가는 모습은, 교사로서 어떤 삶을 살아야 할 것인지를 보여준다. 우리도 수업으로 학급운영으로 우리의 교육을 조각해간다. 그 속에서 나는 어떤 모습을 보여줄 것인가? 끊임없이 자신의 메시지를 고뇌하는 자만이 깊이의 교육을 할 수 있을 것이다. 심미안을 찾아서 나만의 감성 언어를 찾는 것과 함께 이제는 내가 교육으로 던질 메시지를 진지하게 고민해야 한다. 내가 던질 교육적 메시지를 찾고, 나를 세워가는 사유의 시간을 가져보자. 지금은 나의 메시지를 조각할 때다.

사유(思惟) [명사]

1. 대상을 두루 생각하는 일.

2. 철학 개념, 구성, 판단, 추리 따위를 행하는 인간의 이성 작용.

- 하루 중에 사유의 시간을 갖는 때는 언제인가요?

- 사유의 시간을 가질 때, 주로 무슨 생각을 하나요?

메시지 찾기 1
단순하게 살기

머리가 점점 더 나빠지는 듯하다. 하루에 할 일 하나만 생각해야지 여러 가지를 생각하면 곧잘 잊어먹는다. 예전에는 종례 사항을 머리에 기억하고 있으면 다 말할 수 있었는데, 이제는 그러질 못한다. 꼭 하나를 빼 먹는다. 적어두지 않으면 전달하지 못하는 것이 생긴다. 무슨 일을 하려고 컴퓨터를 켰는데 왜 켰는지 기억나지 않을 때가 있다. 제자들의 이름도 잘 기억 나지 않고, 수업 시간에 학생들의 이름을 부르면 자기 이름이 아니라고 한다.

30대 초반에 교사 생활을 시작하면서 많은 곳을 기웃거렸다. 수업, 학급 운영, 교육정책 등 교사로서의 전문성을 키우기 위해서 참 많은 곳을 다녔다. 일주일에 거의 모든 스케줄이 다 차 있었다. 그 덕에 많은 전문성을 쌓을 수 있었다. 하지만 지금은 버겁다. 일주일에 한 번만 외부 행사를 하고 와도 피곤하다. 예전에는 1박 2일로 워크숍도 참 많이 다녔는데, 이제는 바깥에서 무슨 활동을 하고 온다는 것이 버겁다. 언제부턴가 다니는 모임을 줄일 수밖에 없었다. 외부 강의도 승낙보다는 거절이 많아지고, 외부 원고, 인터뷰 등 각종 행사가 버거워진다. 나이가 들어가면서 이제는 내가 모든 것을 다 잘할 수 있는 사람이 아니라는 것을 알게 된다. 이제는 많은 일을 하기보다는 하나의 본질에 집중해야 된다는 것을 깨닫게 된다.

　젊어서 화려한 색감을 자랑했던 마티스도 노년에 이르러서는 몸이 말을 듣지 않았다. 관절염과 십이지장암. 캔버스 앞에 서서 붓질조차 할 수가 없어졌다. 몸이 예전 같지가 않았다. 하지만 그는 무리하게 몸을 움직이지 않았다. 불편한 몸을 그대로 받아들이면서 힘겹게 붓을 들고 색칠을 하기보다는 종이를 오려 붙이면서 예술 작업을 한다. 그래서 그의 그림은 말년으로 갈수록 더 단순해지고, 더 희망이 넘친다. 대충 종이를 오려서 붙여넣은

마티스, Blue Nude II, 1952

것 같은데, 알 수 없는 힘이 말년의 그림에는 있다.

최근에 전 세계적으로 미니멀리즘, 최소주의, 작은 삶 등의 용어로 자기집의 물건을 정리하면서 단순하게 살아갈 것을 말하는 사람이 많아졌다. 겉으로 보면 단순히 물건 버리기 운동 같지만, 실상 깊게 들어가면 그렇지 않다. 물건을 버린다고 해서 무작정 버리는 것이 아니다. 필요한 것은 남겨야 한다. 그래서 미니멀리즘 운동은 자기 삶에 대해 질문을 던지고 삶의 가치를 찾는 것이라고 말한다. 『단순하게 살기로 했다』의 저자 사사키 후미오는 말한다.

> 물건을 줄이면 줄일수록 자신에게 진정으로 필요한 게 무엇인지에 대해 스스로 묻고 생각하게 되었고, 무엇보다 남과 비교하는 습관이 없어졌다고 한다. 미니멀리스트란 자신에게 진짜 필요한 것이 무엇인지 아는 사람 소중한 것을 위해 물건을 줄이는 사람이다. 이때 물건이란 물리적인 것에 한정되지 않는다. 필요 이상의 물건을 탐내는 욕심, 무의미한 일에 쏟는 에너지 등 눈에 보이지 않는 것들을 포함한다. 그렇기에 물건을 줄이면 쾌적한 환경과 더불어 삶의 행복으로 이어진다.

그래서 의외로 미니멀리즘을 꿈꾸는 사람들의 소비 행태를 보면, 물건을 적게 사지만, 그 하나가 고가인 것도 있다. 하나를 선택하는 데 있어서 신중하고 가급적 좋은 선택지를 고르는 것이 미니멀리즘의 핵심이다.

교사 삶의 미니멀리즘은 무엇일까? 미니멀리스트의 이야기대로라면, 많은 것을 하려 하지 말고 내가 추구할 것만 최소화하고 나머지는 버려야 한다. 하지만 이것이 가능할까? 비움을 통해서 내 삶을 찾아라. 말은 좋다. 그러나 막상 무엇을 비워야 할 것인지, 무엇을 남겨야 할 것인지, 잘 잡히지 않는다. 교육적 삶이 그리 단순하지 않기 때문이다. 학교는 내가 무엇을 취사선택할 겨를도 없이 많은 일을 한꺼번에 던져준다. 그럴 때마다 이것은 하지 말아야 할 일, 이것은 잘해야 할 일이라고 분리하고 선택하는 것은 쉽지 않다. 학교 일이라는 것이 깔끔하게 정리될 성질의 것이 아니다.

우리는 초임 시절부터 바쁘게 달려왔다. 지식을 잘 전달하면서도 학생들의 사고를 깊게 확장시켜야 한다. 마음이 힘든 학생들을 상담하면서 잘못을 지적하기보다는 공감의 언어로 학생의 마음에 다가서야 한다. 행정 업무는 야무지게 처리해야 한다. 결재 형식과 기안 날짜를 잘 맞춰서 결재자가 한눈에 알아보기 쉽게 기안을 해야 한다. 이렇게 교사로서 최소한으로 해야 할 것을 하다보면, 하루가 정말 정신없이 지나간다. 이런 삶 속에서 무엇을 버리고 무엇을 선택해야 할 것인가는 참으로 어려운 일이다. 더군다나 교사로서 나를 세우기 위해, 메시지를 찾으라고 하는 것은 더욱 힘든 일이다. 그냥 하루를 잘 살면 될 것을 그렇게 머리 아프게 나의 메시지를 찾고, 살아가야 하는가 하는 생각도 든다.

하지만 언제까지 업무에 파묻혀서 내가 하는 교육이 무엇인지도 모른 채 살아야 하나, 하는 생각이 든다. 교사로서 내 이름을 걸고 내 교육을 해야 하는데, 우리는 지금 학교의 부속물로 살아가면서, 남이 다 짜놓은 교육을 수동적으로 이행하고 있다. 그러면서도 나는 누군가에게 존재로 기억되기를 원한다.

그런데 제자들이 내 바람대로 나를 교사로 기억해줄까? 나는 그들 삶에 그냥 스쳐 지나가는 사람일 수 있다. 어찌 보면 교육이란 것은 참으로 허망하다. 제자들을 짝사랑만 하다가 끝나는 것이 교사 삶의 전부일지도 모른다. 그래서 많은 교사가 그냥 살아가는지도 모른다. 치열한 고민 속에 내 교육의 존재 이유를 찾고 싶지만, 삶은 그런 여유를 허락하지 않는다. 교육이란 원래 실체가 없는 것, 잘하려고 해도, 그렇게 노력하지 않아도 결과값은 비슷하다. 머리 아프게 살아갈 필요가 없다. 주어진 일만 수동적으로 하고, 학교를 퇴근하면 내 여가의 삶을 재미있게 보내면 된다. 구태여 교육의 본질을 찾고, 메시지가 있는 삶을 살지 않아도 된다.

　사람은 의미의 존재다. 현재 내가 하고 있는 일에 가치를 부여하고, 그것을 찾을 때 힘이 나는 존재다. 교육은 더욱 그렇다. 가치를 지향하고 의미를 창출하는 작업이기에, 나 스스로 존재 가치를 증명하지 못하면 참으로 허무하다. 우리는 설사 눈에 보이는 결과물이 없고, 교육적 메시지가 잘 찾아지지 않는다고 할지라도, 내 생각을 가만히 들여다보는 작업을 해야 한다. 내가 펼치는 교육의 본질은 무엇인지, 내 교육적 메시지는 무엇인지를 가만히 찾아보는 시간을 가져야 한다. 그 메시지를 찾지 않으면 내가 무엇을 하는지, 내가 어디로 가고 있는지, 교사로서의 자존을 지킬 수가 없기 때문이다.

　교육적 메시지는 이론이 아니다. 교사가 내 삶을 살면서 구현하고 싶은 가치, 의미다. 딱 뭐라고 집혀지는 것이 아니다. 내 삶의 하나의 경향성, 지향점이라고 할 수 있다. 자기 삶의 메시지를 처음부터 하나의 단어로, 문장으로 정리할 수 있는 교사는 많지 않다. 그래서 내 삶의 메시지를 찾기 위해서는 새로운 무엇인가를 찾기보다는 그동안 내가 걸어온 길을 유심히 들여다볼 필요가 있다. 내가 했던 수업, 내가 썼던 글, 내가 만든 학습지 속에 있는 내 의도와 맥락을 살피다 보면, 그 속에 내가 추구했던 메시지가 보인다.

　내가 수업에서 자주 하는 말을 살펴보면, '한 번 생각해 봐', '너 스스로 답을 해야 해', '한 번 질문을 해 봐', '왜 그렇게 생각하는데' 이런 말을 자주 쓰고 있다는 것을 알게 된다. 이런 말을 자주 쓰는 이유를 들여다보면,

우리 학생들이 생각하는 주체가 되어 삶을 주도적으로 살아갔으면 하는 바람이 있기 때문이다.

1기 신도시의 학생들, 중산층의 가정에서 편안하게 자라고, 어려서부터 학원 생활을 해왔기에, 문제를 잘 맞히는 법을 배워도, 생각하는 힘이 부족하다. 그런 학생들의 삶이 안타까워서 나는 계속해서 학생들이 스스로 생각하는 법을 가르치고 있다. 결국 내 수업의 지향점은 '스스로 생각하고 답하라'였다.

또 나는 교사로서 어떤 메시지를 가지고 있을까? 내가 썼던 글을 주욱 훑어 보면 된다. 내가 끊임없이 책을 쓰면서, 혹은 연수를 진행하면서 교사들에게 자주 하는 말이 무엇일까를 생각해본다. '교사의 교육 행위와 삶은 연결되어 있다. 그러니 교사는 교육적인 요소만 신경을 쓰고 개발하기보다는 교사의 삶 자체를 영감 있고 창조적으로 살아갈 필요가 있다'라는 말을 가장 많이 한다. 이 책에서도 지금, 시선, 심미안, 메시지의 이야기를 교육의 영역에서만 적용하는 것이 아니라, 삶의 전 영역에서 적용해야 할 것을 말하고 있다.

가만 보면, 우리는 메신저의 삶을 살고 있다. 내가 그것을 찾아내지 못하는 것일 뿐, 자신의 교육 행위를 들여다보면 하나의 지향점을 가지고 있다. 내가 교육적 메시지를 찾고 내 삶을 단순화시키기 위해서는, 새로운 것을 배우고 익히기보다는 내 삶을 찬찬히 들여다보면서, 나는 어떤 삶을 살고 싶은지를 조용히 물어볼 필요가 있다.

중년의 나이로 접어들면서 내 삶이 정돈될만도 한데, 여전히 삶은 분주하다. 욕심이 거둬지지 않아 내 생각은 여전히 소란스럽다. 수업도 하고 싶은 것이 많아서 학생들을 다그치고, 이 자료, 저 자료를 남발하면서, 학생들이 조용히 생각하고 질문할 시간을 주지 않는다. 수업에서 나는 여전히 말이 많다. 덜어내야 한다는 것을 알지만, 쉽지 않다. 서툴다. 아직도 나는 비움이 아닌 채움으로 교육을 하고 있다.

하지만 그럼에도 단순함의 세계로 들어가려고 한다. 많은 것에 욕심을 내기보다는 하나에 집중하면서 넓이의 세계가 아닌 깊이의 세계로 들어가고 싶다. 입시 학원 강사처럼 이것을 외워야 한다고 소리를 치고 밑줄을 긋고, 과도한 액션을 하지 않고, 내 가르침 속에서 잔잔한 배움의 기운, 환대의 기운이 넘쳐나면 좋겠다. 화려한 동영상을 보여주지 않아도, 학생들의 의견이 자유롭게 소통되고, 학생들의 생각이 더 깊이 확장하는 수업을 하고 싶다. 말을 많이 하지 않아도, 한마디의 말이 학생들의 마음에 심어지면 좋겠다.

그리고 나는 교사 작가의 삶을 살아가려고 한다. 교사들에게만 책을 쓰는 것이 아니라, 일반인들에게도 책을 쓰면서 학교에서 품었던 삶의 여러 메시지를 일반인에게도 던지려고 한다. 작가라는 정체성을 갖고, 내 모든 삶을 여기에 집중하려고 한다. 작가로 살지 못하게 하는 많은 일은 줄여가고, 오직 글을 쓰는 작가로서의 삶에만 집중하려고 한다. 그리고 여기서 나온 사유를 바탕으로 수업을 준비하고, 학생들을 만나려고 한다. 이제는 글을 쓰는 메신저의 삶에만 집중하려고 한다. 교사의 시선에서 깨달아지는 삶의 본질, 미래 사회에서 우리가 놓치고 있는 것들, 수업을 준비하면서 모아놓은 각종 인문학 자료를 글로 천천히 적으면서, 내 위치에서 우리 사회에 의미 있는 메시지를 던지고 싶다.

교직 생활 초기에는 여러 방면에 관심을 가지고 배워야 하겠지만, 나이가 들고 경력이 쌓이면, 이제 내가 어느 부분에 더 집중해야 할지를 선택하는 순간이 온다. 그때 내가 걸어온 삶을 들여다보면서, 내가 무슨 메시지를 던지고 싶은지를 스스로에게 물어야 한다. 교사는 더 많은 것을 채움으로써 성장하는 것이 아니라 비우고 더 집중함으로써 성장한다. 그런데 이런 소박한 진리를 모른 채, 누군가는 자꾸만 더 채우고, 더 많은 것을 장착하라고 한다. 새로운 미래가 왔다고 하면서, 여기에 뒤처지지 않으려면 트렌드에 맞는 아이템을 장착하라고 한다. 그러나 시간이 지나면 변하는 것에 우리가 급하게 따라갈 필요가 없다. 바쁜 마음을 내려놓고, 내가 걸어온 길에 주목하면서, 내 삶을 더 단순화시키고 깊게 가져갈 필요가 있다.

남들은 무엇인가를 더 채우려고 할 때, 자꾸만 무엇인가를 빼려고 했던 조각가가 있었다. 그의 이름은 자코메티다. 그는 예술을 통해 인간 본연의 모습을 그려내려고 했다. 그래서 추상 조각에 빠지기도 하면서 자신만의 개성을 찾으려 여러 스승을 찾고, 전위적인 활동을 많이 했다. 그러던 중, 그는 지금 우리의 코로나 사태와는 비교할 수 없는 인간사의 비극을 경험한다. 바로 1, 2차 세계대전. 그는 전쟁 속에서 무참히 죽어가는 인간의 모습 그리고 그러한 살상을 아무렇지도 않게 행하는 현대인들의 야만과 폭력에 절규한다. 그리고 자코메티는 전쟁이 끝나고 하루를 살아내기 위해서 바쁘게만 뛰어가는 사람들을 보면서 가벼움을 생각한다. 상상할 수 없는 공포와 폭력을 경험했지만, 살기 위해서 새로운 시대를 열어야만 한다고 가벼이 뛰어다니는 사람들을 보면서, 그의 조각은 앙상해진다.

> 거리의 사람들을 보라 그들은 무게가 없다. 죽은 사람보다도 의식이 없는 사람보다도 가볍다. 내가 보여주려는 건 바로 그것 그 가벼움의 본질이다.
>
> (알베르토 자코메티, 코바나컨텐츠, 2017)

그래서 그의 조각들은 가느다랗다. 그리고 매끈한 질감을 자랑하는 것이 아니라, 덕지덕지 상처가 나 있고, 울퉁불퉁한 피부를 가지고 있다. 어

알베르토 자코메티, The Walking Man

디론가 향하고 있지만, 위태로워 보인다. 혹 불면 날아갈 것 같은 그 시대의 초상을 자코메티는 아주 단순하게 표현한다.

　단순함의 세계란 자코메티의 조각처럼 삶의 치장을 제거하고 본질만 남기는 것을 의미한다. 오랜 시간 동안 사람을 깊이 있게 만나야 하는 우리 교사들에게 화려함의 세계에서 단순함의 세계로 넘어가는 것. 이것이 교사 삶의 본질일 수 있다. 그러나 그 본질은 쉽게 찾아지지 않는다. 남의 시선을 의식하면서, 나를 꾸며대면 그 치장 속에서 내 모습은 사라진다. 남이 기대하는 나로만 남는다. 젊어서는 이런저런 화려함으로 나를 꾸밀 수 있다. 그러나 젊음이 사라지고 노년의 길로 갈 때는, 묵직한 사유만이 나를 대변할 수 있다. 내가 추구해야 할 본질, 내가 지켜야 할 교육적 메시지를 찾고, 이제는 서서히 비우고 단순함의 세계로 가야 한다.

교사의 언어

단순하다(單純하다) [동사]

1. 복잡하지 않고 간단하다.

- 단순한 삶을 살기 위해 무엇을 하고 싶은가요?
- 수업에서 덜어내고 싶은 것은 무엇인가요?

메시지 찾기 2
하고 싶은 것 찾기

　미니멀리즘, 내 수업을 단순화하라, 내 삶을 단순히 하라. 말은 좋지만, 당장 무언가를 단순화하려면 무엇을 빼야 할지 잘 모른다. 힘을 뺀다는 것은 그리 쉬운 일이 아니다. 나도 미니멀리즘을 실천하겠다고, 일 년 동안 읽지 않았던 책을 빼기 시작했다. 그랬더니 100권 정도가 나왔다. 그냥 버리려고 했는데, 미련이 생긴다. 또다시 버리는 것에 갈등이 생긴다. 결국 적정한 수준을 잘 맞춰서 버려야 하는데, 그 지점을 찾기가 쉽지 않다.

　건축에서도 적정한 공간을 말한 사람이 있다. 건축가 르코르뷔지에다. 그는 건물의 공간을 무한정 키우기보다는 인간이 사용할 수 있는 최적의 크기를 고민하면서 건물을 지어야 한다고 말하면서 현대 건축의 새로운 기준을 제시했다. 그래서 그의 건축물은 유네스코 세계문화유산으로 등재되는데, 그 숫자만 17개다. 하나 등재되기도 힘든데 무려 17개가 세계적으로 지켜야 할 문화유산이라고 하니 그의 건축가적인 역량이 실로 대단하다. 이런 건축의 대가가 말년에 지은 건축물은 무엇이었을까? 놀랍게도 단 4평의 오두막이다. 한국 르코르뷔지에 전시회에서 마침 이 오두막을 그대로 재현해서 들어가 봤는데, 크기만 작을 뿐, 먹고 자는 데 아무런 불편함이 없어 보였다. 침대, 책상, 세면대에서부터 화장실까지 집의 기능을 다 하게끔 정교하게 설계되어 있었다. 평생을 인간을 위한 적정 공간을 고민하니, 말년에는 더하지도 않고 덜하지도 않은, 최적의 공간을 단 4평으로 르코르뷔지에는 만들어냈다.

한 분야의 거장이 된 사람들을 보면 일관된 특징이 있다. 가정 적정한 수준을 고민하면서, 쓸모없는 것들은 버리고 단순화된 모습을 보여준다. 거장들은 세월이 흘러가면서 점차 삶의 본질이 무엇인지를 깨닫고, 그것을 드러내기 위해 힘쓰고 나머지는 버리는, 메시지가 있는 삶을 보여준다.

우리나라 가수 중에서도 신인 때와 달리, 점차 메시지가 있는 노래를 부르는 가수들이 있다. 초창기에는 기획사의 의도에 따라 자신이 원하지 않는 노래를 부르다가, 어느 정도 안정기에 이르러서는 자신만의 색깔을 보여주면서 삶을 노래한다. 그중 한 사람이 박효신이다. 가창력으로는 우리나라에 손꼽히는 대중가수이다. 그는 아주 어릴 때 데뷔했다. 1999년 고등학생의 나이로 '해줄 수 없는 일'이라는 노래로 많은 사람의 찬사를 받는다. 하지만 나는 신인 시절의 박효신 노래를 그렇게 좋아하지 않았다. 노래를 잘 하는 것은 알겠는데, 뭔가 감정을 인위적으로 포장하는 느낌이 들었다. 그런데 나만 그런 것은 아니었나 보다. 그조차도 초창기 자신의 노래가 그렇게 마음에 들지 않았다고 한다. 소리를 꾸미고 확 긁으면, 프로듀싱하는 사람들이 좋다고 하니, 어쩔 수 없이 그냥 그렇게 노래를 불렀다고 한다. 그래서 박효신은 이때의 노래를 잘 듣지 않는다고 한다. 겉멋이 들고, 어깨에 너무 힘이 들어간 모습이 부끄럽게 느껴졌기 때문이라고 한다.

이렇게 자신이 마음에 들지 않는 노래를 오랫동안 하다 보니, 노래 부르는 것이 즐겁지 않고, 노래를 하는 것에 회의가 들었다고 한다. 이렇게 내

것이 아닌 소리로 노래하는 것이 옳은 일일까? 내가 노래하고 싶은 색깔은 무엇일까? 고민하기 시작했다고 한다. 그리고 그는 자신의 정체성을 찾아줄 정재일이라는 작곡가를 만난다. 그는 정재일을 만나면서 발성을 바꾸고 음색을 자기가 좋아하는 색깔로 점차 바꿔 간다. 예전에는 중저음이 강한 허스키 보이스, 일명 '소몰이 창법'에 걸맞은 음색이었는데, 지금은 굉장히 가늘고 날카로워진 소리로 서늘한 느낌을 준다. 나는 개인적으로 삶의 깊은 슬픔을 담고 있는 지금의 음색이 더 좋다. 꾸미지 않고 단순한 멋을 지닌 지금의 소리가 훨씬 좋다.

그런데 그의 20년 노래 인생을 추적해보면, 음색만 바뀐 게 아니었다. 점차 그의 노래에 자기 이야기가 담기기 시작했다. 20대에는 사랑과 이별의 노래를 주로 불렀는데, 30대에 들어서면서 치유와 위로의 노래로 앨범을 만들기 시작한다. 특히 2014년부터 치유와 위로의 메시지를 넣기 시작하는데, 그 대표적인 노래가 '숨'과 '별 시'다.

오늘 같은 날 마른 줄 알았던

오래된 눈물이 흐르면

잠들지 않는 이 어린 가슴이 숨을 쉰다

고단했던 내 하루가 숨을 쉰다

— 박효신, '숨'

You are my star 이 노래는 너야

불빛 하나 없는 길을 걷게 해 줄

기나긴 밤 쓰다 만 이 노래의 의미를 찾고 있어

— 박효신, '별 시'

그는 왜 이런 변화를 주었을까? 남이 좋아하는 노래가 아니라, 이제는 자기가 좋아하는 노래를 찾게 된 이유가 무엇일까? 아마도 예측해 보건대, 대중가수로 사는 그의 삶 또한 녹록지 않았을 것이다. 소속사와의 갈등, 사기 혐의 피소 등 끊임없이 그의 마음을 피폐하게 만드는 사건들이 있었다. 박효신은 노래만 봤을 때는 뛰어난 뮤지션이고 가수이지만, 삶에서는 불완전한 인간으로서의 모습을 보여준다. 삶의 밑바닥을 힘겹게 걷고 있는 그에게, '바람이 부네요' 와 같은 노래는 어쩌면 필연일지도 모른다.

바람이 부네요 춥진 않은가요
밤 깊어 문득 그대 얼굴이 떠올라
가슴 뛴 그대 미소 떨리던 그 목소리
많은 상처에 얼어붙은 내 마음 감쌌던

산다는 건 신비한 축복
분명한 이유가 있어
세상엔 필요 없는 사람은 없어 모두

마음을 열어요 그리고 마주 봐요
처음 태어나 이 별에서 사는 우리 손 잡아요

— 박효신, '바람이 부네요'

나는 지금, 박효신이라는 가수를 예찬하기 위해서 이 글을 적는 것이 아니다. 한 뮤지션이 어떤 과정을 밟아가면서 성장과 성숙의 길을 도모하는지, 그것이 자신이 노래로 어떻게 나타내는지를 보면서, 우리 교사들은 어떤 길을 걸어야 하는지를 생각해보기 위해서다.

교사는 수업으로 노래를 하는 자다. 처음에는 남들이 원하는 수업, 남들이 인정하는 수업을 찾아서, 그때 유행하는 교육 콘텐츠를 따라 한다. 이것이 잘못은 아니다. 그러나 시간이 지날수록 눈에 드러나는 화려함, 인정만을 따라 살아갈 수는 없다. 중요한 것은 내가 원하는 것, 내가 좋아하는 것이 무엇인지 그리고 그 속에서 나는 어떤 삶을 살고 있는지를 수업으로 녹여내야 한다. 그럴 때, 그 속에 젊었을 때는 보이지 않은 깊이가 서서히 스며든다. 이것은 과학이나 논리로 설명할 수 없다.

교육은 신비다. 교육은 사람과 사람이 깊게 만나는 신비다. 때론 다투기도 하고, 때론 깊게 교감하기도 한다. 예술 또한 마찬가지다. 그냥 노래를 부르는데 어떤 노래에서는 그냥 잘 부른다는 느낌만 있는데, 어떤 노래에서는 깊은 감동을 받고 눈물을 흘린다. 이것은 논리로 설명할 수 없는 신비의 영역이다. 그런데 우리는 너무 기계적이고 표준화된 매뉴얼로 '교육은 이래야 한다'는 틀을 가지고 교육을 한쪽 방향으로만 몰아가는 경향이 있다. 삶과 수업은 분리되고, 한껏 꾸민 모습으로 수업을 하고 학급을 운영했다. 여기에는 재치와 가벼운 웃음만 있지, 깊은 메시지가 없다. 사람과 사람이 만나서 서로 변화하는 깊은 울림이 없다.

박효신의 팬들 사이에서도 예전 목소리와 지금 목소리에 대한 평가가 엇갈린다. 그런데 중요한 것은, 박효신은 지금 목소리를 좋아한다는 것이다. 그래서 예전으로 돌아가려고 해도 돌아갈 수 없다고 한다. 그냥 지금 목소리가 좋으니, 지금의 자신을 사랑해달라고 팬들에게 자주 말한다.

내가 아끼는 수업, 내가 좋아하는 교육, 내가 만족하는 수업. 남이 아닌 내가 있는 수업을 하기 위해서 나는 무엇을 해야 할까? 내 삶과 교육 행위가 분리되지 않도록 나는 무엇을 해야 할까?

이를 위해 교사는 교육을 통해 던지고 싶은, 자기의 진짜 메시지를 찾아야 한다. 사실 교사들은 늘 메신저로 산다. 오늘도 우리는 수업에서 학급에서 무엇인가를 말했다. 그런데 우리가 깊이 생각해야 할 것은, 그 수많은 말속에 내 생각과 진심을 얼마나 담고 있느냐는 점이다. 물론 모든 말에 진심을 담을 수는 없다. 그렇게 진지하게 살다가는 바삐 돌아가는 학교생활을 버틸 수 없다. 하지만 가끔은 조용히 내 안으로 들어가서 형식적인 메시지를 넘어서 내가 담아내고 싶은 이야기가 무엇인지 귀를 기울여야 한다.

온라인 수업을 준비하면서 초창기에는 온라인 기술과 형식에 신경을 썼다. 그런데 점차 온라인 수업을 힘겹게 듣고 있는 학생들의 마음이 보이기 시작했다. 교사들이 큰 혼란을 겪었듯이, 우리 학생들도 정신적으로 힘들어했다. 보통의 상황에서도 입시 경쟁 때문에 많이 힘들어하는데, 예상치 않게 코로나 상황으로 집에만 틀어박혀 있어야 하니 학생들은 더 마음이 지쳐갔다. 이에 나는 문학을 같이 가르치는 선생님들과 함께 시로 아픈 학생들의 마음을 처방하자면서 시 처방 수업을 온라인으로 진행하기로 했다. 학생들의 고민을 받고, 이 고민에 대해 선생님들이 시로 처방을 내려주기로 했다.

온라인 과제로 학생들의 고민을 적어 제출하게 하고, 이를 분류해보니, 학생들의 고민은 크게 세 가지였다. '공부', '진로', '관계'를 고민하면서 고등학교 2학년 생활을 힘겹게 하고 있었다. 그래서 우리는 이것에 대한 상담을 잘해줄 선생님 두 분을 섭외하고, 총 5명이 함께 앉아서 라디오 시

처방 방송 '시가 빛나는 너에게'를 진행했다. 학생들의 고민을 읽고, 우리 선생님들은 청소년 시절에 이 고민을 어떻게 해결했는지, 자신의 삶으로 이야기해주고, 마지막에는 그 고민에 도움이 되는 시를 소개하면

서, 시 감상 수업을 해나갔다. 수업을 하는 우리의 마음이 통했는지 학생들은 마음으로 수업을 들었다면서 여러 피드백을 해주었다.

평소에 청소년들이 많이 겪는 문제들을 시로 상담해주시고, 인생의 선배로서 진심 어린 조언을 해주시는 모습에 굉장히 감동했습니다. 사실 이번에 골라주신 고민들이 보편적으로 많이 하는 생각이기 때문에 제가 평소에 하는 생각들과 같아서 걱정거리가 많이 해결되었습니다!

시험을 위한 공부를 하면 시험이 끝나면 잊어버린다. 하지만 나를 위한 공부를 하면 언제까지고 작품이 마음속에 남는다. 문학은 공감받으려 존재하는 예술인데 학생들이 작품을 기억 못 하는 것을 보면 마음이 아프다. 이번 수업을 통해 많은 학생이 시를 마음으로 공부하는 방법을 배워서 좋다. 이런 기회를 준비해주신 선생님들께 감사하다.

미켈란젤로에 앞서서 천재적인 조각가 한 명이 있었다. 그의 이름은 도나텔로다. 그는 조각으로 인체 비율이 완벽한 사람을 멋지게 표현하고 싶었다. 그래야 사람들의 주문을 많이 받을 수 있기 때문이었다. 그는 고대 그리스 조각에서 완벽한 인체의 비율을 연구하고, 용에 잡혀가는 공주를 구해온 성 게오르기우스 조각상을 만든다. 큰 방패를 들고, 늠름하게 서 있는 모습. 피렌체의 시민들은 차가운 돌로 수호신을 조각하는 그의 솜씨에 깊은 찬사를 보내고 수많은 조각상을 그에게 부탁한다.

하지만 도나텔로는 문득 '내가 표현하고 싶은 조각상이 이렇게 외모가 멋진 사람들인가?' 라는 본질적인 질문을 던진다. 그리고 의도적으로 조각상을 멋지 않게, 고통의 모습으로 조각한다. 그렇게 탄생한 것이 바로 막

도나텔로, Saint George, 1415   도나텔로, Magdalene Penitent, 1453-1455

달라 마리아상이다. 막달라 마리아는 세속적인 여인이었으나 예수를 만나고 성인이 되었는데, 대개는 아름다운 여인으로 묘사되고 화려한 옷을 입고 있다. 그런데 도나텔로는 광야에서 고뇌하고 있는 구도자의 모습으로 표현한다. 조각을 하면 할수록 인간의 본질을 탐구하고 싶었던 그는, 말년에 마리아상을 통해서 인간은 결국 고뇌하는 자라는 것을 분명하게 보여준다. 이빨이 빠지고, 허름한 옷을 입었지만, 삶의 본질을 놓치지 않는 마리아야말로 우리 인간의 본질이라 말해준다.

　교사는 메신저다. 일 년 동안 학생들에게 의미 있게 던질 메시지가 없으면, 우리의 수업은 세속주의에 물들어서 학생들에게 경쟁과 효율을 강조

할지도 모른다. 교육은 그 자체가 메시지를 던져야 하는 행위이다. 그런데 교사가 자기 삶에서, 자기 교육에서 이런 메시지를 찾지 않는다면, 수업은 표류하게 되고 화려한 형식으로 포장하려 들 것이다. 박효신, 르코르뷔지에, 도나텔로가 메시지를 고민했듯이, 수업의 예술가인 우리도 메시지를 찾는 작업을 해야 한다. 이는 남에게 잘 보이는 수업이 아니라, 내가 좋아하는 수업, 내가 아끼는 수업을 찾고자 할 때 이뤄진다.

교사의 언어

아끼다 [동사]
1. 물건이나 사람을 소중하게 여겨 보살피거나 위하는 마음을 가지다.

- 삶에서 내가 소중히 여기는 것은 무엇인가요?
- 요즘, 수업을 대하는 당신의 마음은 어떤가요?

메시지 찾기 3
읽기의 삶

한 시인이 어린 딸에게 말했다

착한 사람도, 공부 잘하는 사람도 다 말고

관찰을 잘하는 사람이 되라고

겨울 창가의 양파는 어떻게 뿌리를 내리며

사람은 언제 웃고, 언제 우는지를

오늘은 학교에 가서

도시락을 안 싸 온 아이가 누구인가를 살펴서

함께 나누어 먹으라고.

— 마종하, '딸을 위한 시'

나의 메시지를 찾기 위해서 이제 무엇을 해야 할까? 간단하다. 시에 나온 대로 교사 스스로 자연과 사람에 대한 세심한 관찰을 통해 배움을 경험하고, 그 배움을 몸으로 실천하는 성장의 삶을 살아야 한다.

'배움' 언제부턴가 우리는 이 배움의 이야기를 많이 했다. 혁신학교가 시작하면서 가장 많이 사용된 단어가 이 배움일 것이다. 학생들에게 배움의 경험을 주기 위해서 교사는 자신의 말을 줄이고 학생들이 스스로 경험할 수 있는 활동을 줘야 한다는 것이다. 그런데 이 배움이라는 말이 참 멋진 말임에도, 아쉬웠던 것은 이 말을 교사의 삶에 적용하지 않았다는 점이다. 배움중심수업을 하는 기술과 방법은 익혔지, 삶에서 배움의 기쁨을 스스로 경험하는 것이 부족했다.

교사의 삶 자체에 배움과 창조의 기쁨이 있으면, 그것이 교사의 수업으로 저절로 흘러가게 되어 있다. 교육은 문서의 행정 작업을 하는 것과 다르다. 행정 문서에는 기안자의 삶이 녹아들어 가지 않는다. 그냥 규칙대로 문서를 작성하고 결재 도장을 찍게 만들면 된다. 무감각의 연속이다. 그러나 교육은 다르다. 교사의 삶이 순간순간 수업으로 흘러들어 간다. 내가 영감 있게 봤던 장면이 수업 속 설명에 흘러가고, 내가 경험했던 슬픔이 수업 예시로 활용된다. 컨디션이 좋으면 예민하게 구는 학생에게도 의연하게 대처할 수 있는데, 그 반대가 되면 별거 아닌 학생의 행동에 버럭 화를 낸다. 수업은 규칙과 예측으로만 이뤄지지 않는다. 1분 1초 내 감정과 생각을 제대로 컨트롤하지 않으면 수업은 내가 예상한 것과 전혀 엉뚱한 방향으로 간다. 그래서 수업은 예술이다.

융합, 창의, 질문, 역량 등 미래 교육에서 나오는 단어들은 듣기만 해도 뭔가 있어 보인다. 그러나 이것을 시행하라고 하는 부서들은 정작 미래적이지 않다. 하는 행위들을 보면 여전히 부서별로 엇박자가 나고, 미래 교육을 시행하는 방법은 예전과 동일하다. 돈 줄 테니 이렇게 하라, 시범학교를 해라, 연수를 시켜주겠다, 기자재를 사주겠다. 미래 교육의 핵심은 협업과 공유, 자유로운 의사소통임에도, 예산으로, 문서로 미래 교육을 하려고 한다. 돈 따로 용어 따로 교육 따로 흘러간다. 이런 상황에서 교사들도 수업과 삶이 분리된 채 흘러간다. 자신의 삶에서 질문이 없는데 질문 있는 수업을 하려 하고, 자신의 삶에 창조적 영감이 없는데 남이 한 자료를 가지고 억지로 창의적인 수업을 하려고 한다.

잭슨 폴록의 그림은 무질서하게 어지럽혀진 우리 교육의 속살을 보여주는 듯하다. 마구 남발된 교육 정책들 그리고 교사들의 혼란. 신기하게도 잭슨 폴록의 작품에는 지금 우리 교육의 모습이 잘 나타나 있다. 그의 그림은 액션페인팅으로 유명하다. 우연성에 기대서 물감을 마구 흩뿌리면서 그 속에서 발생하는 교차와 어지러움으로 인간 내면의 복잡함과 혼란함을 표현했다.

잭슨 폴록의 이런 혁신적인 그림이 나타나자 많은 후배 화가가 그의 그림을 따라 하기 시작했다. 저마다 물감을 던지고, 구상보다는 추상의 길을 걸으면서 우연성에 기대어 미래적인 그림을 그리려고 했다. 그러자 점차 현대 미술은 극도의 추상화된 그림, 실험성만이 강조되어 대중의 관심

잭슨 폴록, Autumn Rhythm(Number 30), 1950

에서 멀어지기 시작했다. 하지만 화가들은 이것이 '미래성'이라고 하면서 더 파격적이고 전위적인 그림을 그려갔다. 그러면서 전통적인 구상의 그림들은 뒤떨어지고 낡은 그림이라고 비하하기 시작했다. 이때 추상이 아닌 구상의 화풍을 지키면서 현대인의 근원적인 고독과 외로움을 표현한 화가가 있었는데, 그가 바로 에드워드 호퍼다.

호퍼의 그림은 소재가 비슷하다. 겉보기에는 선배 화가들의 화풍을 답습한 것처럼 보인다. 그러나 그가 던지는 메시지는 묵직하다. 호퍼의 그림은 현대 주택, 아파트, 카페, 극장, 사무실, 가구 등 20세기 중반 풍요로운 미국을 배경으로 한다. 이때 세계사의 흐름은 미국으로 넘어간다. 풍요로운 미국, 가장 현대적이고 미래적인 국가의 표상이었다. 미술 시장 또한 파리와 런던을 거쳐서 뉴욕으로 흐름이 넘어간다. 유럽 출신의 화가가 아닌, 뉴욕의 화가들이 현대 미술을 이끌어가면서 단번에 미국은 미술의 중심지가 된다. 많은 사람이 뉴욕의 미술 트렌드를 따라가기에 바빴다. 잭슨 폴록은 뉴욕 미술의 현대성을 대표하는 화가였다.

그러나 호퍼는 존재의 시선을 가지고 있었다. 시대가 빠르게 발전해도 그 속에서 소외되고 있는 인간의 내면을 봤다. 그래서 그의 그림에는 세련된 도시의 배경이 있고, 그 속에 멍하니 앉아있는 사람들이 있다. 다음에 나오는 그림의 제목은 '뉴욕의 방'이다. 말쑥하게 현대식 양복을 입은 남자. 붉은색의 원피스를 세련되게 입은 여자. 남자는 신문을, 여자는 피아노를 친다. 신문과 피아노를 접할 수 있는, 미국 중산층의 모습으로 보인다. 고급스러운 소파에 둥근 테이블. 이 방 안에 있는 소품은 현대적인 뉴욕을 상징한다. 그러나 이들은 눈을 맞추지 않는다. 각자 아래만 보고 있을 뿐, 소통이 없다.

호퍼는 등장인물들의 감정을 잘 표현하지 않는다. 시대가 발전했다고

호퍼, 뉴욕의 방(Room in New York), 1940

하지만, 우리 영혼은 더 빈약해지고 빈곤해지고 있다고 말하기 위해서다. 추상화의 화풍을 따르지 않으면서도 호퍼는 가장 자기다운 방식으로 명징한 메시지를 던진다.

교사들이 스스로 더 사유해야 하는 시대가 왔다. 우리의 미래는 어떻게 흘러갈지 모른다. 폴록의 그림처럼 우연성에 기대어 하루하루를 살아갈지도 모른다. 그러나 이런 때일수록, 우리는 교육자로서 내가 던져야 할 메시지가 무엇인지를 탐색하는 작업을 해야 한다. 호퍼의 그림처럼 우리가 놓치고 있는 것, 겉보기에는 화려하지만 우리가 잠시 잊고 있었던 것을 교육의 시선으로 봐야 한다. 이를 위해서 교사 스스로 독서를 하면서, 사유의 힘을 키워야 한다.

'책을 읽어야 한다.' 교사로서 우리가 얼마나 많이 하는 말인가. 그런데 문제는 우리가 책을 읽지 않는다는 것이다. 교육과정에 '한 학기 한 권 읽기'가 들어와서 많은 책을 학생들에게 읽히고 그에 대한 감상문을 적게 한다. 그런데 정작 교사는 읽지 않는다. 나 역시 나이 서른이 되기까지는 책을 읽지 않았던 거 같다. 굳이 책을 읽지 않아도 살만했기 때문이다. 그러나 나이 마흔이 넘어가면서, 점차 내가 작아지는 느낌을 받았다. 학생들의 별거 아닌 행동에 짜증을 내고, 후배 교사들의 작은 실수를 그냥 넘어가지 않고 자꾸 가르치려고만 한다. 누가 내 의견에 반대를 하면 경청하지 않고, 자꾸 반박하는 이야기만 하려고 한다. 내가 점점 '꼰대'가 되어간다는 것을 알아차리기 시작했다.

나이가 들어가면서 쪼그라드는 것은 근육이 아니라 내 생각이었다. 나이가 들면서 내 생각과 마음이 저절로 자라는 것이 아니었다. 생각 또한 적절한 훈련이 없으면, 예전 모습 그대로였다. 오히려 고집이 더 강해져서, 유연하지 못했고, 생각이 닫혀 있었다. 더군다나 나이 마흔이 되면서 생각지도 않은 삶의 어려움이 찾아왔다. 가족을 떠나보내야 했고, 자녀들은 내 마음대로 자라주지 않았다. 나는 이를 이해하기가 쉽지 않았다.

이렇게 작아지는 나를 발견하고 나서야 나는 책을 읽기 시작했다. 여태까지 책을 나의 실존을 위해서 읽지 않았다. 수업에 잘 활용하기 위해서 혹은 어떤 과제로 부여되어서, 밀린 숙제를 하듯이 읽었다. 그래서인지 30대까지 읽었던 책 중에서 기억나는 것이 없다. 그런데 나이 마흔이 되면서부터는 한 권, 한 권 삶으로 책을 읽기 시작하니 그 책이 내 삶을 깊게 성찰하는 데 큰 도움이 되었다.

그중 하나가 철학자 김진영의 『아침의 피아노』다. 그는 시한부 선고를 받는다. 암이 그의 육체를 잠식했기 때문이다. 그러자 그는 암에 자신이 굴복되지 않도록 일기를 적는다. 하루 속에서 자신이 발견한 기쁨, 신비, 철학을 적어낸다. 육체가 죽어가는 삶을 살지만 영혼을 다시 사는 불굴의 모습을 보인다. 그리고 자신의 일기를 '아침의 피아노'라는 책으로 엮어낸다. 이 책에는 반복되는 소재가 아침의 풍경이다. 시한부 인생을 선고받았기에 아침을 맞이하는 그 순간이 너무 기뻤나 보다. 아침에 들려오는 피아노 소리, 새소리, 아내의 모습. 평범하게 보였던 모든 일상이 감사로 다가온다. 그리고 그는 이런 고백을 남긴다.

> 삶은 향연이다. 너는 초대받은 손님이다. 귀한 손님답게 우아하게 살아가라.
> 안개를 통과하는 길은 언제나 어디에나 있다. 그건 일상이다. 일상을 지켜야 한다. 일상이 길이다.

삶이 얼마 남지 않은 철학자가 던지는 메시지는 짧지만 너무나 묵직하다. 죽기 며칠 전까지도, 삶의 존엄을 지키기 위해 사유를 하고, 자신의 생각을 글로 남기는 철학자의 모습은 너무도 아름답다. 내 영혼을 위해서 책을 읽기 시작하니 한 권의 책을 읽어도 깊게 마음에 남는다.

가난한 자건, 부유한 자건, 많이 아는 자건, 모르는 자건, 인간으로서 느끼는 불안과 두려움은 동일하다. 그런데 책을 읽다 보면, 이런 흔들리는 내 마음에 대해서 먼저 고민했던 사람들의 이야기가 하나하나 깊이 있게 다가온다. 그래서 습관적으로 나는 읽기의 삶을 갖게 되었다. 여기서 말하는 읽기는 단순히 책을 소비하는 행위가 아니라 내 삶의 메시지를 책에서 찾는 실존의 행위를 말한다. 그러자 책으로 시작했던 읽기가 다양한 예술 작품으로 확장해가기 시작했다. 예전에는 단순히 분위기 전환으로 감상했던 음악, 영화, 그림, 시들이 점차 내 삶의 메시지로 다가오고, 그 메시지는 내 삶을 지탱하는 용기가 되었다.

요즘 조용필의 음악을 자주 듣는다. 30대에는 촌스럽다고 잘 듣지 않았지만, 나이가 들어가니 그의 노래가 요즘 새삼 깊게 다가온다. 특히나 삶으로 적어내린 그의 가사는 창작한 지 수십 년이 지났음에도 내 삶에 깊은 울림을 준다.

화려한 도시를 그리며 찾아왔네

그 곳은 춥고도 험한 곳

여기저기 헤매다 초라한 문턱에서

뜨거운 눈물을 먹는다

머나먼 길을 찾아

여기에 꿈을 찾아 여기에

괴롭고도 험한 이 길을 왔는데

이 세상 어디가 숲인지

어디가 늪인지

그 누구도 말을 않네

— 조용필, '꿈'

이 노래에서는 꿈을 찾으려는 젊은이가 보인다. 화려한 도시를 찾아왔지만, 막상 도시는 춥고도 험한 곳이다. 어디로 가야 할지 알고 싶지만, 그 누구도 말을 않는 지금 우리 시대의 모습이 고스란히 담겨 있다. 조용필이 농촌 청년들이 도시로 와서 빈민이 된다는 기사를 보고 이를 가슴 아파하면서 그 자리에서 지은 노래라고 알려져 있다.

또 한 곡이 있다. 제목은 '바람의 노래'다. 내가 엄마를 떠나보내고 나서, 더 깊이 듣고 있는 노래 중의 하나다.

> 살면서 듣게 될까
> 언젠가는 바람의 노래를
> 세월 가면 그때는 알게 될까
> 꽃이 지는 이유를
> 나를 떠난 사람들과
> 만나게 될 또 다른 사람들
> 스쳐가는 인연과 그리움은
> 어느 곳으로 가는가
> 나의 작은 지혜로는 알 수가 없네
> 내가 아는 건 살아가는 방법뿐이야
>
> 보다 많은 실패와 고뇌의 시간이
> 비켜 갈 수 없다는 걸 우린 깨달았네
>
> 이제 그 해답이 사랑이라면
> 나는 이 세상 모든 것들을 사랑하겠네
>
> — 조용필, '바람의 노래'

1997년 대중에게 가왕 조용필이 잊힐 무렵에 만든 노래인데, 노래에 담긴 메시지는 우리나라 대중 음악사에서도 손꼽힐 만하다. 살면서 듣고 싶은 소리가 '바람의 노래'이고, 알고 싶은 것이 '꽃이 지는 이유'라니! 젊어서는 도저히 이해할 수 없는 이 구절이 엄마를 보내고 나서 깨닫게 된다.

'보다 많은 실패와 고뇌의 시간이 비켜 갈 수 없다'는 것을, 그리고 이런 험한 세상을 잘 버텨내기 위해서는 '이 세상 모든 것을 사랑'하는 바람의 포용과 깊이가 나에게 있어야 함을 조용필의 노래에서 알게 된다.

마티스는 말년에서도 희망을 노래했다. 욕심으로 날개가 떨어지는 이카로스를 보면서도 그는 붉은 심장을 그리고 반짝이는 별을 그리면서, 떨어지는 자에도 희망이 있음을 노래했다. 하강 인생을 살아가지만, 여전히 자신의 실존을 그림으로 표현했다. 그가 그린 이카로스는 보면 볼수록, 나에게는 삶을 사랑하라는 조용필의 메시지와 동일하게 들린다.

돌이켜보면 나에게는 수많은 메시지가 있다. 이 메시지는 내가 스스로 찾은 것이기보다는 수많은 책과 노래, 그림, 시에서 건져 올린 언어들이다.

마티스, 이카루스, 1943-1944

이 책에는 한 작가의 말년 작품을 많이 실었다. 삶의 회한을 경험할 때, 예술의 거장들은 어떤 작품을 남기는지, 궁금해서 스스로 찾아보고 의미를 찾았다. 그리고 거기에서 영감을 많이 받아서, 이렇게 글로도 적는다. 결국 메시지는, 삶이 너무 고달프고 슬퍼서, 스스로 살아보려고 버둥거려서 찾아 올리는 구원의 행위다. 아플 때, 어떤 이는 술로, 사람으로, 신으로 향하지만, 나는 예술로 향했다. 그리고 그 속에서 슬픔을 건져 올리면서, 희망도 같이 연결되어 있음을 알게 되었다.

대학 본관 앞
부아앙 좌회전하던 철가방이
급브레이크를 밟는다.
저런 오토바이가 넘어질 뻔했다.
청년은 휴대전화를 꺼내더니
막 벙글기 시작한 목련꽃을 찍는다.

아예 오토바이에서 내린다.
아래에서 찰칵 옆에서 찰칵
두어 걸음 뒤로 물러나 찰칵찰칵
백목련 사진을 급히 배달할 데가 있을 것이다.
부아앙 철가방이 정문 쪽으로 튀어나간다.
계란탕처럼 순한
봄날 이른 저녁이다.

— 이문재, '봄날'

교사는 구도자다. 삶에서 가장 가치 있고 의미 있는 것을 찾아 떠나는 구도자다. 때로는 불현듯 찾아오는 슬픔에서도 삶을 건디게 하는 비밀을 찾아야 하고, 절망 속에서도 별을 노래하는 법을 찾아야 한다. 일상에서 일어나는 봄날 같은 순간을 찾아 내 삶의 꽃을 피워야 한다. 결국 복잡한 삶에서, 내가 나로 살아갈 수 있는 것은, 삶에서 온몸으로 건져 올린 메시지 때문이다. 아픈 내 삶이지만, 그 아픈 곳을 읽기로 어루만지다 보면, 삶의 중심이 그곳에서 생겨난다. 그것은 내 삶의 메시지가 된다.

교사의 언어

읽다 [동사]
1. 글을 보고 거기에 담긴 뜻을 헤아려 알다.

• 삶에서 무엇인가를 읽고 감상하는 시간을 갖고 있나요?
• 당신이 읽은 책(영상, 그림, 노래 등) 중에서 울림을 준 것은 무엇인가요?

메시지 찾기 4
쓰기의 삶

2020년 믿어지지 않는 일이 일어났다. 미국 아카데미 시상식에서 한국 감독 봉준호가 상을 받았다. 봉준호 감독의 초기작부터 좋아했던 나는 그의 수상이 정말 기뻤다. 봉 감독이 이 영화제에서 상을 받은 이유는 무엇일까? 가장 큰 이유는 봉 감독이 미국 사회에서도 공감할 수 있는 메시지를 잘 표현했기 때문이다.

봉 감독의 영화를 보면, 늘 그는 사회적 약자를 응시한다. '살인의 추억'에서는 살인 사건이 일어나는 농촌 마을을, '괴물'에서는 딸이 납치된 소시민의 가정을 지켜보면서 약자들을 냉대하고 도움을 주지 않는 우리 사회의 민낯을 고발한다. '설국열차'와 '옥자'에서는 자본주의가 만들어내는 탐욕의 구조를 면밀히 살피고, '기생충'에서는 서로 계급이 나눠진 상황에서 기생이 아닌 공생의 방법을 질문한다. 이처럼 봉 감독은 우리 사회의 부조리를 다양한 상황으로 펼쳐내고, 영화적 재미뿐만 아니라 삶에 묵직한 질문을 던진다.

예술가들이 이렇게 한 가지 주제에 집중하면서 자신의 메시지를 깊게 만드는 비결은 어디에 있을까? 그것은 기록에 있다. 봉 감독은 습작 노트에 자신의 체험들을 그림으로 기록하면서 시나리오를 고민했다고 한다. 미래 교육의 모델로 가장 많이 뽑히는 다빈치도 늘 기록을 했다. 생각, 질문, 관찰한 내용 등을 끊임없이 적었다. 그래서 그의 노트는 자그마치 7,200쪽에 달한다고 한다. 우리는 다빈치의 뛰어난 천재성에만 주목할 뿐, 끊임없이 기록하는 그의 습관을 보지 않는다. 그의 천재성은 늘 기록하는 습관을 통해 완성된 것이지 태어날 때부터 천재는 아니었다. 그래서 섣부

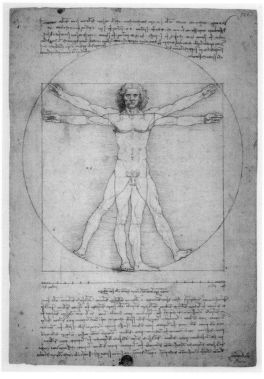

다빈치, The Proportions of the Human Figure(The Vitruvian Man), 1492

르게 미래 교육을 한다고 하면서 코딩 교육을 중심으로 교육과정을 재편해야 한다는 말을 들으면 우습다. 이런 기술적인 교육에 앞서 더 중요한 것은, 사유하는 힘이다. 내 일상을 면밀히 관찰하고, 그 속에서 질문을 던지고, 글을 남겨서 생각을 깊게 하는 것. 이런 가장 기본적인 능력을 기르는 것이 미래 교육이다.

교사도 마찬가지다. 일상에 의미를 부여하고, 생각의 줄기를 쫓아가는 사유의 힘을 길러야 한다. 나같이 얄팍한 사람이 그래도 이만한 역량을 가지게 된 것은 단연코 글쓰기 때문이라고 생각한다. 언제부터 나는 글을 쓰기 시작했을까? 청소년기에 제일 싫은 숙제가 독후감이었다. 대학 시절에도 국어교육과를 나왔지만, 내 언어로 쓴 글이 거의 없다. 피식 웃음이 나온다. 대학 때까지도 자기 글을 한 번도 적어본 적이 없는 사람이, 책 좀 몇 권 냈다고 해서, 글쓰기를 해야 한다고 말하고 있으니 말이다.

2006년 월간 '좋은교사'라는 잡지에 '김태현의 수업 이야기'를 연재하기 시작했다. 처음에는 단순히 '수업 이렇게 했어요. 그리고 학생들의 반응은 이랬어요'식으로 적었는데, 이렇게 반복해서 적으니 단순히 내 수업을 자랑하는 이야기밖에 되지 않았다. 그래서 '내가 왜 이렇게 수업을 재구성할 수밖에 없었는지'를 더 깊이 질문하면서 쓰다 보니, 내 수업이 하나의 예술품처럼 느껴지고, 글을 쓰면서 내가 몰랐던 숨은 생각들이 글로 적히기 시작했다. 수업을 보는 눈이 더 깊어지고, 수업을 통해 내가 무엇을 학생들에게 말하려고 하는지도 점점 알게 되었다.

글을 쓴다는 것은, 단순히 문자 언어로 생각을 나열하는 행위가 아니라, 내 삶의 의미를 찾아가는 행위이다. 수업 에세이를 쓰면서, 내 수업이 별거 아니게 느껴졌는데, 글을 쓰면서 수업을 디자인한 내 생각에 머무니, 평범한 수업도 다 가치롭게 느껴졌다.

글쓰기 습관은 수업 능력까지도 향상시켰다. 글을 쓰려고 노력하다 보면 기승전결의 완결된 생각을 하게 되었고, 이것이 수업으로도 고스란히 연결되었다. 수업을 준비하면서 글을 쓴 것처럼 지금 이 수업에서 내가 가야 할 방향을 명확히 설정하고, 수업 자료를 모으게 되었다. 어떤 수업을 보면 시선을 끄는 자료가 있지만, 학생들의 마음에 다가서지 못하는데, 그 이유는 자료를 그냥 병렬적으로 나열하기 때문이다. 가야 할 곳이 분명치 않으니 자료를 나열하다가 수업이 끝나는 경우가 많다. 그러나 분명한 메시지가 있는 수업은 교사가 응집력 있게 자료를 제시하고, 활동들을 그 방향으로 모으니, 학생들에게 다가가는 내용도 깊다. 그리고 글을 쓰면서 생각을 깊게 하는 능력이 생기니, 학생들에게 던지는 질문도 제법 깊어졌다. 글쓰기는 책만 쓰게 한 것이 아니라 내 수업의 의미를 찾아주고, 사유하는 힘까지 길러주어서 수업이 풍요로워지는 원동력이 되었다.

교사로서 우리가 성장하면서 갈 수 있는 단 하나의 방법을 꼽으라면, 나는 역시 글쓰기라고 말할 것이다. 여기서 말하는 글쓰기는 대단한 필력을 자랑하고, 엄청난 사유를 하는 글쓰기가 아니다. 그냥 내 생각을 잡아두는, 기록으로서의 글쓰기다.

문장이 간결해야 한다, 주술구조가 맞아야 한다, 수식어를 최소한으로 사용해야 한다, 일본식 표현을 없애야 한다. 그런 것은 잠시 잊어도 된다. 아직도 글쓰기를 어떤 형식에 맞춰 써야 하는 것으로 생각하는 분이 있다. 글쓰기는 형식이 아니라 생각이다. 물론, 때에 따라서는 공적인 언어로 형식에 맞춰 써야 할 때가 있다. 하지만 이보다 중요한 것은 생각을 건져 올려야 한다는 것이다. 떠도는 생각을 기록하고, 그러면서 가장 본질적인 것을 찾아가는 것, 그것이 글쓰기의 묘미이다.

우리는 자신이 하고 싶은 방식으로 소설을 쓰면 됩니다. 우선 딱히 예술가가 아니어도 괜찮다고 생각하면 마음이 훨씬 편안해집니다. 소설가란 예술가이기 이전에 자유인이어야 합니다. 내가 좋아하는 것을 내가 좋아하는 때에 나 좋을 대로 하는 것, 그것이 나에게는 자유인의 정의입니다. 예술가가 되어서 세간의 시선을 의식하거나 부자유한 격식을 차리는 것보다 극히 평범한, 근처를 어슬렁거리는 자유이면 됩니다. (무라카미 하루키, 『직업으로서의 소설가』)

　무라카미 하루키는 자유롭게 글을 쓸 때, 자신도 자유인이 된다고 한다. 글을 쓰는 순간만큼은 누구도 방해할 수 없기 때문이다. 백지 위에 내 생각과 언어를 기록하면서 나를 찾아가는 작업은 조금 힘들기는 하지만, 한번 맛을 들이면 재미있다. 학생들하고 관계가 안 좋으면, 나만의 비밀 노트를 열어서 그 학생 이름을 적고 흉을 본다. 나만 보는 것이니 험담이 나와도 상관이 없다. 수업을 하는 중에 에너지가 괜스레 다운되고 기운이 없다면, 역시나 비밀 노트를 열고, 내가 어디서 지쳐 있는지, 현재 내 감정이 어떤지를 글로 쓰면서 스스로 묻는다. 형식을 엄격하게 지키지 않아도 된다. 그냥 떠도는 생각들을 언어로 표현하고 꼬리에 꼬리를 물면서, 자유롭게 글을 쓴다. 그러다 보면, 내가 지금 어떤 감정의 상태인지, 그 감정은 무엇에서부터 시작되었는지, 그래서 나는 무엇을 할 것인지를 알게 된다.

　이렇게 글 쓰는 것이 조금 익숙해지면, 조금 더 깊은 질문을 던지면서 글쓰기를 한다. 교사로서 퍼뜩 질문이 떠오를 때가 있다. 내가 원하는 수업이 무엇인지, 나는 학생들에게 어떤 배움을 주고 싶은지, 나는 어떤 교사로 살고 싶은지…. 살다 보면, 지식인이기에 떠도는 생각들이 있다. 이렇게 삶에서 건져 올린 질문들은 가장 기본적이고 본질적인 것이라 답하기가 쉽지 않다. 그래서 그때그때 글을 끄적이면서 질문에 대한 사유를 시작한다. 오랜 시간 이런 끄적임이 모이다 보면, 내 생각에 살이 붙고, 논리가 붙으면서 한 장 정도의 글로 완성된다. 이 책도 오랜 시간의 끄적임이 모이고 또 모여서 완성된 것이다. 그런데 이런 작고 소중한 생각들을 글로 기록하지 않으면, 내 생각은 어느 순간 멈춰 있다.

재미나고 의미 있는 수업을 준비하기 위해서 교사들은 늘 분주하다. 그러다 보니 자연스럽게 수업에 간단히 써먹을 수 있는 자료에는 관심이 많고, 내 안에 있는 생각에는 관심을 두지 않는다. 하루에도 준비해야 하는 수업이 아주 많기 때문이다. 하지만 수업의 핵심은 내 생각에서 시작된다. 내 생각의 뿌리가 단단하게 박혀 있으면, 자료가 많지 않아도 간단한 질문을 통해서도 수업을 의미 있게 이끌어갈 수 있다. 수업은 메시지다. 메시지가 없는 수업은 활동만 많이 하지, 학생들의 마음에 울림을 주지 못한다.

아이유의 노래에는 메시지가 있다.

잠들지 못해
지친 숨소리가 잦아들 때까지
소란한 너의 밤을 지킬게

— 아이유, '자장가'

아주 커다란 숨을 쉬어 봐
소리 내 우는 법을 잊은 널 위해 부를게
너의 긴 밤이 끝나는 그날
고개를 들어 바라본 그곳에 있을게

— 아이유, 'Love Poem'

아이유는 언제부턴가 동시대를 사는 젊은 친구들을 위한 노래를 부르기 시작했다. '소란한 너의 밤', '소리 내 우는 법' 그냥 나올 수 없는 가사들이 아이유의 노래에서 나타난다. 밤은 조용하고 깊은 것인데 소란하다고하는 것은, 아이유가 분명 생각이 소란한 밤을 지냈기에 이런 단어가 나왔을 것이다. 소리 내어 울고 싶지만 그럴 수 없는 삶을 살았기에, 소리 내어우는 법이 지니는 가치를 아이유는 말하고 있다. 이것은 삶의 깊은 고민으로 밤을 지새운 경험이 있기에 나오는 메시지다. 아이유는 트위터로 팬들에게 이렇게 말했다.

저는 불면증이 있어요. 잘 잘 때도 있고 아주 못 잘 때도 있고, 그래서 제자작곡 중에 그런 잠에 대한 곡들이 좀 있잖아요? 불면증이 있기 때문에제가 이렇게 누군가에게 '잘 자~' 하고 말하는 건 조금 특별해요. (중략)그런 제가 나는 비록 새벽 내내 이렇게 깨어 있지만, 그거랑 상관없이 제발 네가 내 병을 옮지 말고, 정말 곤히 잘 잤으면 좋겠어. 내가 이렇게 깨어있어서 참 다행이다. 너의 밤을 내가 지켜줄 수 있어서, 그런 마음으로 쓴곡이거든요. 제가 여러분께 이렇게 곤히 잘 잤으면 좋겠다고 하는 건, 잘자 이거 뭐 그렇게 큰 말 아니지만 제 입장에서 정말 정말 공들인 고백이고, 또 어떤 저의 순정입니다.

불면증에 시달리는 가수가 자신은 비록 잠을 못 자지만, 그 밤을 지켜주는 노래를 불러준다고 말하니, 그 마음씨가 참 따사롭다. 그래서 그런지 아이유는 다른 아이돌 가수들에 비해서 화려하게 춤을 추는 것도 아니요. 고음을 막 질러대는 가수도 아니다. 어느 순간 그녀는 읊조리듯 참 단순하고, 담백하게 자신의 메시지를 노래로 들려준다.

나에게 영감을 준 수많은 영화가 있지만, 그중 하나를 꼽으라면 '어바웃 타임'이다. 제목을 한국으로 번역하자면 '시간에 대한 단상'이라고 할 수 있겠다. '러브 액츄얼리', '노팅힐'의 리차드 커티스가 감독을 맡았다. 그의 영화 대부분 그렇듯이 '어바웃 타임'도 과하지 않는 유머로 삶을 따스하게 묘사하는 장면이 일품이다. 영화에서는 시간 여행을 할 수 있는 아버지와 아들이 나온다. 이들 부자는 밀폐된 방으로 들어가 주먹을 쥐면 과거를 여행할 수 있는 신기한 능력이 있다. 주인공 팀은 21살에 이 이야기를 아버지로부터 듣는다. 팀은 한 여자의 사랑을 얻기 위해 이 능력을 사용하고 결국에는 그 여자와 결혼한다. 그러나 아무리 시간 여행을 한다고 할지라도 죽음을 멈출 수는 없다. 아버지가 암으로 시한부 선언을 받자, 아버지는 아들에게 시간 여행에 대해 다음과 같은 조언을 한다.

> 아버지는 행복을 위한 자신만의 공식을 말씀해주셨다. 두 가지 단계 중 첫 번째는 일단 평범한 삶을 사는 거다. 그리고 두 번째, 거의 똑같이 하루를 다시 살라고 말씀하셨다. 그리고 처음에는 긴장과 걱정 때문에 볼 수 없었던 세상의 아름다움을 깊게 느끼면서 하루를 다시 살라고 말씀하셨다.

팀은 아버지를 보내고 나서 하루를 두 번 사는 여행을 한다. 그러자, 아버지 말씀대로 처음 하루를 살아낼 때는 보이지 않았던 삶의 아름다운 순간을 발견한다. 살랑거리는 바람, 편의점 직원의 친절한 미소, 함께 웃어주고 등 두들겨주는 동료 등 하루를 그냥 살았을 때는 발견하지 못했던 또 다른 하루의 모습을 발견한다. 그리고 그는 다음과 같이 결단을 한다.

> 이제 난 시간 여행을 하지 않는다. 나의 하루를 특별하면서도 평범한 마지

막 날이라고 생각하며 완전하고 즐겁게 매일 지내려고 노력할 뿐이다. 우리가 할 수 있는 최선은 이 멋진 여행을 즐기는 것뿐이다.

단순하게 산다는 것은, 치장을 없애는 것이다. 본질을 찾아가는 행위이다. 내 삶에 가장 소중한 가치가 무엇인지를 찾아가는 행위이다. 이를 잘하려면 내 보통의 하루를 깊이 들여다보는 삶을 살아야 한다. 시간 여행을 할 수 없는 우리는, 결국 글을 쓰면서 시간 여행을 해야 한다. 교육의 목표는 무엇이어야 하는가? 나는 우리가 흔히 말하는 창조인, 자주인, 이런 거창한 것으로 설명하고 싶지 않다. 그저 우리 학생들이 하루를 값지게 살아가는 습관을 길러주는 것. 거기에 있다고 생각한다. 나는 그중 하나가 글쓰기라고 생각한다. 내 제자가 자신의 하루를 귀히 여기면서 글을 쓰고, 그 하루에 대해 한 줄의 평이라도 남기는 것. 나는 이것이 내 교사 생활의 중요한 목적이라고 생각한다.

사실 내가 글을 쓰는 이유는 고흐가 자화상을 그린 이유와 같다. 나라는 존재가 여전히 살아있음을 증명하기 위해서다. 귀를 자르는 엽기적인 행각을 벌이고 고흐는 다시 그림을 그린다. 어찌할 줄 몰랐던 감정을 잠시 내려놓고, 그림 앞에 선다. 그리고 예술가로서의 초심을 찾는다. 글을 쓰지 않고 그냥 삶을 살면, 내가 어떤 삶을 사는지도 모르게 흘러간다. 지금 세상이 그렇다. 중년에 가까워지면서 재기는 사라지고 건망증만 가득하다. 잠시라도 기록을 하지 않으면, 잊어버리는 일이 많아진다. 어떻게든 흘러가는 하루를 의미 있게 보내고 싶은데, 하는 일 없이 그냥 하루가 소비된다. 그래서 어떻게든 조용히 나를 돌보는 글쓰기 시간을 가진다. 고요하게 멈추는 시간, 오롯이 나를 들여다보는 시간. 이 시간이라도 없으면, 나는 오늘 하루를 또 헛되이 보낼지 몰라서, 두려움 속에서 몇 자라도 오늘 하

고흐, 자화상, 1889

루에 대해 *끄적거린다.*

　순간 터져 나오는 감정들이 있다. 학생들에 대한 분노와 짜증, 갑작스럽게 터져 나오는 그리움, 보고 싶은 어머니, 무기력해진 일상 등 살다 보면, 그냥 나로 살기에 버거운 순간이 있다. 이때 이런 시간을 그냥 흘려보내면, 나중에 더 크게 감정이 폭발한다. 그래서 마음에 무거운 돌덩이가 하나가 느껴질 때, 컴퓨터를 켜고 그냥 글을 쓴다. 일상 속에 이미 들어와 있는 상처들을 *끄*집어내고 그것들과 한참 전면전을 벌인다. '너는 왜 이따위밖에 하지 못하냐' 고 다그치면서도 '그래도 수고했다' 고 스스로 위로한다. 글을 쓰는 순간만큼은 나는 자유인이 된다. 말 걸기가 어색해서 그렇지 한 번 말을 걸면, 언제든지 내 말을 들어주는 상담사가 글을 쓰는 중에 찾아온다.

나는 틈나는 대로 나에게 글을 쓴다. 무슨 고민이 있는지, 무슨 잘못을 했는지, 무엇을 잘했는지 혼자 글로 끄적거린다. 대다수의 글은 가볍다. 정제되지 않은 감정의 한풀이다. 그런데 어떤 순간에는 내가 대작가가 된 듯한 글이 나온다. 번뜩이는 아이디어와 깊은 성찰이 있는 언어가 건져 올려진다.

처음부터 책을 내려고 글을 쓰는 것이 아니다. 그냥 나에게 최선을 다하기 위해서, 하루가 그냥 흘러가는 것이 너무 안타까워서 수업이 없는 시간이나 잠자기 전에 글을 쓴다. 하루를 정리하는 음악을 선택하고 떠오르는 단어를 적는다. 꼭 문장으로 완성하지 않더라도 키워드로 몇 자 적는다. 그러다 보면, 마음속에 있는 단어들이 슬며시 올라온다. 시선, 심미안, 메시지, 커뮤니티, 디자인, 콘텐츠, 어찌 보면 굉장히 일상적인 단어들이지만 우리가 놓치고 있었던 것이다. 글을 쓰지 않았으면 발견하지 못했을 단어들인데, 글을 쓰면서 서서히 이런 단어들이 내 마음에 콕 박혀 있었다.

나는 나로 살았을 뿐인데, 하나의 메시지가 책으로 나오는 과정은 늘 신비롭다. 이것은 글쓰기 능력에 달린 것이 아니다. 탁월한 사유를 하면서 견문을 넓힌 결과물도 아니다. 그냥 엉덩이를 의자에 붙이고, 나로서 최선을 다하기 위해 몇 자를 끄적거렸다. 하루 이틀이 아니라 수년을 그렇게 의자 안에서 나로 살기 위해 버텼다. 소박한 치열함이 모이면 나를 단단하게 하고 삶의 메시지를 만든다. 그리고 이 메시지는 내 수업으로, 학급의 훈화로, 삶의 대화로, 강의로 흘러간다. 수십 년 동안 시를 써온 시인은 말한다. 내가 가진 시인으로서의 특별함은 시적 상상력이 아니라 꾸준함이라고 말이다. 시인으로서 자기에게 칭찬하고 싶은 것은 글쓰기를 포기하지 않았던 것이라고 말한다. 교사로서 나도 나에게 칭찬하고 싶은 것은 내 능력과 상관없이 내 생각을 글로 남기는 것을 포기하지 않았다는 것이다. 수업가로서 자기 메시지를 찾는 데 특별한 능력이 필요한 것이 아니다. 꾸준하게 하루를 기억하면서 나를 세우는 작업, 철저히 나를 위한 글쓰기만이 필요하다.

3장에서는 감성을 넘어서 내 삶의 메시지를 찾기 위해 생각의 시간을 갖는 것에 대해 생각해봤다. 미켈란젤로의 조각상처럼 깊이의 세계를 지향하기 위해서 내 삶의 본질을 찾아 비우고, 삶의 메시지를 찾기 위해서 읽기와 쓰기의 삶을 살면서, 내 삶을 살아내는 것에 대해 고민해봤다. 읽기와 쓰기의 삶. 메시지가 있는 삶. 이미 교사라면 당연하게 해야 한다고 들어봤을 말이다. 그런데 문제는 교육자인 우리가 하지 않고 있다는 것이다. 학생들에게는 끊임없이 말하는 것이지만, 정작 우리가 하지 않았다. 우리

알메이다, The Guitar Player, 1899

가 잘 알듯이 위대한 것은 가장 작은 것에서 시작된다. 한 명의 교사로서 내가 주체로 사는 것은 그냥 완성되는 것이 아니다. 가만히 있다고 해서 누가 나를 교사라고 생각해주지 않는다. 가르치는 자로서의 메시지가 있을 때, 비로소 남들도 나를 교사로서 인정해준다.

메시지는 거창한 것에 있지 않았다. 내 지극히 평범한 일상, 그 일상을 귀히 여기면서, 그 속에 있는 아름다움을 찾아내는 것에 있었다. 내 평범한 일상 속에서 학생들을 자라게 하는, 감성과 메시지가 있다. 그것은 힘든 현실에서도 내 생각과 감성을 글로 표현하면서, 내 삶을 노래할 때 찾을 수 있다. 내 결핍의 글들이 위로의 수업으로 재탄생한다.

정말 그럴 때가 있을 겁니다
어디 가나 벽이고 무인도이고
혼자라는 생각이 들 때가 있을 겁니다

누가 "괜찮니"라고 말을 걸어도
금세 울음이 터질 것 같은
노엽고 외로운 때가 있을 겁니다

내 신발 옆에 벗어놓았던 작은 신발들
내 편지봉투에 적은 수신인들의 이름
내 귀에다 대고 속삭이던 말소리들은
지금 모두
다 어디 있는가
아니 정말 그런 것들이 있기라도 했었는가

그런 때에는 연필 한 자루 잘 깎아

글을 씁니다

사소한 것들에 대하여

어제보다 조금 더 자란 손톱에 대하여

문득 발견한 묵은 흉터에 대하여

떨어진 단추에 대하여

빗방울에 대하여

정말 그럴 때가 있을 겁니다

어디 가나 벽이고 무인도이고

혼자라는 생각이 들 때가 있을 겁니다

— 이어령, '정말 그럴 때가'

쓰다 [동사]

1. 머릿속의 생각을 종이 혹은 이와 유사한 대상 따위에 글로 나타내다.

• 당신은 주로 무엇으로 삶을 기록하나요?(글쓰기, 사진, 메모, 녹음, SNS 등)

• 수업에서 주고 싶은 메시지를 찾기 위해 무엇을 하고 싶은가요?

4장

커뮤니티

나를 세우고
우리를 만들다

스페인에서 미술 교사인 아버지 밑에서 자란 피카소는 화가로서의 명성을 떨치기 위해 파리로 온다. 18살의 자화상에 화가로서 성공하기 위해서 출사표를 던지는 피카소의 강한 눈빛이 인상적이다. 굳게 다문 입술, 날카로운 턱선에서 신입 화가의 당찬 기운이 강하게 느껴진다.

피카소, 자화상, 1900

신입 교사 시절의 나를 돌아본다. 나는 어떤 교사였는가? 군 장교 생활을 마치고 교사가 되었을 때, 나는 뭐든지 할 수 있었다. 힘든 군 생활도 여러 동료 장교와 부하들에게 인정을 받았기에, 교사 생활도 군대처럼만 하면 잘 할 수 있다고 생각했다.

하지만 현실은 달랐다. 군대처럼 착착 움직여야 할 학생들은 굼떴고, 기대만큼 학생들이 따라주지 못하는 것에 화를 많이 냈다. 이로 인해 여러 선배 선생님으로부터 경고도 받았다. 수업으로 학생들에게 의미 있는 성장을 주고 싶었지만, 의욕만 앞섰지 학생들과 어떻게 호흡을 맞춰야 하는지 전혀 준비가 되어 있지 않았다. 학생들과의 계속되는 잡음에 동료 선생님들은 나를 교사로서의 전문성이 떨어지는 자로 생각했다. 이런 외부적인 평가를 불식시키기 위해 더 노력을 했으나, 학교는 군대가 아니었다. 명령과 규칙을 하달하기보다는 한 사람의 마음에 다가서는 것이 우선이었다. 이렇게 투박하게 실수투성이로 살아가니 학교에서 나는 혼자였다.

피카소도 마찬가지였다. 스페인에서는 그림의 천재로 인정받았지만, 파리에서는 아무도 자신을 봐주지 않았다. 실력이 있다고 자부하면서, 파리의 미술인들로부터 좋은 평가를 받으려 했으나, 사람들은 피카소가 누군지도 몰랐다. 그나마 자신의 옆에서 모델이 되어주고 위로를 해줬던 친구도, 극단적인 선택으로 세상을 떠났다. 이때 피카소는 어두운 마음을 자화상으로 표현했다. 20살의 자화상에는 힘이 많이 떨어진 모습으로 황량하고 쓸쓸한 내면이 청색으로 표현되었다.

나는 이 느낌을 조금은 안다. 누군가 자신을 도와주기를 바라지만, 주변에 아무도 없는, 외로운 섬과 같은 느낌. 내 수업, 내 학급에 대해서 조언을 듣고 싶었으나, 나는 선배 교사들을 먼저 찾아갈 용기가 없었다. 저절로 학교 밖 교사 모임에 관심을 가질 수밖에 없었다. 우연히 교사 잡지를 통해 알게 된 '사랑말국어교사모임'. 그 모임에서 내건 한 문장이 내 마음에 다가왔다. "학생들의 삶을 성장시키는 수업을 하고 싶으십니까?" 지금은 너무 흔한 말인데, 외로운 신입 교사의 마음에는 찌르르한 게 들어왔다. 교사로서 준비가 덜 된 사람이었지만, 교사이기에 '삶으로 가르친다' 이런 말

피카소, 자화상, 1901

에 괜스레 마음이 떨렸다.

무작정 그 모임에 갔고, 나는 그곳에서 김재균이라는 내 평생의 멘토를 만났다. 이 첫날을 잊지 못한다. 두려운 마음으로 찾아간 장소는 이화여대 한 대학 세미나실. 총 다섯 명의 선생님이 있었고, 그곳에서 앎과 삶을 일치시키는 수업을 재균 선생님께 배웠다. 학교생활이 내내 외로웠는데, 푸근한 형님처럼 알려주는 가르침에 나는 깊은 감동을 받았다.

1907년 26살의 피카소가 그린 자화상이다. 이때부터 피카소는 자기 색깔이 있는 화가로 인정받게 된다. 눈에 보이는 대로 그리는 것이 아니라, 형태의 가장 본질을 찾아서, 형을 단순화하고 3차원적인 시선으로 그림을 그려내려고 했다. 이렇게 의욕적으로 모험을 펼치게 된 것은, 올리비에라는 여인을 만나 사랑을 하고, 동료 브라크를 만났기 때문이다. 여기서 미술

피카소, 자화상, 1907

사의 한 획을 긋는 '입체주의'가 탄생한다. 이때부터 그는 사람들의 주목
을 받고, 가장 혁신적인 미술가로 추앙받는다.

　2년 정도 학교 밖 교사 모임을 나가자, 수업을 보는 나름의 시선이 생겼
다. 수업을 '마음열기-생각쌓기-날개달기-접속하기' 4단계 방식으로
하면서, 앎과 삶이 일치되는 수업을 했다. 이런 수업 방법이 학생들에게 어
떤 변화를 일궈내는지를 정리하고, '좋은교사'라는 잡지에 '김태현의 국
어 수업 이야기'로 원고를 투고했다. 동기는 단순했다. 나를 드러내고 싶
었다. 신입 교사 시절 받아온 '김태현은 교사로서 준비가 덜 된 사람이야'
라는 시선에 내 글로 '그렇지 않다'라고 외치고 싶었다.

　이때 즈음 나는, 내 이름을 알릴 수 있는 곳이라면 다 나서기 시작했다.
주변의 도움으로 신문 칼럼, 잡지 원고, 단행본 작업을 다 쫓아다니면서 했

다. '김태현의 국어 수업 이야기'는 3년 가까이 썼고, 여러 지역에 1정 연수 강사로 서서히 위촉되면서, 신임 교사 때의 열등감을 부단히도 씻어내려고 했다. 나를 드러내기 위해서 달렸다. 나를 찾는 곳이라면 거절하지 않았다. 집이 인천에 있었는데, 전남, 광주, 충남, 제주, 경북 등 안 간 곳이 없었다.

'나는 교사인가? 강사인가?' 그렇게 외부로는 수업 잘한다고 소문내고 다니는데, 내가 돌보는 학생들을 진짜 잘 가르치고 있는지를 어느 순간 묻게 되었다. 외부 강의를 나가서는 연기를 하기 바빴다. 내가 수업에 대해 많은 고민을 하는 것처럼, 내 수업에서 학생들에게 진짜 큰 변화가 일어난 것처럼 나를 꾸몄다. 과장된 몸짓으로 쇼를 하고 돌아오면, 초라한 나와 마주했다. 여전히 학교에서는 학생들에게 마음으로 다가서지 못하고, 내가 원하는 대로 수업이 되지 않으면 화를 내는 나를 보았다. 학교 밖에서는 훌륭한 강사로 인정받을지 모르겠지만, 학교 안에서는 한없이 부족한 교사였다. 강사는 말재주로 인정받을 수 있지만, 교사는 재주가 아니라 진심으로 다가서야 하는 것을 나는 아직 깨닫지 못했다.

본질은 추구하지 않고, 초임 시절 콤플렉스를 이겨보자며 사람들에게 인정받기 위해 몸부림치는 내가 한심스러웠다. 조금 못해도 되고, 덜 인정받아도 되는데, 그냥 그 현실을 나라고 받아들이고 마음 편하게 살면 되는데, 무엇 때문에 이토록 달리고 있는지 나 자신을 이해할 수가 없었다. 분명히 내 안에서는 멈추라고 하는데, 나는 그럴 수 없다고 계속 나를 포장하고 꾸미는 삶에 열중했다.

나의 내면은 이토록 황량하고 쓸쓸한데, 반대로 나에 대한 외부의 평가는 올라갔다. 학교 밖 선생님들은 나를 학생들을 위해 수업 준비를 열심히 하는, 좋은 교사라고 인정해줬다. 급기야 내가 주강사가 되어서 좋은교사

'행복한수업만들기' 세미나가 이뤄졌고, 이후에 선생님들이 같이 수업 연구를 하자면서, 행복한수업만들기 교과 모임 등이 생겨났다. 나는 졸지에 모임을 총괄하고 기획하는 '부위원장' 자리에 서게 되었다. 나만 보고 달렸던 자가, 이제는 타인도 보면서 달려야 하는 처지가 되었다.

하우스 오브 카드(House of card), 말 그대로 카드로 만든 집이다. 언제든지 훅 불면 사라지는 모래성 같은 것이다. 내가 그랬다. 나라는 존재를 열심히 꾸미고 포장해서 여기까지 왔는데, 사람들이 내 실제보다 나를 높이 평가해주는 것 같아서 두려웠다. 내 안에 있는 욕망의 실체를 알면 사람들이 지금과 같이 나를 보지 않을 거라 생각하면서, 조용히 사라지고도 싶었다. 하지만 여기서도 인정 욕구는 발동했다. 내가 공식적인 모임으로 남을 돕는 교사가 되면, 더 좋은 사람으로 인정받을 거 같아서 그 밧줄을 잡아다 내 삶에 매었다.

아무 소리도 없이 말도 없이
등 뒤로 털썩
밧줄이 날아와 나는
뛰어가 밧줄을 잡아다 배를 맨다
아주 천천히 그리고 조용히
배는 멀리서부터 닿는다

사랑은,
호젓한 부둣가에 우연히,
별 그럴 일도 없으면서 넋 놓고 앉았다가
배가 들어와

던져지는 밧줄을 받는 것

그래서 어쩔 수 없이

배를 매게 되는 것

— 장석남, '배를 매며' 전반부

사랑은 넋 놓고 앉았다가 던져지는 밧줄을 매면서 시작된다. 내 삶을 '행복한수업만들기' 교사 모임에 잡아매니, 신은 내게 두 사람을 선물로 보내주셨다. 그 두 사람은 이규철과 김효수였다. 이들은 본래 품성이 이타적이라 공감 능력이 뛰어났다. 이규철 선생님은 나보다 10년 선배로 선생님들의 아픈 이야기를 잘 들어주는 경청 능력이 있었고, 김효수 선생님은 2년 후배지만, 선생님들을 힘들게 하는 교육 구조에 누구보다 애통함이 있었다. 이 둘은 나와 달리 어떻게든 전심으로 선생님들을 도우려 했다. 나는 나를 높이기 위해서 이 모임을 선택했지만, 이 둘은 정말 교사들을 도우려고 애를 썼다. 선생님들에게 도움이 될 만한 수업 자료를 만들고, 수업 세미나를 열었다. 전심으로 움직이는 두 사람 옆에 있으니 나도 같이 움직이지 않을 수 없었다. 공명심을 내려놓고 공감의 시선으로 교사들을 봤다. 그러자 내 눈에도 수업에서 고통받고, 학교에서 상처 입은 교사들의 맨살이 보였다. 아픈 선생님들의 모습에 나도 모르게 손이 내밀어졌다. 그러자 내 작은 도움에도 위로를 받는 사람이 나타나기 시작했다. 정말 소박하고 작은 위로, 내가 무심코 던진 한마디, 내가 전해준 메시지 하나에 선생님들이 회복되는 것이 보였다.

어떻게든 나를 드러내고 돈을 벌기에 급급했던 내가, 아무런 대가 없이 선생님들의 수업을 코칭해주고, 출판 인세를 공동체에 기부하는 삶을 살았다. 그냥 편하게 있어도 되는 방학에는, 선생님들에게 도움을 줄 연수들을 기획하기 위해 머리를 써야 했고, 전국을 돌아다니면서 선생님들을 만나고 설득하는 시간을 가졌다.

왜 이렇게 되었을까? 나만을 바라보면서 살았던 내가, 왜 옆에 있는 동료 교사들까지도 챙기면서 가려고 하는 걸까? 솔직히 모르겠다. 나에게 언제부터 동료 교사들을 돕고자 하는 진실한 마음이 생겼는지, 그때가 정확히 기억나지 않는다. 다만, 분명한 것은 좋은 사람들과 오랫동안 함께하니, 내 삶이 그들의 좋은 점을 닮아갔다는 것이다.

잔잔한 바닷물 위에
구름과 빛과 시간과 함께
떠 있는 배

배를 매면 구름과 빛과 시간이 함께
매어진다는 것도 처음 알았다
사랑이란 그런 것을 처음 아는 것

빛 가운데 배는 울렁이며
온종일을 떠 있다

— 장석남, '배를 매며' 후반부

처음에 수능 문제로 이 시를 가르칠 때, 배를 매면 구름과 빛과 시간이 함께 매어진다는 것이 무엇인지를 몰랐다. 그런데 이규철, 김효수 선생님과 함께하면서, 내 삶의 시선이 '나'에서 '너'로 변화해가는 모습을 보면서, 사람의 만남이 그리 단순한 것이 아님을 알게 되었다. 서로 손을 잡고 같은 곳을 바라보니, 구름과 빛과 시간이 함께 매어졌다. 각자 살아온 인생까지 함께 매여 하나의 공동체를 이루고 있었다. 특히 나 같은 개인주의자가 두 사람이 살아온 인생과 함께하니, '나'라는 존재를 넘어 '우리'를 보게 되었다.

돌이켜보면 공동체의 삶은 늘 나의 한계를 경험하고 나를 깎는 고통스러운 시간의 연속이었다. 남들과 함께 가기 위해서 내 속도를 늦춰야 했고, 다른 사람의 의견을 들어야 했다. 처음에는 같은 생각을 품었다가 방향이 다르다고 떠나가는 사람도 많았다. 붙잡고 싶었지만, 알량한 자존심이 그 사람을 잡지 못하게 했다. 내 작은 언행에 상처받고 나에게 악담을 퍼붓는 사람도 있었다. 오해를 풀고자 머리를 숙였지만, 끝까지 마음을 닫고 그냥 떠나간 사람도 있었다.

이처럼 공동체와 함께하는 삶은 늘 나에게 한계를 경험하게 한다. 그럼에도 나는 공동체를 떠나지 않았다. 나의 작음을 경험하지만, 그것으로 더 성숙해지는 나를 보았기 때문이다. 공동체 안에서 훌륭한 선생님들과 함께 있으면, 내 모습은 한없이 초라하다. 처음에는 이것을 인정하지 않고 나를 더 꾸미려 했지만, 그것은 불가능하다. 오랫동안 사람들과 깊이 만나다 보면 내 밑천이 드러나기 때문이다. 그런데 이때, 좋은 사람들은 내 빈틈을 메워준다. 굳이 나를 꾸미려 하지 않아도, 나를 존재로 봐주는 사람들이기에 그냥 나를 드러낸다. 나는 나를 포장하는 자였다. 탁월한 교사로, 능력이 있는 교사로 나를 꾸미려 했지만, 그렇게 하면 할수록 더 두렵고 불안했다. 삶은 이중적이었고, 교육의 본질에 비켜서게 되었다. 하지만 좋은 사람들과 오래 함께하다 보니, 허술해지는 나를 넉넉하게 이해하게 되고 내 빈틈을 채우는 동료들 때문에 교사로 살아가는 것이 그렇게 외롭지만은 않았다. 큰 손해를 감수하면서도 왜 공동체에 머무는가? 그곳에서 나의 약함을 인정하면서도 성장하는 법을 배우기 때문이다. 내 인격이 깎이고 다듬어지면서 내 시야가 더 깊어지고 넓어지는 것을 경험하기 때문이다.

교사는 무엇으로 성장하는가? 스스로 수업 기술을 익히고, 여러 교육 아이템에 숙달하면서 교사의 전문성은 성장한다. 그러나 더 근본적인 성장은 여러 사람과 부대끼면서, 자신의 모난 인격이 둥글어지면서, 더 많은 사람을 내 안에 들여놓을 때 성장한다. 불행히도 학교에서 이런 경험이 없는 분들이 관리자가 되면, 그 학교는 공동체가 되지 못한다. 교사들의 마음을 알아주지 못하고, 강압적인 힘으로 교사들을 움직이려 한다. 마음을 울리는 한 마디만 해줘도 교사들은 스스로 움직이는데, 그 한 마디를 찾는 관리자가 드물다. 공동체적 경험이 없는 관리자는 자존감이 약하다. 무엇을 건의해도 반항을 한다고 생각한다. 우리의 학교이기에 의견을 개진한 것뿐인데, 자신의 권위에 도전한다고 생각한다. 성장하지 않은 사람은 이렇게 사람을 오해하고 상처 입히는 말을 많이 한다.

피카소는 90세를 넘기까지 장수를 했지만, 그의 말년은 평안하지 않았다. 가족 간의 불화, 성기능 장애로 생긴 내면의 불안감 등 피카소는 하강하는 자신의 정신과 내면을 잘 지키지 못했던 거 같다. 그래서 말년의 그림에는 혼란스럽고 불안한 내면이 그대로 드러난다. 화가로는 성공했을지 모르지만, 한 인간으로서 피카소는 성장이 멈췄다. 말년으로 갈수록 피카소는 동료 예술가들의 능력을 질투하면서 관계가 틀어지고, 문란한 사생활로 재산 분쟁, 자녀들의 싸움을 지켜봐야 했다. 이런 인생의 회한이 그가 죽기 전에 그린 자화상에 그대로 나타난다.

나는 어떤 교사가 되고 싶은가? 이제는 탁월한 능력이 있는 교사보다는 좋은 사람들과 함께 계속 성장하는 교사가 되고 싶다. 단순히 수업 기술이 향상되는 그런 교사가 아니라 사람을 보는 눈이 깊어지는 교사가 되었으

피카소, Self Portrait Facing Death, 1972

면 한다. 학생들의 무례함도 넉넉한 웃음으로 넘기고 동료 교사의 장점을 잘 찾아서 그를 공동체에 잘 세워주는 교사가 되고 싶다. 어떻게든 나를 세우기에만 급급했던 내가, 우리를 더 생각하는 사람으로 변했다는 것이 스스로도 기특하다.

　한 교사가 성장하기 위해서는 어떤 능력을 완벽하게 장착하는 것이 아니라 자신의 약함을 인정하고 그것을 그대로 사람들에게 드러내는 편안함이 있어야 한다. 자신의 약함조차도 이해하고 수용해주는 공동체, 그 안에서 끊임없이 서로 부대끼며 한 명이 아닌 여러 명의 삶으로 같이 살면, 시야가 넓어지고 깊어진다. 탁월한 개인은 빨리 갈 수 있지만, 오래 갈 수는 없다. 교육의 복잡성을 한 개인이 따라잡기란 너무 힘이 든다. 어느 순간 기력이 떨어지고 시야도 좁아진다. 그때 함께하는 사람들이 없다면, 불현듯 찾아오는 외로움과 좌절에 힘을 쓸 수가 없다. 결국에는 함께 가는 사람이 많을수록, 교사로서의 존엄을 지키고 끝까지 성장해갈 수 있다.

이미 내 신체는 약해지고 있다. 이 글을 쓰는 동안 시력이 더 나빠졌다. 총명했던 정신도 희미해질 때가 한두 번이 아니다. 늙음을 조금씩 경험하니, 나는 더 작아진다. 그래도 이런 나를 따르는 동생들이 있어 마음은 편안하다. 어느 순간 나를 형이라고 부르는 교사 후배들이 생겼다. 이규철, 김효수 선생님이 나의 좋은 친구가 되어주니, 나도 누군가에게 좋은 친구가 되고 있었다.

사람이 사람을 만나 서로 좋아하면
두 사람 사이에 서로 물길이 튼다
한 쪽이 슬퍼지면 친구도 가슴이 메이고
기뻐서 출렁이면 그 물살은 밝게 빛나서
친구의 웃음소리가 강물의 끝에서도 들린다

큰 강의 시작과 끝은 어차피 알 수 없는 일이지만
물길을 항상 맑게 고집하는 사람과 친하고 싶다
내 혼이 잠 잘 때 그대가 나를 지켜보아 주고
그대를 생각할 때면 언제나 싱싱한 강물이 보이는
시원하고 고운 사람을 친하고 싶다

— 마종기, '우화의 강' 중에서

공동체에 속해야 한다는 이 당위적인 말이 혼자 하루를 버티는 교사들에게 큰 부담으로 다가올 것이다. 누군가와 함께하고 싶지만, 그럴 시간적 여유와 마음의 공간이 없는 분이 많다는 것을 안다. 고단한 삶에서 또 다른 무엇인가를 한다는 것은 큰 부담이다. 하지만 분명히 말하고 싶은 것은, 그래서 공동체에 속해야 한다는 것이다. 공동체는 작은 자들의 연합체다. 혼자 살지 못하기 때문에, 함께 있는 이유다. 누군가에게 인정받기 위해서 공동체에 속하는 것이 아니라, 내가 약하기 때문에 공동체에 속한다. 주변에 두세 사람이 모여서 작은 자들의 모임을 만들어보자. 공동체라는 말이 부담스럽다면, 커뮤니티라는 말을 사용해서 취미 커뮤니티를 만들어보자. 수다 커뮤니티를 통해서 서로의 약함을 말하고, 이를 극복하기 위해서 책을 읽는 독서 커뮤니티로, 혹은 여행 커뮤니티로, 글쓰기 커뮤니티로 나아가보자. 모임을 오래 지속하다 보면, 여기에 들어오고 싶어 하는 교사들이 생긴다. 그들을 초대하면서, 그 안에서 따뜻한 안전지대를 만들고, 서로의 작음을 고백할 때, 그 안에서 보통의 하루를 견디는 힘이 생긴다.

앞서 1, 2, 3장에서 나를 세워가는 교사의 모습을 고민해봤다. 이번 4장부터는 한 개인이 공동체와 함께하는 성숙한 개인주의의 삶을 생각해보려고 한다. 교사의 삶에서 학생을 잘 가르치는 것만큼, 교사인 내가 한 인간으로 천천히 성장해가는 것도 중요하다. 배움과 성장 없이 학생들 안에서 온전한 가르침을 줄 수 없기 때문이다. 나는 나로 완전해지는 것이 아니라, 남과 함께 완전해진다. 이로써 내 마음과 시야가 더 넓어져서 '나'에서 '우리'가 되어가는 것. 이것이 지식을 넘어서는 삶의 진짜 배움이다. 교사인 우리가 이것을 자기 삶으로 먼저 도전해야 할 때다. 뻔한 말이지만 이 말은 진리다.

'혼자 가면 빨리 가지만, 함께 가면 오래 간다.'

성장하다(成長하다) [동사]

1. 사람이나 동식물 따위가 자라서 점점 커지다.

- 나를 교사로 성장시켜 준 커뮤니티가 있나요?

- 한 교사로 성장하는 데 있어서 가장 도움을 준 사람은 누구인가요?

연구 공동체
수업코칭연구소를 만들다

빛의 화가 렘브란트는 명상하는 철학자의 모습을 참 소박하게 표현한다. 명상에 잠긴 얼굴을 크게도 표현할 만도 한데, 오히려 렘브란트는 철학자를 큰 어둠 속에 몰아넣고, 인물을 작게 표현한다. 부산스럽게 불을 피우는 노파, 어지러이 내려오는 계단, 불안하게 걸려 있는 바구니. 일상의 소소한 것들이 철학자의 명상을 방해한다. 그러나 그럼에도 철학자는 두 손을 바지런히 모으고 명상을 한다. 짙은 어둠 속에서도 철학자는 희망을 찾기 위해 고뇌하고 있는 것일까? 렘브란트는 참 따뜻하게 철학자를 바라보면서 그의 얼굴에 은은한 황색 빛을 고요히 비춘다.

나도 일상의 분주함 속에서도 수업으로 고뇌하는 교사들의 모습을 그냥 지나칠 수 없었다. 능력이 충분이 있음에도 자존감이 바닥에 떨어져 있는 선생님들을 돕고 싶어서, 2012년 좋은교사 행복한수업만들기를 이끌었던 이규철, 김효수 선생님과 함께 수업코칭연구소를 만들었다.

처음에는 수업코칭연구회로 했다가, 단순 모임이 아니라 전문적인 연구

렘브란트, Philosopher in Meditation, 1632

성을 갖추기 위해서 연구소로 바꿨다. 보통 연구소 하면 대학 교수 정도는 있어야 하는데, 우리는 그냥 현장 교사들만 모였는데도 연구소라고 했다. 이유는 간단하다. 교대, 사범대 교수님들에게는 무척 실례가 될 수도 있겠지만, 교수님 대부분은 수업 코칭을 해본 적이 없다. 연구자의 시선으로 수업에 관한 논문을 많이 쓰지만 주로 교과 지식에 관한 연구이지, 교사의 수업 역량을 깊게 연구하고 변화시킨 분은 드물다. 수업 성장에 관한 전문성은 오히려 학교에서 학생들과 씨름하고 수업에 대한 연구를 하는 현장 교사들이 더 깊다고 할 수 있다.

교사들은 늘 전문가로 평가받고 싶다. 그러나 현실은 그렇지 않다. 학원 강사보다 말하기 능력이 떨어지고 교수보다 연구 능력이 떨어진다고 본다. 그래서 교육에 대해 이야기할 때, 교사들의 의견을 잘 들으려 하지 않는다. 교육부에서 주관하는 위원회를 보면, 교수는 많이 있어도 교사들은 없다. 결국 이런 현상을 불식시키기 위해서는 우리 교사들이 교육의 영역에서 전문성을 쌓고 이를 밖으로 잘 알릴 필요가 있다.

다행히도 최근에는 교사들이 책을 많이 내고 있다. 그리고 그 책들은 교사들에게 많은 사랑을 받고 있다. 교육 서적 판매 순위를 보면, 교수들의 책보다 교사들의 책이 훨씬 많다. 교사들이 낸 책들은 잘 읽힌다. 현장에서 이뤄진 땀의 언어이기 때문이다. 이론가가 아닌 현장 실천가의 시선으로 이뤄진 몸의 언어. 그 속에서 우리는 감동받고 도전받는다. 성공담과 실패담이 적절히 섞여 있어서 시행착오를 줄여준다.

나는 늘 교사 성장에 관한 고민이 많았다. 그런데 연수 기관에서는 교사 성장을 특정 기술을 연마하는 것으로만 생각하고, 무너진 교사의 내면을 잘 헤아려주지 않았다. 많은 교사가 자존감이 무너져서 삶의 밑바닥에 있는데, 자꾸만 무엇인가를 하라고 하는 교육 정책은 교사들을 더 힘들게 하고 있었다. 이에 2012년 여러 선생님과 함께 수업코칭연구소를 시작하기로 했다. 비전을 제시하고 그 뜻에 동의하는 선생님들을 공개적으로 모집했다.

1. 세우다 _ 수업으로 고통받는 교사들의 아픔을 이해하고 마음을 다시 세울 수 있도록 내면의 힘을 준다

2. 나누다 _ 따뜻한 수업나눔을 통해 수업에 대한 자존감을 높이고 수업에 다시 도전할 수 있는 용기를 준다.

3. 성장하다 _ 학교 안에서 마음으로 서로 연결되는 안전지대를 만들고 함께 성장할 수 있는 수업 공동체를 만든다.

연구소가 만들어질 때, 혁신학교 운동이 일어나고 있었다. 우리 교육 안에서 변화와 혁신을 기대하는 에너지가 분출되고 있었다. 이때 수업코칭연구소는 많은 분이 놓치고 있는, 교사의 내면을 집중해서 들여다봤다. 그리고 '교사가 수업이 잘 안 되는 것은 수업 기술의 부족이 아니라, 수업을 계속할 수 있게 하는 용기가 없어서이다'라고 말하고, '수업에 계속 도전하게 만드는 지지 그룹을 만들어야 한다'면서 '수업친구만들기' 운동과 성찰 질문을 통해 수업을 깊게 들여다보게 하는 '수업나눔' 운동을 했다.

수업코칭연구소에서 하는 수업나눔은 보통 학교에서 하는 수업협의회와는 성격이 다르다. 수업을 교사 삶의 흔적으로 보고 이 안에서 교사가 어떤 고민을 했고, 어떤 의도를 가졌는지를 물어본다. 수업나눔의 핵심은 수업을 본 사람들이 말을 많이 하는 것이 아니라 수업자에게 질문하는 데 있다. 수업자 선생님이 자신의 수업을 더 깊이 들여다보도록 말을 걸고 그의 이야기에 집중한다. 이를 통해 수업 속 자신의 진짜 고민을 찾고 이를 해결할 수 있는 내면의 힘을 주려고 했다. 이 수업나눔 운동은 『교사, 수업에서 나를 만나다』의 출간과 함께 많은 교사에게 큰 반향을 일으켰다.

이후에 2012, 2013, 2014년에 수업코칭활동가 1, 2, 3기를 운영하고 2017년부터는 지역 모임으로 수업나눔 운동을 진행했다. 매달 한 번씩 모여서 수업나눔을 하면서, 어디서 교사들이 내면적으로 힘들어하는지, 그 고민을 해결하려면 무엇을 해야 하는지를 연구했다. 그리고 공동체 안에서 수업코칭, 수업나눔의 책을 집필하고, 전국 단위의 수업 축제 행사를 개최하면서 현재까지 왕성하게 활동하게 되었다.

이상하다. 학교에서는 무엇인가를 하려고 하면 잘 안 되는데 왜 이분들은 굳이 수업코칭연구소에 그것도 주말에 모여서 이 모임을 하려고 하는 것인가? 학교에서 수업을 공개하고 수업협의회를 하라고 하면 다들 빼는데, 왜 연구소에서는 서로 수업을 공개하겠다고 하는지. 얼핏 이해가 되지 않는다. 학교 안에서는 전문적 학습 공동체를 하라고 하면 형식적으로 참여하려고 하는데, 이 수업코칭연구소에서는 월 2만 원 이상 내야 하고, 승진 점수나 연수 학점도 없는데, 왜 이분들은 이렇게 연구소에 모여서 자신의 수업 이야기를 하려고 하는 것일까? 이것은 비단 내가 속한 연구소뿐만이 아니다. 학교 밖 공동체 모임들을 보면, 시간적으로 물질적으로 많은 헌신이 필요하다. 그런데도 교사들은 왜 모이는 것일까?

그 이유는 교사가 학교 안에서 성장의 기쁨을 맛보지 못하기 때문이다. 교육부, 교육청, 학교는 협력과 소통의 문화가 없다. 서로 토의하지 않는다. 물어보지 않는다. 원칙을 세우고 그냥 하달한다. 이상하다. 교육의 본질은 마음과 생각의 연결인데, 교육 기관을 자처하는 행정 기관들끼리 이런 연결을 찾아보기 힘들다. 그런데 더 큰 문제는 이 불통의 상태에서 다들 무엇인가 열심히는 한다는 것이다. 교육부는 교육부대로, 교육청은 교육청대로 끊임없이 예산을 만들고 계획안을 하달한다. 하지만 마음을 얻지 못하는 온갖 정책과 문서는 왜곡되어 실천된다. 교사는 정책의 기계적인 이행자가 되어 실천하는 흉내만을 보여준다.

나는 학교 안에만 있으면 머리가 먹통이 된다. 무슨 회의를 하려고 하면, 생각이 나지 않는다. 밖에 나가면 이 생각, 저 생각을 잘도 이야기하는데, 왜 학교 안에만 있으면 나는 아무 생각이 나지 않는 걸까? 회의에서 내 의견을 물어보면, 이미 나온 안건 외에 할 말이 없다. 왜 그럴까? 그리고 설사 무슨 창의적인 생각이 났다 해도, 나는 침묵한다. 왜? 잘못하다가는 내가 일을 다 끌어안을 수 있기 때문이다. 이렇듯 나는 학교 안에만 들어오면, 바보가 되고 침묵쟁이가 된다.

예전에 군 복무 시절에 휴가를 나갈 때면, 군대 밖은 정말 평화로웠다.

냄새부터 다르다. 살랑거리는 바람, 자유롭게 거니는 사람들. 군대 안의 모습과는 전혀 다르다. 이곳에서 나는 자유인이 된다. 그런데 이 마음은 군대 안으로 들어오면 확 닫힌다. 얼룩무늬의 건물들, 똑같은 옷에 똑같은 머리를 하고 질서 정연하게 움직이는 군인들. 분명 겉으로 볼 때는 질서가 있고 위계가 있는 곳이지만, 이곳 안으로만 들어오면, 그 정서적인 공기가 나를 숨 막히게 한다. 불행히도 내게는 학교가 그렇다. 비겁한 변명인지는 모르겠지만, 학교에서는 창의적인 작업을 할 수가 없다. 사실 우리 학교 정도면 온화한 교장 선생님과 의사소통도 제법 되는 괜찮은 학교인데도, 학교 안에서는 무엇을 새롭게 시도하는 것이 버겁고 힘들다.

나도 내 재능을 마음껏 발휘하면서 뭔가 학교다운 학교를 만들고 싶은데, 왜 나는 이곳에 마음을 두지 못하는 것일까? 한때는 나도 학교 안에서 무엇인가를 열심히 해보려고 애를 썼다. 그러나 점차 학교 안에서 에너지를 쓰기가 싫어졌다. 내게 큰 잘못을 한 사람도 없는데, 왜 나는 이렇게 학교에 있는 것을 힘들어하게 된 것일까?

이것은 비단 한 학교의 문제가 아니라 교육 기관 전체에 흐르는 문화의 문제다. 서로 소통하고 교육의 본질을 찾아 나서는 것이 아니라, 문서 행정으로 비본질적인 것에 몰두하고 있으니, 교사들은 쉽사리 학교 안에서 에너지를 쓰지 않는다.

학교는 교육의 시선이 존재해야 한다. 그 시선은 일반인의 그것과는 다르다. 교육은 더 먼 곳을 보고, 더 본질적인 것에 집중해야 한다. 그런데 교육 기관에는 그런 교육의 시선이 보이지 않는다. 입시 행정 기관으로 전락했고, 모든 정책은 입시로 귀결되고, 여론을 살핀다. 교육에 가치를 두고 뚝심 있는 정책을 펼쳐야 하는데, 교육 관료들은 그런 철학이 없다. 코로나 사태에서 그들은 갈팡질팡했다. 날마다 지침이 달라졌다. 그리고 학교에 관한 소식을 공문이 아닌 포털 뉴스로 듣는 기이한 현상이 벌어졌다.

여기에서 교사는 자존심이 상한다. 나를 인정해주는 사람에게 충성을 다하지, 그렇지 않고 나를 소모품으로 취급하는 사람들에게는 충성하고 싶지 않다. 왜 학교 혹은 교육청 차원에서 하는 모임에 교사들이 자발적으로 모이지 않는가? 그 속에는 교사의 아픔에 귀 기울여주고, 그 마음에 다가서는 언어가 없기 때문이다. 특정 결과를 보여주기 위해 교사를 도구적으로 이용한다는 것이 느껴지기 때문에 교사들은 관 주도 모임에 잘 나가지 않는다.

왜 많은 교사가 우리 수업코칭연구소뿐만 아니라 학교 밖 모임에 열심을 다하는가? 간단하다. 학교, 교육청, 교육부가 제구실을 못하니 스스로 자경단이 되어서 자신을 구하려고 몸부림을 치는 것이다. 수업코칭연구소는 다른 것보다 교사의 존재에 집중했다. 교사들의 내면 탐색을 통해 진짜 고민을 찾게 하고, 이를 바탕으로 자신의 수업 능력을 향상시키는 힘을 찾게 했다. 집단 지성을 발휘하여 연구 과제를 만들고 이를 일 년 동안 같이 공부하게 했더니, 단행본으로 책을 내고, 학술지에 논문이 게재되면서 박사 논문까지 통과하는 선생님들이 나왔다. 보통의 교사들이 마음을 모으고 생각을 합하니, 교육자로서의 전문성이 향상되는 것을 눈으로 직접 볼 수 있었다. 이런 모습은 학교 밖에서 자율적으로 모이는 교사 커뮤니티에서 종종 보게 된다. 서로 모여 그림책을 연구하고, 독서 교육에 대한 깊이 있는 자료를 만들고, 만화나 여러 놀이를 개발하여 선생님들에게 무료로 제공하는 등, 학교 밖에서 선생님들이 자발적으로 연구하고 성장하는 모습을 보면 놀랄 때가 많다.

2020년 5월 15일 스승의 날. 연구소에서 처음으로 온라인으로 수업나눔을 했다. 누가 시키지도 않은 일인데 30여 명의 선생님이 늦은 밤, 한 선생님의 온라인 수업을 보고, 이를 바탕으로 수업나눔을 했다. 온라인으로 수업나눔이 잘 될까 의구심이 있었지만, 제법 깊이 있는 수업나눔을 했다. 온라인 수업에 최선을 다했음에도 여전히 수업에 대한 자존감이 없는 선생님에게, 그 이유를 물어보고 그 생각에 깊은 공감을 표현해줬다. 수업자 선생님의 옛 스승님을 찾아서, 선생님이 했던 수업을 보여주고 영상 메시지를 받아서 다시 수업자 선생님에게 보여줬다. 그랬더니 선생님께서 자신이 한 수업의 가치를 스스로 깨닫고 감사 편지를 보내왔다.

> 부끄럽기만 한 내 수업을 남들에게 공개하기 싫었습니다. 아무것도 없는 제 실체가 그대로 드러날 것이기 때문입니다. 두려웠습니다. 하지만 작기만 한 내 수업을 귀히 봐주시는 선생님들 때문에 작은 용기를 가지고 수업나눔을 할 수 있었습니다. 저의 문학 선생님이었던, 김OO 선생님의 영상 메시지를 볼 때는 영화의 한 장면처럼 제가 어느 순간 속으로 확 빨려 들어가, 1996년의 어느 교실 뒤편에 앉아 김OO 선생님께서 낭송해주시는 시를 듣고 있었습니다. 그 순간 바로 알게 되었습니다. 내가 했던 수업이 김OO 선생님이 내게 해주셨던 수업만큼이나 의미가 있다는 것을 깨닫게 되었습니다. 비록 참 작고 보잘것없는 수업이지만, 내 수업을 귀히 봐주는 학생들이 있을 거라는 생각에 가슴이 벅찼습니다. 내 수업의 가치를 끝까지 지켜봐 준 선생님들 진심으로 감사합니다.

렘브란트가 말년에 그린 '탕자의 귀환'에서 존재의 시선을 다시 배운다. 아버지에게 미리 받은 유산을 다 탕진하고 돌아온 아들. 배은망덕한 아들이지만 아버지는 둘째 아들이 돌아온다는 소식에 잔치를 벌이고 아들에게 다가가서 안아준다. 한편 큰아들은 옆에서 이것을 냉소적으로 본다.

렘브란트, 탕자의 귀환, 1669

차가운 눈빛으로 동생의 귀환을 그리 달가워하지 않는다. 렘브란트는 이와 대조적으로 아버지의 손을 더 깊게 그려낸다. 한 손은 선이 굵은 아버지의 손을, 또 한 손은 부드러운 어머니의 손으로 그린다. 렘브란트는 치유와 사랑은 단단함과 따뜻함이 공존해야 함을 보여준다. 삶이 너덜너덜해진 채로 돌아온 아들은 아버지 품에 안겨 그냥 운다. 다 낡아서 한쪽 신은 벗겨진 채로 아버지 품에 안겨서 울고 있는 아들이 내게는 교육자로서 자존감을 잃어버리고 기운이 떨어진 우리 교사들의 모습으로 비친다.

왜 연구소에 선생님들이 모이는가? 여기에 특별한 프로그램이 있어서가 아니다. 수업코칭연구소에서는 선생님의 고민을 들어주고, 존재로 만나려고 하기 때문이다. 교사는 무엇으로 성장하는가? 넉넉한 예산, 트렌드에 맞는 연수, 저명한 교육자, 연구 점수… 아니다. 교사들에게 지금 필요한 것은 따뜻한 환대와 단단한 희망이다. 나를 도구적으로 활용하지 않고, 내 존재를 있는 그대로 바라봐 주는 사람들 그리고 내게 건네는 진심의 소리들이 우리 선생님들을 작은 모임에 오래 머물게 한다. 그리고 그 안에서 교사로 다시 탄생한다.

진심(眞心) [명사]

1. 거짓이 없는 참된 마음

- 학교에서 당신의 진심을 털어놓고 싶은 사람이 있나요?

- 학교에서 진심을 이해받기보다는 도구적으로 이용 받아 상처받은 적이
  있나요?

감성 공동체
소소한 책방을 만들다

2019년 겨울, 나는 큰 결심을 하나 한다. 수업코칭연구소 하나도 벅찬데, 급작스럽게 교사들의 감성 책방, 소소한 책방을 하겠다고 광고를 했다. 왜 열었을까? 나는 교사들이 서로 대화하면서 교육적 영감을 받을 수 있는 소모임이 하나 있으면 좋겠다고 생각했다. 교사들은 늘 수업, 학생, 교육정책을 이야기하지만, 소모전으로 끝날 때가 많다. 현실이 너무 퍽퍽하기 때문이다. 뒷담화를 하듯이 열심히 떠들지만, 뒷맛이 개운치 않다. 교육 환경에 대한 불평불만도 이야기하지만, 좀 더 생산적인 이야기는 할 수 없는가? 우리 안에 있는 감성을 말하면서 서로에게 교육적 영감을 줄 수는 없을까? 존 슬로안의 그림에 있는 세 명의 여인처럼 머리를 말리면서도 희망을 이야기하는 그런 소소한 교사 모임을 만들고 싶었다.

수업코칭연구소 안에서 나는 여러 선생님과 만나면서 연구와 실천을 함께 하는 아름다운 커뮤니티를 만들었다. 하지만 몇 가지 아쉬운 점이 있었다. 그 하나는 일 년 동안의 훈련 과정이 있다는 것이다. 연구소이다 보니,

존 슬로안, Sunday, Women Drying Their Hair, 1912

일정 수준의 기본 교육이 필요했다. 수업코칭연구소의 철학, 수업나눔, 수업성찰의 방법 등 기존 회원과 신입 회원 간에 경험의 차이, 연구의 차이가 있어서, 별도의 연수 과정이 필요했다. 그래서 매년 새로운 신입 멤버를 교육해야 하는 수고로움이 있었다. 그리고 단체명에 수업코칭이 있으니 교육적인 연구 외에 다른 것을 하기가 조금 어려웠다. 수업코칭 외에 다른 것을 하려면 구성원들의 합의가 필요했다.

그러던 중에 눈에 들어오는 사회 현상이 하나 있었다. 그것은 동네 책방의 등장이었다. 몇 년 전부터 젊은이들이 많이 모이는 곳에 동네 책방이 작게 차려지기 시작했다. 처음에는 신기했다. 대형 인터넷 서점과 경쟁이 될까 싶었는데, 대형 서점과는 차별화된 전략으로 운영을 잘하는 모습이 보였다. 대형 서점은 베스트셀러 위주로 매대를 꾸민다. 그리고 서점에 일종의 마케팅비를 내는 출판사를 중심으로 책을 전시한다. 그래서 대형 서점은 책이 전시된 모습이 비슷하다. 하지만 동네 책방은 다르다. 동네 책방은 철저하게 책방지기라 불리는 사장님의 개인 취향에 따른다. 어떤 책방은 반려묘 중심으로 책을 꾸리기도 하고, 어떤 책방은 음악책 위주로, 어떤 책방은 시집으로, 또 어떤 책방은 사진책 중심으로 꾸리기도 한다.

책방지기들은 "우리 동네 책방은 책을 파는 곳이 아니라 책을 경험하게 해준다"고 말한다. 책의 경험, 그 가치를 강조하면서 대형 서점 혹은 인터넷 서점에서 볼 수 없었던 여러 시도를 한다. 작가를 초청해서 낭독회를 하고, 글쓰기 교실 등을 연다. 책과 관련된 문화 콘텐츠 프로그램을 진행하고, 책 전시도 테마에 맞게 배치를 바꾸고, 책방마다 아날로그 감성의 소식지를 만들면서, 단골손님과의 관계성을 견고히 한다. 그래서 동네 책방은 인터넷 서점에서 저렴하게 책을 구매하는 것과는 다른 경험을 하게 해준다. 심지어 어떤 책방은 1층은 책 전시 공간으로 사용하고 2층은 책을 읽을 수 있는 공간으로 만들어놨다. 그래서 책을 사서 바로 위층에 올라가서 향긋한 커피와 함께 책을 읽을 수 있도록 해준다. 작은 창 사이로 보이는 사이프러스 나무, 은은하게 흐르는 클래식, 향기 나는 커피와 내가 직접 고른 책. 한 시간가량 그 안에서 책을 읽으면 나는 작가가 되고, 굉장히 품격 있는 사람이 된 듯한 느낌을 받는다.

책방 투어를 하면서, 교사들에게도 이런 느낌을 주는 커뮤니티가 있으면 좋겠다고 생각했다. 그래서 열게 된 것이 바로 소소한 책방이었다. '소소한' 이름을 내걸고, 소박하게 모이자는 취지로 온라인상에서 이렇게 광고를 했다.

소소한 책방은 물리적 공간이 아니라 정서적 공간으로서의 책방입니다. 책을 파는 곳으로서의 책방이 아니라 마음과 지식, 삶, 감정을 나누는 정서적 공간으로서의 책방입니다. 거창한 공간이 아니기에 앞에 '소소한'이라는 형용사를 붙였습니다.

연수는 기존의 연수처럼 수업 혹은 학급 경영에 관한 노하우를 전수받는 것이 아니라 같이 따뜻한 차를 마시고, 그림을 감상하고, 시를 음미하고 음악을 들으면서 내 안에서 느껴지는 예술적 감흥을 서로 이야기하고, 삶을 성찰하는 시간을 가지려고 합니다. 더 나아가 내 안에 있는 깊은 소리들을 소소하게 글로 표현하면서 '소박하지만 확실한 행복'을 찾아가는 연수를 하려고 합니다.

그래서 소소한 책방은
서로 수줍게 이야기하고 따뜻한 교감이 있는
예술 작품을 감상하고 소소하게 나누는
향기 나는 커피와 그 향이 마음에 머무는
소심한 나를 이해하고 천천히 수용하는
시를 조용히 음미하면서 내 마음을 살피는
흐르는 음악 속에 내 감정을 서서히 스며들게 하는
소심하게 글을 쓰지만, 나의 삶을 잔잔히 살피고 통찰을 얻는
시간을 가지면서 '나'를 찾고 '우리'를 만드는 시간을 가지려고 합니다.

소소한 책방에서는 수업과 학급 경영의 세세한 스킬을 배우기보다는, 상처 입은 교사의 삶을 스스로 어떻게 치유할 것인지, 숱한 내적인 흔들림 속에서도 나다움을 잃지 않고 어떻게 잘 버틸 것인지, 그 근본적인 삶의

자세를 시, 그림, 음악, 그리고 글쓰기를 통해 소박하게 알아가게 될 것입니다. 방황하고 있는 영혼을 예술로 승화시킨 작가들의 작품과 삶을 살피면서, 나를 다독이고 내면 속 고요를 찾는 일을 하게 될 것입니다.

서울의 망리단길, 망원시장, 독립서점을 탐방하면서 자신만의 소소하고 확실한 행복을 찾고, 2019년 수많은 실패 속에서도 마음의 중심을 잃지 않고 '내 수업', '내 학급'을 운영하는 영감과 통찰을 얻게 될 겁니다.

온라인 책방에서 서로의 글을 나누고 더 나아가 같이 책도 만들려고 합니다. 일회성 연수로 끝나는 것이 아니라, 서로 지속적인 만남을 가지면서, 교사의 메마른 삶을 풍요롭게 버티게 하는 공동체를 만들려고 합니다. 선생님들을 소소한 책방에 초대합니다!

처음에는 15명 정도만 모일 거라 예상했다. 겨울 방학에 뜬금없이 올린 광고이고, 인디 밴드를 부르게 되어서 회비가 제법 되는 연수인데도 이틀 만에 70여 명의 선생님이 신청했다. 페이스북에만 올렸는데도 반응이 뜨거웠다.

'왜 이런 현상이 벌어졌을까?' 생각해보면, 결국 나를 찾고 싶어서였다. 지친 삶에서 선생님들은 학교의 소모품처럼 느껴지고 '나'를 찾지 못해서 안타까워했다. 그래서 나는 조금 특별한 프로그램을 하나 진행했다. 망원시장의 맛집과 카페를 온라인 밴드에 올려주고, 3시간 동안 이 지역의 맛집과 카페를 혼자 탐방해보라는 것이었다. 무리 짓지 말고, 혼자서, 자발적인 고독의 시간을 가지라고 말씀드렸고, 거리를 걷다가 나와 제일 비슷한 자연물이나 사물을 찾아오라고 했다. 많은 분이 이 시간이 가장 어려우면서도 좋았다고 했다. 사실 혼자 밥을 먹는다는 것은 너무나 쓸쓸한 일이다. 교사들은 늘 교사 식당에서 같이 밥을 먹는다. 혹은 반에서 급식 지도를 하면서 아이들과 함께 먹는다. 시끌벅적한 곳에서 밥을 먹다가 갑자기 혼자서 밥을 먹게 될 때, 교사는 바로 외로움이 밀려온다. 그리고 그때 내 감정과 마주하게 되고, 내가 지금 왜 이곳에 있을까? 라는 실존적인 질문을 던지면서, 자기 자신과 대화하게 된다.

한 특수 선생님은 이때의 감정을 이야기하면서 막 우셨다. 자신에게 주어진 꿈같은 시간임에도, 좋은 레스토랑에서 나온 음식을 10분도 안 되어 허겁지겁 먹는 자신을 보면서, 자신이 너무 불쌍하고 초라해 보여서 울었다고 한다. 대개 특수 교사들은 학생들을 돌봐야 하기에, 점심을 최대한 빨리 먹고 학급에 들어가는 것이 습관이 되어 있는데, 그 선생님은 이 습관이 유명 레스토랑에서도 나타나는 것을 보면서, 자신에게 연민의 감정을 품을 수밖에 없다면서 눈물을 흘렸다.

다른 한 선생님은 전봇대 사진을 찍어 오셨다. 한 자리에 오래 있으면서 온갖 전단이 붙여진 전봇대. 전단지가 붙었다 떨어졌다 하면서 남은 청색 테이프의 흔적을 보면서 눈물이 났다고 했다. 청테이프 흔적에서 학교에서 이리 치이고 저리 치이는 자신의 모습이 떠올랐기 때문이었다.

인원이 많아 35명으로 나눠서 소소한 책방 1기, 2기 모임을 진행했는데 연수를 진행하면서 이렇게 많이 울어본 적이 처음이었다. 연수가 아니라 오랜만에 만난 친구들 모임처럼 마음 깊이 연결되었다. 그때 감동이 하도 커서 글을 남겼다.

나는, 그저, 소소한 저는 소소한 책방을 추운 날, 선생님의 마음을 녹여주는 간이역으로 만들고 싶었습니다. 나는 심리 치료사도 아니고 예술의 한 분야를 깊이 연구한 사람은 아니지만, 예술을 매개로 그냥 작은 난로가 되고 싶었습니다. 삶의 아픔, 외로움을 조금은 녹일 수 있는, 그런 소소한 공간을 만들고 싶었습니다.

그런데 저는 여기서, 제가 더 큰 위로를 받았습니다.

일상의 외로움을 조용히 찍어나가면서, 설원의 풍경을 담으시는 선생님, 삶의 아픔을 가사로 만들고 '그저 너인 것으로 충분하다'는 노래를 부르시는 선생님, 남편의 기타 반주에 맞춰서 혜화동을 부르며 우리를 위로하시는 선생님, 자신의 진실한 사랑을 알아달라고 뮤지컬 노래 '맨 오브 라만차'를 부르는 선생님, 세상에서 가장 멋진 모델은 자신의 가족이라면서 가족사진을 찍으시는 선생님, 말없이 서 있는 전봇대에서 자신의 아픔을 발견하는 선생님, '그냥'과 '그저'로 자신의 삶을 눈물로 고백하시는 선생님, 처음으로 자신에게 편지를 쓰면서 자신의 아픔을 담담히 말씀하시는 선생님, 그림으로 자신의 삶을 기억하고 성찰하면서 편의점마저 아름답게 그리는 선생님, 맛집에 가서도 밥을 허겁지겁 먹는 자신을 보면서 너무 슬펐다는 선생님…. 3일 동안 얼마나 많은 눈물을 흘렸는지 모릅니다. 내 안에 여전히 깊게 자리한, 어머니의 부재, 그 아픔이 늘 사무치게 있었는데, 선생님들의 삶, 그 자체가 저를 위로해주었습니다.

저를 따뜻하게 안아줘서 정말 감사합니다. 지난겨울은 좀 추웠는데, 이번 겨울은 좀 따뜻해졌네요. 마음으로 기억할게요. 1월 우리가 만난, 그날들을.

왜 이렇게 교사들 중에 마음이 아픈 사람이 많은지, 저경력 교사나 고경력 교사나 가슴에 돌덩이 하나씩은 갖고 있었다. 그래서 나는 책방 연수가 끝났지만, 계속해서 소소한 책방 작가 모임을 이루기로 했다. 이때 솔직히 부담이 있었다. 이미 하고 있는 일도 많은데, 또 일을 벌여야 하는 부담이 있었고, 큰 그림이 제대로 그려지지 않은 상황에서 우리 선생님들을 잘 이끌어갈 수 있을까? 하는 부담이 있었다.

고심 끝에 월 1만원씩 회비를 내고, 우리 안에서 다 같이 교사들의 감성 공동체, 예술 공동체를 만들어보자고 말했다. 다 같이 모여서 어떻게 할까 고민하면서, 소소한 예술 감성 프로그램을 만들었다.

어찌 보면 참 평범한 작업이다. 그저 소소하게 온라인으로 오프라인으로 모여서 자신이 경험한 삶을 글로, 혹은 시로, 음악으로 나누고 이를 잘 모아서, 책으로 엮어내는 작업이다. 그런데 이런 작은 일에서도 많은 위로와 격려가 일어났다. 특히 소소한 책방에서 오갔던 수많은 감성 콘텐츠가 온라인 수업으로 녹여지고 흘러가는 것을 보면서, 우리의 만남이 자연스럽게 교사의 전문성과 연결된다는 것을 알았다. 결국, 교사의 삶이 수업이었고, 수업을 잘하려면 교사의 삶에 영감과 창조가 넘쳐야 했다.

코로나 이후를 말한다고 하면서 수많은 연수가 생겼다. 물론 실용적인 연수는 필요하다. 미래 사회에 맞춰서 배워야 할 것들이 있다. 하지만 지나친 실용은 사람을 도구적으로 만든다. 갑자기 쏟아져 나온 온라인 수업, 온라인 교실에 대한 기법적인 연수는 교사들이 교육자로서 갈 길을 더 헤매게 만든다.

교사들에게 미래 교육을 이야기할 때 중요한 것 중에 하나는, 교사들이 교육에 대해서 스스로 꿈꾸고 기대하는 것이 있게 해야 한다. 이런 교사의 꿈을 다시 찾기 위해서는 나를 들여다보고, 내 생각을 표현할 수 있는 장이 필요하다. 학교에 이런 장이 있어야 하는데, 이런 공간이 없다.

소소한 책방을 운영하면서 느끼는 것은, 교사 연수나 교사 모임은 지나치게 교육을 테마로 해서 간다는 것이다. 모든 모임의 중심에 수업이 있고, 학생이 있다. 때론 교사들도 그냥 사람이 그리울 때가 있다. 누군가와 따뜻한 차 한 잔을 나누면서 마음속 깊은 이야기를 하면서, '내가 현재 어디에 있는지', '어디로 가야 하는지'를 찾고 싶어 한다.

교사가 학교 밖에서도 꼭 교육을 생각해야만 하는 것은 아니다. 가면을 벗고 민낯으로 나서고 싶을 때가 있다. 교사 김태현이 아닌 그냥 김태현으로 내 생각을, 감정을 살펴야 하는데, 그런 공간이 없다. 그런데 소소한 책방에서는 그 작업이 자연스럽게 이뤄졌다. 앞으로 교사들의 연수에 이런 책방도 만들어져야 한다. 감성을 건드리고 생각을 자유롭게 말하게 해서 교사 이전에 자연인인 나로 세우게 하는, 그런 사람 냄새나는 작은 책방이 필요하다.

내가 왜 소소한 책방에 계속 머무르고 있는가? 솔직히 승진에 필요한 곳도 아니고, 모르겠어요. 학교에서 파김치가 돼서 돌아오고 집에서는 온갖 집안일을 하고 나면, 빨리 자고 싶어요. 그런데 그렇게만 살다 보니 내가 사라졌어요. 내가 원하는 삶이 이것이 아닌데. 내가 이렇게 약한 사람이 아닌데. 그런데 이런 고민을 책방에 오니 다 같이 하고 있는 거예요. 그래서 선생님들이 가끔씩 올려놓은 글을 읽으면, 그렇게 눈물이 나요. 그냥 따뜻한 온기를 느껴요. 왜 책방에 있는가? 그것은 따뜻한 온기. 괜찮다는 위로, 사람의 체온이네요.

소소하다(小少하다) [형용사]

1. 얼마되지 아니하다.

● 소소한 일상에서 나를 위로하는 시간을 가지고 있나요?

● 감성을 채우는 소소한 나만의 방법은 무엇인가요?

커뮤니티를
만들어가는 교사 1

하루는 피카소에게 한 여인이 종이와 연필을 주고 자기를 그려주면 대가를 충분히 치르겠다고 말했다. 그러자 피카소는 몇 분 만에 그림을 그리고, 50만 프랑을 달라고 했다. 여인은 피카소에게 따지기 시작했다. "몇 분 만에 그림을 그려놓고 어떻게 50만 프랑을 받을 수 있나?"며 화를 냈다. 그러자 피카소는 이렇게 대답한다.

"방금 나는 연필질을 몇 분밖에 하지 않았지만, 당신을 이렇게 그릴 수 있게 되기까지 40년이 걸렸소."

나를 포함한 우리 교사들이 피카소처럼 이야기할 수 있는 당당함이 있으면 좋겠다. 요리사들이 요리를 경쟁하는 TV 프로그램을 보면, 즉석에서 냉장고 재료를 보고 거기서 요리를 만들어낸다. 그들은 어떤 상황에서도 요리를 만들어내는 자신감이 있다. 다른 프로그램의 한 요리연구가는 볼 때마다 놀랍다. 식당을 경영하는 사람들을 만나고 처방을 해주는 모습을 보면, 이 사람이 얼마나 깊게 프랜차이즈 산업을 공부하고, 요리까지 연구한 사람인지를 알게 된다. 그러면서 생각한다. 교사는 무엇으로 자신감을 드러낼 수 있는가? 화려한 말솜씨와 유려한 진행 능력으로 교사의 전문성을 타인들에게 인정받아야 하는가? 이것이 교육인가?

학원의 수업과 학교의 수업을 겉으로 드러나는 것만을 가지고 비교할 때, 마음이 불편하다. 나는 지금 학원 강사를 비하하자고 하는 말이 아니다. 학원 강사의 수업은 오직 입시를 위해서 많은 정보를 압축적으로 가르친다. 그러기에 그들은 학생들을 한순간에 몰입시키는 말솜씨가 있다. 그런데 교사들에게도 꼭 이런 것이 있어야 하는가? 있으면 좋지만, 교사들에게 더 필요한 것은 사람에 대한 기대이다. 사람에 거는 기대가 있어야지 교사들은 끈기를 가지고 교육을 한다. '내가 하는 수업이 그래도 우리 학생들을 의미 있게 변화시킬 거야. 내가 상담하는 학생이 앞으로 그래도 좋은 어른이 될 거야' 라는 희망이 있어야지 교사들은 학생들을 포기하지 않는다. 우리가 잘 아는 간디학교의 교가, '배운다는 건 꿈을 꾸는 것, 가르친다는 건 희망을 노래하는 것' 이 안에 교육의 본질이 다 녹아 있다. 교사의 전문성은 화려하게 수업을 하는 것이 아니라 학생들이 꿈꾸게 하고 학생들이 희망을 노래하게 하는 것이다.

경험적으로도 그렇다. 우리 안에 기억나는 선생님은 화려한 수업 스킬로 학생들을 몰입하게 만들었던 선생님이 아니다. 나를 존재로 봐주면서, 나에게 꿈을 주고 희망을 이야기했던 선생님이 기억난다. 성적 문제로 고민할 때 손을 따스하게 잡아주면서 공부란 성적을 올리는 것이 아니라 나와의 싸움을 하면서 진짜 내 모습을 찾아가는 데 있다고 알려줬던 선생님. 내 삶의 가능성과 기대를 진심으로 알려준 선생님. 그런 선생님이 학생들의 가슴에 남는다. 어쩌면 지금 우리가 창의적인 수업이라고 하는 것들은 교육의 본질이 아닐지도 모른다. 교사의 진짜 능력은 어떤 상황에서도 학

쥘 브르통, Fin du Travail(also known as A travers champs), 1887

생들을 포기하지 않고, 어떻게든 그들의 마음에 다가서려고 하는 끈기에 있다.

하루를 지치게 보낸 날에 나를 위로하는 그림이 있다. 농민들을 따스하게 그렸던 화가 쥘 브르통의 그림이 그렇다. 그는 피카소처럼 다양한 색깔을 보여준 화가가 아니다. 그럼에도 그의 그림들을 보고 있으면 마음이 평안해진다. 때로는 농민의 모습을 지나치게 미화했다고 해서 비판을 받지만, 그의 그림을 자세히 보면 낭만만 있는 것은 아니다. 두 손으로 수확물을 나르고 삽자루를 든 여인들의 모습에서 하루의 고된 무게가 느껴진다. 힘겹게 하루를 살았던 세 여인을 보니 저절로 이 시가 떠오른다.

흐르는 것이 물뿐이랴.

우리가 저와 같아서

강변에 나가 삽을 씻으며

거기 슬픔도 퍼다 버린다.

일이 끝나 저물어

스스로 깊어 가는 강을 보며

쭈그려 앉아 담배나 피우고

나는 돌아갈 뿐이다.

삽자루에 맡긴 한 생애가

이렇게 저물고, 저물어서

샛강 바닥 썩은 물에

달이 뜨는구나.

우리가 저와 같아서

흐르는 물에 삽을 씻고

먹을 것 없는 사람들의 마을로

다시 어두워 돌아가야 한다.

— 정희성, '저문 강에 삽을 씻고'

시대가 다르고, 나라도 다른데, 슬픔을 퍼다 나르는 농민의 아픔, 먹을 것 없는 사람들의 마을로 돌아가는 풍광을 시인과 화가는 참 절묘하게 표현한다. 이것은 오랫동안 하나의 주제를 응시하고 바라보면서, 표현하고자 하는 본질을 늘 고민했기에 가능했다.

교사의 전문성은 현란한 말솜씨와 뛰어난 진행 능력에만 있는 것이 아니다. 굳게 닫힌 학생의 마음을 열고, 그 속에 의미를 넣어주는 것은 재치, 그 이상의 것이다. 한 인간이 존엄하다는 것을 알고, 학생들의 마음을 깊이 들여다보면서, 교육에 대한 희망을 놓지 않는 것. 보통의 직업인들이 가질 수 없는, 교육자만이 가질 수 있는 희망이다.

그런데 속도와 효율이 지배하는 사회에서 긴 호흡을 가지고 사람에 대한 희망을 품는 일이 쉬운 일은 아니다. 현실 너머에 있는, 아직 보이지 않는 꿈을 꾸기 위해서는 결국 교사들이 모여서 함께 꿈을 만들어가야 한다. 나는 이런 희망의 실체를 찾고 싶었다. 그래서 교사 커뮤니티를 만들면서, 현실 너머에 있는 꿈을 꾸고 이를 실제로 이루어가는 선생님들을 만났다. 어떤 삶을 살았기에 '나'를 넘어서 '우리'를 만들고 교육에 대한 희망을 그리는 것일까? 나는 이분들의 삶이 궁금해져서 인터뷰를 시도했다.

그 첫 번째는 김성환 선생님이다. 언제부턴가 학급운영에 있어서 아들러의 철학을 바탕으로 하는 학급긍정훈육이라는 말이 들리기 시작했다. 이것은 현장 교사인 김성환 선생님이 발굴해낸 콘텐츠다. 신기하다. 이런 이론적인 요소들은 보통 교수들이 소개하고 그것을 교사들이 배우는 형태로 가는데, 학급긍정훈육은 현장 교사가 제인 넬슨이라는 교육학자를 발견하고 이를 몸소 익혀서, 한국 실정에 맞게 보급했다.

김성환 선생님은 혁신학교 조현초에서 근무하는 중에 생활지도에 어려움을 겪게 되었고, 교사 10년 차에서 이런 어려움을 겪는 자신이 무척 답답하게 느껴졌다고 한다. 많은 분이 그럴 수 있다고 말해주었지만, 낙담한 자신의 마음을 회복할 수 없었다고 한다. 그러던 중에 같이 근무하는 선배, 정유진 선생님이 영어로 된 원서를 한 권 안겨주었는데, 그것이 바로 제인 넬슨의 학급긍정훈육이라는 책이었다고 한다. 영어로 된 원서이지만, 떨어진 자존감을 회복해야 했기에 뭐라도 읽어야 했다. 이 낙담한 마음에서 탈출하고자 책을 읽었는데, 원서인데도 그 책이 확 다가왔다고 한다. 이 책을 건네준 정 선생님과 스터디 그룹을 만들어서 더 공부하기로 하고, 급기야는 책을 번역하기로 했다. 그리고 여기서 멈추지 않고, 이것을 더 공부하고 싶다는 생각에 저자 제인 넬슨에게 이메일을 보냈다.

며칠 후, 제인 넬슨에게 답장이 왔다. 미국으로 오라는 것이었다. 미국에 와서 자신이 하고 있는 세미나에 참석하라는 것이었다. 김성환 선생님은 갈등했다. 자신의 문제를 당장이라도 해결하고 싶었지만, 그 문제를 해결하기 위해서 미국까지 오라니! 아무리 간절해도, 미국으로 간다는 것은 시간적으로 물질적으로 부담이 되지 않을 수 없었다. 그럼에도 김성환 선생님은 가는 것을 선택했다. 공부를 하려면 제대로 해야 한다는 생각에 영어가 서툴렀지만, 자신의 교육적 난제를 풀고자 미국으로 갔다.

미국에서 그가 경험한 학급긍정훈육은 책으로 만난 것 그 이상이었다고 한다. 인지적 정보가 아닌 직접 경험으로서 만나는 환대와 존중, 공동체로의 초대, 그 안에서 언약과 헌신 등은 지식으로 경험할 수 없는 그 이상의 것이었다고 한다. 더군다나 제인 넬슨의 딸까지 긍정훈육을 계승하고 학생뿐만이 아니라 자녀, 동료에게까지 영향을 미치는 것을 보면서, 삶에서 꼭 필요한 지혜라고 생각하고 더 공부에 매진하기로 했다. 그리고 그는 한국인 최초로 학급긍정코치가 되어서 이 내용을 한국에 전파했다. 김성환 선생님은 말한다.

저는 평범한 교사였습니다. 하지만 학급에서 생기는 문제에 대해서 조금은 더 깊게 고민했던 거 같습니다. 저 자신을 지키고 싶었고요. 그래서 제인 넬슨에게 이메일을 보냈던 거 같아요. 교직 생활이 앞으로 길게 남았는데, 여기서 이렇게 무너지면 교사 생활을 그만둬야 할 거 같았거든요. 그래서 절박한 마음으로 그 문제를 해결하려고 했더니, 이것이 저만의 문제가 아니더라고요. 많은 교사가 저와 동일한 문제로 고통받고 있었고, 저는 이것을 커뮤니티를 만들어서 같이 고민해보려고 했던 거지요. 처음부터 엄청난 모임을 만들자고 시작한 것은 아니었어요.

지금은 교사 사이에 너무 유명해진 학급긍정훈육의 모임은 시작부터 큰 것은 아니었다. 내가 겪고 있는 작은 문제, 그 작은 문제를 해결하고 싶은 마음이 간절했는데, 이것이 나만의 문제가 아니고 우리 교사의 문제였다는 것을 알게 되면서 교사 커뮤니티가 만들어졌다. 김성환 선생님이 애초부터 이타주의자여서 남을 위해 헌신하고 시작한 모임은 아니었다. 지극히 작은 개인적 문제에 집중했고, 그랬더니 손을 잡아달라는 동료 교사가 보였고, 소박하게 그 손을 잡았는데 이렇게 모임이 만들어졌다.

그림책 커뮤니티를 운영하면서, 선생님들을 돕고 있는 김준호 선생님도 마찬가지였다. 한국에서 중학교 교사로 산다는 것은 늘 자기 정신을 빼놓고 사는 삶이다. 논리로 설명할 수 없는 중학생들의 객기 어린 행동을 상대하다 보면, 교사의 품위와 존엄은 다 사라진다. 그래서 김준호 선생님은 학생들에게 기를 빼앗겨 넋이 나간 상태로 지내는 선생님들과 함께 그림책 모임을 만들고, 이곳에서 서로를 위로하는 따뜻한 커뮤니티를 만들었다고 한다.

김준호 선생님은 한때 디베이트 수업에 관심이 있었다고 했다. 어느 날 이 디베이트 소모임에서 그림책 나눔을 하는 것을 경험했는데, 그것이 본인에게는 신세계였다고 한다. 토론 수업의 인지적이고 치열한 논리 싸움에 조금은 지쳐 있었는데, 그림책이 주는 감성 메시지에 자신의 마음이 무장해제 되는 느낌을 받았다고 했다. 그림책『슈퍼 거북』에서 거북이가 경주에서 지고 터덜터덜 걸어가는데, 마치 자기 모습 같은 감정이입이 되면서, 다 큰 어른이 그림책에서도 자신을 발견할 수 있구나 하고 새롭게 인식했다고 한다. 그래서 그때부터 자신의 감성을 만지는 그림책을 읽기 시작했다고 한다. 자신이 느낀 감정을 나눌 사람들이 필요해서, 경기도 근무지를 중심으로 선생님들을 모으고 2주에 한 번씩 모여서 그림책을 나누고, 삶을 나누다 보니, 어디서도 느껴보지 못한 유대감을 느꼈다고 한다. 그리고 이 모임을 지속하면서 그림책을 교사의 삶을 나누는 도구로만 그치지 않고, 수업과 학급운영의 콘텐츠로 개발하는 연구 커뮤니티로 발전시켰다고 한다. 김준호 선생님은 말한다.

> 나는 사회성이 부족한 사람입니다. 까칠하고 나의 세계 속에 살고 있는 개인주의자이지만, 그림책이 주는 맑은 힘으로 세상에 나왔고, 그것을 정직하게 나누니 지금의 내가 되었습니다. 그 위로의 힘이 크다 보니 여러 권의 그림책 관련 책을 선생님들과 함께 출간하게 되었고, 이로 인해서 우리의 작은 모임이 선생님들에게 새로운 힘을 준다는 것이 뿌듯하기도 합니다. 하지만 처음부터 이런 것을 기대하고 시작한 것은 아니었어요. 그냥 누군가와 따스한 위로를 나누고 싶은 마음에 시작했는데, 꾸준히 하다 보니 이렇게 좋은 공동체가 세워졌네요.

김준호 선생님도 일상에서 느꼈던 문제를 해결하려고 애쓰다 보니 자연스럽게 커뮤니티가 만들어졌다.

오랫동안 글쓰기 및 토론 모임을 하고 있는 이영근 선생님도 마찬가지였다. 2010년 서울 거리를 걷다가 경찰이 데모하는 행진을 막기 위해서 버스로 '바리케이드'를 치는 것을 보았다고 한다. 그리고 선생님은 생각했다. 우리 사회가 얼마나 소통하는 문화가 없으면 저렇게 벽을 쌓고 있을까? 그래서 선생님은 소통을 가르치는 교육을 해보자고 생각하면서, 동료 선생님들과 주변 학생들을 모으고 초등토론연구회를 만들었다. 그리고 거기서 토론을 통해 상대방의 시선을 이해하고, 마음을 모으는 새로운 토론 수업을 개발했다. 단순히 논리적인 근거를 통해서 상대방을 이기려는 토론이 아니라, 상대방의 관점에서 자신의 주장을 객관적으로 살펴보면서, 서로 화합하고 협력하는 토론을 수년째 공부하고 있다. 오랫동안 모임을 하다 보니 단순히 수업 연구 모임이 아니라 서로의 삶까지도 나누는 생활 커뮤니티가 되어서, 이제는 헤어질 수 없는 가족과도 같은 존재가 되었다고 한다.

결국 교사의 전문성은 아주 평범한 질문에 있었다. 그리고 이 질문에 답을 하기 위한 진지한 노력, 여기에서 교사의 전문성은 개발되고 있었다. 김성환, 김준호, 이영근 선생님 등 커뮤니티를 만들고 이끌어가는 사람들에게 탁월한 재능이 있었던 것이 아니다. 삶에서 품었던 질문에 답을 하려고, 동료들과 함께 나누려고 했기에 커뮤니티가 만들어지고, 그 안에서 교사들이 스스로 성장한 것이다.

쥘 브르통은 해가 지고 맨발로 걷고 있는 소녀를 응시한다. 하루를 마치고 부르는 그녀의 노래에 서글픔이 애잔하게 묻어 나온다. 브르통이 아버지의 죽음을 맞이했던 그때, 농민들은 그에게 위로의 노래를 불러주었다고 한다. 이에 그는 농민들과 한 커뮤니티를 이루면서 평생을 농민들의 숭고한 아름다움을 그림으로 표현했다. 그래서 그의 그림에 나타나는 농민들의 모습은 애잔하면서도 슬픔을 이기는 희망이 엿보인다. 결국, 커뮤니티의 시작은 거창한 것이 아니었다. 어찌할 수 없는 슬픔, 한계, 고통, 고민 등 같은 아픔을 가지고 있는 사람들이 모일 때 커뮤니티는 시작된다. 사람은 혼

쥘 브르통, The Song of the Lark, 1884

자 있을 때는 한없이 약하지만, 누군가와 연대하기 시작할 때 강해진다.

그래서 우리는 지금 물어야 한다. 내가 지금 교사로서 고민하는 것은 무엇인가? 내가 지금 해결하고 싶은 교육적 문제는 무엇인가? 그것을 누군가와 나누고 내 삶에서 끌어안고 나아가려고 할 때, 작지만 위대한 커뮤니티가 만들어진다. 교사의 전문성은 화려한 입담에 있는 것이 아니다. 내가 경험한 문제를 해결하고자 하는 끈기, 학생들에게 조금이라도 더 좋은 것을 주기 위한 노력. 이 지극한 일상의 행위에서 교사의 전문성은 개발된다. 교사는 작고 평범한 것에서 '함께' 성장한다.

우리는 위대한 일을 하는 것이 아니라

위대한 사랑으로 작은 일을 하는 것.

작지만 끝까지 꾸준히 밀어가는 것.

그것이야말로 내가 아는 가장 위대한 삶의 길이다.

— 박노해, '천 그루의 나무를 심은 사람' 중에서

꾸준히 [부사]

1. 한결같이 부지런하고 끈기가 있는 태도로

- 교사로 살면서 내가 꾸준히 고민하고 있는 것은 무엇인가요?

- 삶에서 작지만 꾸준히 실천하고 있는 것은 무엇인가요?

커뮤니티를
만들어가는 교사 2

로열패밀리가 있다. 모두가 부러워할 만한 궁정의 가족들. 하지만 표정을 보니 좀 이상하다. 가족이라고 하기에는 서로 교감하는 것이 없다. 옷은 화려하지만 얼굴에는 두려움, 탐욕, 기대, 회피, 허세 등 보통 왕실에서 느껴지는 위엄과 권위는 없다. 한 곳에 있지만 서로 다른 곳을 보는 이들에게서 교육부, 교육청, 학교, 교실 각각 따로 돌아가는 우리의 교육 상황을 보는 듯하다. 왕실 가족이라고 하기에는 이상한 점이 많은데도 왕과 왕비는 이 그림을 매우 흡족해했다고 한다. 아마도 고야의 그림 솜씨가 그들을 만족시켰을 것이다. 빛을 반사하는 화사한 옷, 빛과 어둠의 산뜻한 묘사, 얼굴 너머에 있는 감정 표현을 고야는 매우 세련되게 그려냈다.

고야가 처음부터 이렇게 화가로서의 역량이 뛰어나지는 않았다. 그의 시작은 초라했다. 미술 아카데미 시험에 심사위원 전원일치로 꼴찌 판정을 받았고, 3년 뒤에 다시 응시했으나 또 실패했다. 처남의 도움으로 간신히 왕실에 입성하기는 했으나 그림을 그리는 화가가 아니라, 테피스트리

고야, Charles IV of Spain and his family, 1800

원화를 그리는 자로 들어갔다. 그런데 그는 그곳에서 청각 장애가 생겨 소리를 듣지 못하게 된다. 그럼에도 그는 그림 공부를 포기하지 않았고, 40대에 마침내 왕실 가족을 그리는 궁정 화가가 된다.

한 분야에서 인정을 받기 위해서는 짧은 순간이 아니라 오랜 시간 동안 공부를 해야 한다. TV를 보면, 각 분야에서 오랫동안 공부를 해서, 일반인에게는 잘 보이지 않는 부분을 설명해주는 전문가들이 있다. 반려견의 내면을 꿰뚫어 보는 전문가, 아이의 문제 행동을 잠깐 봤음에도 아이의 심리적 상태를 잘 아는 전문가 등 각 분야의 전문가들은 일반인이 잘 흉내 낼수 없는 비범함이 있다. 이들이 이런 경지에 이르기까지는 분명 각고의 노력과 땀을 흘렸을 텐데, 우리 교사는 평생에 걸쳐 어떤 공부를 하고 있는지 묻게 된다.

공부. 듣기만 해도 머리가 아프다. 꿈을 가지라는 말만큼 교사들은 공부해야 한다는 말을 학생들에게 아주 많이 한다. 그런데 가만 보면 우리가 말하는 공부는 입신양명을 위한 공부이지, 실존을 위한 공부가 아니다. 우리 사회는 공부의 순수성이 왜곡되었다. 분명 공부는 나를 알아가고, 세상을 이해하는 과정이다. 그 공부를 통해 자존감을 회복하고 세상에 대한 경이로움을 느낀다. 영문학자 장영희 교수는 공부에 대해 이렇게 말한다.

> 나는 매일매일 공부한다. 무엇이 우리를 더 행복하게 하는지, 어떻게 하면 우리가 더 즐거운지, 어느 산이 아름답고 어느 공기가 더 깨끗한지, 그리고 살아 있다는 것이 얼마나 축복인지를 알기 위해서. (장영희 외, 『공부의 즐거움』)

교사도 자기만의 연구 과제를 가지고 오랜 시간 동안 전문성을 쌓아갈 필요가 있다. 수업만 하는 것이 아니라, 내 교육 현장에서 내가 붙잡고 갈 연구 과제를 찾을 필요가 있다. 수업, 평가, 교육과정, 학급운영, 학생 상담, 학부모 상담, 교육 정책, 학교 혁신 등 교육에서도 우리가 마음먹고 공부할 영역이 너무나 많다.

내게 공부하는 교사 하면 떠오르는 사람은 서용선 선생님이다. 지금은 장학사가 되어 경기도 교육청에서 교육과정 정책을 담당하고 있는데, 그를 통해서 경기도 교육청의 여러 혁신 정책의 방향이 자리를 잡았다. 그가 의정부여중에 근무하면서 여러 선생님과 펼친 프로그램들이 지금의 혁신학교 운동에 크게 기여했다. 그가 여러 혁신적인 교육 정책을 만들게 된 계기는 대학 시절 품었던 문제의식에 있었다. 그것은 민주시민 교육이었다. 그는 대학 시절 학부 공부를 통해서 단순히 머리로만 아는 교육이 아니라, 삶으로 익히는 민주시민 교육이 이뤄진다면, 불필요한 싸움은 사라지고, 소통과 연결을 통해서 우리 사회가 한 단계 더 도약할 수 있을 거라고 믿었다.

교사 1년 차, 민주시민 교육의 뜻을 품고 일산에 있는 한 학교에 부임한다. 그러나 그곳에서 그가 본 것은 민주시민 교육과는 거리가 먼 학교 문화였다. 초임 교사를 슬프게 했던 것은 관리자들의 고압적인 태도였다. 의사결정을 하는데, 교사들의 의견을 물어보지 않고 강압적으로 처리하는 관리자들, 그리고 이에 동조하는 부장 교사들을 보면서, 교육이 교육답게 가려면, 무엇을 더 연구해야 할 것인지를 고민했다고 한다. 교사들이 소통하지 못하는 학교 시스템을 바꾸려면 더 공부를 해야 한다고 생각하고 대학원에 들어간다. 거기서 만난 학자가 듀이, 한나 아렌트, 하그리브스였다. 그리고 복잡성 이론까지 접하면서, 학교 문제를 풀 수 있는 이론적 공부를 탄탄히 했다. 다시 학교에 와서 의정부여중을 통해서, 자신이 연구한 이론들을 대입해서, 혁신학교의 시작이 되는 모델을 만들 수 있었다고 한다. 교육과정 재구성, 융합수업, 마을교육, 과정중심평가 그리고 학교자치 등 학교 안에서 할 수 있는 모든 것을 다 해보고, 자신이 꿈꿨던 민주시민 교육의 가능성을 이곳에서 충분히 체험했다고 한다. 그리고 경기도교육연구원으로 파견을 가서 자신이 도전했던 교육 콘텐츠들을 정책으로 만들고, 이를 기반으로 해서 혁신학교 정책들을 만들 수 있었다고 한다. 서용선 선생님은 말한다.

내가 이렇게 지금까지도 교육정책을 붙잡고 계속 공부를 하는 것은, 한국의 교육에 대해 희망과 기대를 포기하지 않는 동료 선생님들이 있었기 때문이에요. 누군가는 한국의 교육을 학생들을 경쟁으로 몰고 가는 이상한 교육이라고 하지만, 말만 하지 않고 문제를 같이 해결하려고 하는 선생님들이 옆에 있어서, 교육에 대해 꿈을 잃지 않고, 지금까지 계속 공부하는 교사로 남아 있었던 거 같아요.

고야도 공부를 멈추지 않는다. 그는 궁정 화가로 있었지만, 스페인 국민의 피폐한 삶을 본다. 특히 프랑스가 스페인을 침공하면서 저지른 폭력의

고야, Majas on Balcony, 1808

삶을 보면서, 인간으로서 어떻게 이런 야만스러운 일을 저지르는지를 연구한다. 청력을 잃었지만, 오히려 인간 내면을 살피는 심미안을 갖게 되고, 이것을 그림으로 표현한다. 겉으로는 웃으면서 교양 있는 척하지만, 인간은 누구나 폭력과 야만의 그림자가 있음을 그림으로 말한다. 마을을 파괴하는 거인, 아들을 잡아먹는 사투르누스 등 궁정 화가이지만 시대의 어둠을 자신만의 문제의식으로 들여다보고 '검은 그림' 연작을 그려낸다.

김성천 선생님도 마찬가지다. 그 또한 현장 교사 시절부터 가졌던 문제의식을 가지고 꾸준하게 공부를 했다. 그 역시 불행히도 교사 초임 시절에 강압적이고 독단적인 관리자를 자주 만났다. 그는 이상했다고 한다. 교직 경력이 쌓여서 교장이라는 위치에 있으면, 교육적 능력과 인격으로 교사들과 학생들을 품고 학교를 성장시켜야 하는데, 그런 모습을 보이는 교장이 없었다고 한다. 그는 그 원인이 교장 임용제도에 있다고 봤다. 교육적 역량이 있는 분들이 학교장으로 임용되어야 하는데, 승진 점수를 잘 따는 교사가 교장이 되는 것을 보고, 어떻게 하면 이런 제도를 개선할 수 있을지 고민했다고 한다. 결국 그는 대학원에 진학해서, 교원인사제도를 비롯한 학교 연구를 꾸준히 했다. 특히 박사 논문으로 전문적 학습 공동체에서 성장하는 교사들의 모습을 이론적으로 규명해서, 한국에 전문적 학습 공동체 운동에 불을 지폈다. 교육청과 교육부를 거치고 지금은 한국교원대학교에서 혁신교육정책을 개발하고 연구하는 교수가 되었다. 그리고 그는 현장의 경험을 바탕으로 교사들과 정책디자인 연구소 모임을 만들고, 교사들을 교육 정책전문가로 키워내는 일을 하고 있다.

현장에서 실천했던 이야기가 기록이 되고 공유되는 시스템이 우리 교육을 바꿔 갈 거라고 생각해요. 그러기에 교사들이 자신의 고민과 실천을 책으로 내는 것이 매우 중요해요. 교육 영역에서 점차 학술 권력이 대학교 교수들에게 있기보다는 현장의 교사들에게 넘어가고 있어요. 과거에는 탄탄한 이론적 토대가 있어야지 말이 먹혔는데, 지금은 그렇지 않아요. 그것보다 경험하고 실천하는 지식이 더 가치 있다고 보고 있어요. 그래서 저는 현장 교사 출신으로서 우리 선생님들을 교육의 전문가로 더 발돋움시키기 위해 정책디자인 연구소를 만들고, 선생님들과 같이 책을 내는 작업을 하고 있어요.

이 말대로 그는 현장의 교사들과 호흡하여 학교 자치, 민주시민교육, 고교학점제, 미래 교육 등 수많은 책을 펼쳐내면서 교사들이 교육 전문가로 서는 데 가교 역할을 하고 있다.

서용선, 김성천, 사실 이 두 사람은 좀 부담스럽다. 원래부터 탁월한 능력이 있어서 석 · 박사를 따고 저렇게 꾸준하게 공부를 한 것이 아닌가 하는 생각이 든다. 그러나 우리가 눈 여겨야 할 부분은 이들이 처음부터 석 · 박사 학위를 따겠다고 공부를 한 것이 아니라, 교사 생활을 하면서 품었던 문제의식이 학위 공부로 연결되었다는 점이다. 장학사, 교수가 되어서도 그런 꿈을 잃지 않고, 현장의 교사들과 함께 커뮤니티를 만들어가는 모습은 참 아름답다. 나는 교사들이 학교에만 머물러 있지 않기를 바란다. 현장의 경험을 바탕으로 정책 전문가로, 행정 전문가, 소통 전문가 심지어는 국회의원까지도 될 필요가 있다고 생각한다. 그래서 학교 경험이 없는 분들이 탁상공론으로 우리 교육을 망치는 것을 멈추게 하고, 실질적인 교육 정책을 만들고 교육다운 환경을 만들어가게 해야 한다. 단 그전에 학생들을 더 깊게 이해하려고 노력하면서, 동료 교사와 함께 커뮤니티 안에서 함께 성장하는 법을 배워야 한다. 그렇지 않으면 자신의 이기적인 욕망을

앙리 루소, The Snake Charmer, 1907

채우면서 높은 자리만을 탐하는 사람이 될 수 있다.

화가 중에 고흐처럼 정식 미술 교육을 받지 않고도 거장이 된 사람이 있다. 그중의 한 사람이 루소이다. 파리 세관에서 세관원으로 근무하면서 틈틈이 그림을 그렸는데, 정식 교육을 받지 않았기에 그의 그림에는 다른 그림에서 보이지 않는 서툼이 있다. 형태가 세밀하지 못했고, 인체 비례가 어색했다. 색 또한 남들이 잘 쓰지 않는 색들을 써서 많은 사람이 그를 조소하고 비난했다고 한다. 하지만 시간이 지나면서 남들에게는 없는 독특한 느낌이 그의 그림에서 느껴지는데, 그것은 원시적인 환상성이었다. 울창한 밀림 속에서 보여지는 기괴한 느낌과 기하적인 형태. 피카소는 자신이 그의 그림에서 영향을 받았다고 이야기하면서, 그를 입체파의 선구자로 칭한다.

교사에게서 공부도 마찬가지다. 학위를 따는 공부만 있는 것이 아니다. 교사 생활을 하면서 자신의 필요에 따라서 하는 순수한 공부도 있다. 김준호, 김성환 선생님은 자비를 들이면서도 학위를 따지 않고 순수하게 공부를 하면서 커뮤니티를 만들어갔다. 독서 교육을 열심히 하고 있는 송승훈 선생님도 마찬가지다.

그는 '물꼬방'이라는 모임을 만들고, 여러 선생님과 함께 독서 교육을 연구하고 있었다. 책 대화하기 수업, 책 읽고 인터뷰하기 수업, 시 경험 쓰기 수업 등 물꼬방에서 전파하는 수업 자료를 보면, 오랜 시간 섬세하게 다듬어진 수업에 감탄할 때가 한두 번이 아니다. 겉보기에는 독서 교육을 체계적으로 잘 받은 것처럼 보이지만, 송 선생님도 지극히 평범한 삶에서 책과의 인연이 시작되었다.

그의 독서 생활은 고등학교 2학년 때로 거슬러 간다. 갑자기 몸이 아파서 일주일 동안 집에서 심하게 앓아 누웠을 때 시작한 것이 독서였다. 박완서, 황석영, 신경림, 김용옥의 책을 읽으면서 입시 공부에서 맛볼 수 없었던 기쁨을 맛보기 시작했다. 그리고 이때부터 잡히는 대로 책을 읽으면서 입시 공부보다 책을 읽는 기쁨에 푹 빠진다. 대학교에 가서도 친구들과 책나눔 모임을 이루고, 그곳에서 자신의 독서 경험을 더 심화시킨다. 이후 국어 교사가 된 그는, 학생들에게 자신이 경험한 독서의 기쁨을 주고 싶었다. 그러나 이것은 혼자서는 하기 힘들었다. 여러 선생님과 같이 해야만 하는 일이었다. 그래서 선생님들과 함께 시작한 것이 '책따세' 모임이었다. '책으로 따뜻하게 세상을 만든다'는 모토로 만든 이 모임에서, 그는 외국 도서나 읽기가 힘든 도서 목록을 폐기하고 우리나라 저자들을 중심으로 청소년 권장 도서 목록을 만들기로 했다. 추천 목록도 책 이름만 적는 것이 아니라, 어떤 내용인지, 왜 추천하는지를 자세하게 적고, 학생들이 손쉽게 읽는 도서 목록을 만들었다. 2010년에는 전국국어교사 모임에서 뜻이 맞는 선생님들과 함께 물꼬방 모임을 만들고, 의미와 재미를 동시에 추구하는 독서 교육을 같이 연구하고 그 사례들을 교사들에게 전파하기 시작했다. 그리고 학생들에게 실제적인 독서 교육을 해나가게 만들기 위해, '한 학기 한 권 읽기' 운동을 했고, 이것은 국가교육과정에도 반영되었다.

이렇듯 서용선, 김성천, 송승훈 그리고 앞서 말한 김성환, 김준호 선생님까지, 교사의 공부 모습은 참으로 다양하다. 중요한 것은, 그것을 얼마나 끈질기게 잡고 오래 하느냐다. 온라인 개학 상황에서 많은 선생님을 도와주신 김재현 선생님도 마찬가지다. 모든 선생님이 온라인 수업을 어떻게 만들어야 하는지 난감해할 때 이미 수년 전부터 구글 클래스룸 기반으로 수업을 해온 그의 경험은 많은 교사에게 힘이 되었다. 무료로 상담을 해주고, 자신이 수년간 겪은 시행착오를 다른 교사들이 겪으면 안 된다고 하면서, 자신의 노하우를 다 나눠주었다. 그가 온라인 수업, 특별히 구글 클래스룸을 기반으로 한 수업에 전문가가 되었던 것도, 우연한 기회에 맛본 온라인 교육에서 새로운 미래 학교를 봤기 때문이었다. 그는 온라인 수업에 대한 담론이 형성되기 전부터 여러 선생님과 함께 구글 클래스룸을 연구했다. 온라인 상황에서 우리 교사들에게 도움을 가장 많이 줬던 곳은 교육청도, 교육부도 아니었다. 수년 동안 여러 장비를 구하고 실험하면서, 온라인 수업을 연구해온 선생님들이었다. 이들이 이렇게 오랜 시간 연구를 한 이유는 단 한 가지다. 유명 강사가 되는 것이 아니라, 지금 자신이 하는 이 연구가 우리 교육에 큰 도움이 될 거라는 기대가 있었기에 공부한 것이다. 이런 선생님들이 있어서 대한민국의 교사들은 온라인 개학이라는 초유의

앙리 루소, 잠자는 여인, 1897

사태를 함께 잘 이겨낼 수 있었다.

　루소의 '잠자는 여인'이라는 그림이 있다. 나는 맹수가 쫓아왔음에도 깊이 잠을 자는 사람이 교사로 보인다. 지금 나는 우리 교사들이 나태하다고 비난하는 것이 아니다. 내가 가장 안타까운 것은, 능력이 충분히 있음에도 스스로 위축되어 잠에서 깨지 못하는 교사들의 모습이다. 일상에서 한 걸음만 내디디면, 성장의 커뮤니티를 만날 수 있는데, 그 한 걸음을 못 내밀고, 그냥 그 자리에서 누워 있는 교사가 루소의 그림에서 보인다.

　4장에서는 부담스러운 이야기가 계속되었다. 현재의 삶도 고달픈데, 교사 커뮤니티에 속해야 한다고 말하는 것은 또 다른 부담을 교사에게 안겨다 준다. 그런데 그렇게 버거운 교사의 삶이니 내가 속할 커뮤니티를 찾아야 한다. 솔직한 고백을 하자면, 『교사, 삶에서 나를 만나다』를 집필하고 지난 4년간 책에 대한 칭찬도 많았지만, 내가 책에서 교사들을 위로만 기다리는 존재로만 전제하고 있는 듯해서 마음이 불편했다. 그런데 그렇다고 우리가 무엇을 해야 한다고 당위적으로 외치기는 싫었다. 우리 교사들이 에너지를 내고 움직이기에는 이 현실이 너무 퍽퍽했기 때문이다. 그리고 이미 우리 교사들은 '무엇을 해야 한다'는 당위적인 구호에 지칠 대로 지쳤기 때문이다. 그런데 코로나 상황을 지내오면서, 우리가 지쳐있다고 위로만을 바라고 있으니, 우리의 자리가 사라지는 것이 보였다. 주변에서는 학교 무용론을 외치고, '교사라는 직업군은 사라져야 한다'라는 이상한 시선들이 느껴지기 시작했다. 조바심이 났다. 교사로서의 존재감은 무엇으로 드러내야 하는가? 결국 교육이었다. 무너진 현실에서도 교육에 대한 희망을 가지고 학생들의 삶을 의미 있게 성장시켜 나가는 것. 이를 위해서 교사들은 모여야 했다. '나'가 아닌 '우리'로 모여서 우리 안에 있는 절망, 아픔 그리고 희망을 말해야 했다.

모든 교사는 성장하고 싶다. 늘 학교에서 작음을 경험하기 때문이다. 계속되는 무너짐으로 우리 교사들은 일어날 힘조차 없다. 하지만 교사의 성장은 그 한계를 이기려고 할 때 이뤄진다. 약함을 경험하지만, 그것을 누군가에게 이야기하고, 같이 그 약함을 해결하려고 할 때, 교사는 성장한다. 혼자서는 힘들다. 함께 가는 자가 있을 때, 우리는 성장의 모험을 끝까지 감행할 수 있다.

이제 서서히 일어설 때가 된 거 같다. 학교와 가정일에 지쳐서 몸과 마음이 피곤하지만, 그래도 눈을 돌려서 함께할 커뮤니티를 찾아보자. 그리고 수줍겠지만, 동료 교사 한 명과 함께 그곳을 방문해보자. 에너지가 조금 있다면, 뜻이 맞는 두세 사람이 모여서 학교 안에서라도 소소한 책방과 같은 작은 감성 모임을 만들어보자. 독서 모임으로 시작해서 교사로서 겪고 있는 고민을 함께 나누고, 그 답을 같이 찾아가 보자. 학교의 종말이 왔다고 말하는 지금이 시작할 때다. 절망의 끝이 희망의 시작이다. 교사로서의 내 삶을 쉽게 포기하지 말자.

나무는 끝이 시작이다.
언제나 끝에서 시작한다.
실뿌리에서 잔가지 우듬지
새순에서 꽃 열매에 이르기까지
나무는 전부 끝이 시작이다.

지금 여기가 맨 끝이다.
나무 땅 물 바람 햇빛도
저마다 맨 끝이어서 맨 앞이다.
기억 그리움 고독 절망 눈물 분노도
꿈 희망 공감 연민 연대도 사랑도
역사 시대 문명 진화 지구 우주도
지금 여기가 맨 앞이다.

지금 여기 내가 정면이다.

— 이문재, '지금 여기가 맨 앞'

다시 [부사]

1. 하던 것을 되풀이해서.

2. 방법이나 방향을 고쳐서 새로이.

- 함께 참여하고 싶은 커뮤니티가 있나요?

- 지금 교사로서 다시 시작하고 싶은 것은 무엇인가요?

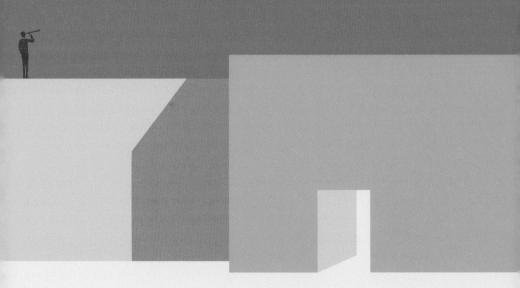

5장

콘텐츠

콘텐츠 플랫폼을 만들다

19세기 후반 파리 미술계는 아카데미 화풍이 지배적이었다. 살롱전이라는 가장 권위 있는 미술대회에서 수상을 하려면, 고대 신화와 역사를 반영하면서 르네상스 시절에 완성된 인체의 비례, 완벽한 원근과 명암을 잘 지켜야 했다. 하지만 이에 반기를 들고 위선적인 부르주아 귀족들을 비판한 화가가 있었으니 그가 바로 마네다.

잘 차려입은 남성 두 명과 나체로 있는 여성 두 명, 상황도 참 애매하다. 마네는 1863년 이 그림을 살롱전에 출품했지만, 심사도 받지 못하고 바로 거부를 당한다. 살롱전 심사 기준에 하나라도 맞는 것이 없으니 낙선은 당연한 일이었다. 하지만 마네는 이에 굴하지 않고 황제에게 탄원하여 낙선전을 개최하고, 자신의 그림을 공개한다. 하지만 수많은 사람에게 혹평과 원색적인 욕을 듣는다. 이것이 그림이냐고. 하지만 마네는 떳떳했다. 그런 혹평을 하는 사람들을 오히려 비난하기 위해서 이 그림을 그렸기 때문이다. 전통적 사고에서 벗어나지 못한 채, 아름다움을 멋대로 재단하고, 삶에

마네, The Luncheon on the Grass, 1863

서는 무위도식하면서 입으로는 정의, 자비, 아름다움을 말하는 사람들이 그들이기 때문이다.

지금 학교가 그렇다. 교사들의 자유로운 생각이 오가고 거기서 창의적인 아이디어가 나오고 교육적인 모험을 시도할 수 있어야 하는데, 학교장도, 교육감도, 교육부 장관도 그런 자세를 보이지 않는다. 우습다. 수업시간에 소통을 하라고 그렇게 외치는데, 나는 내 지역의 교육장이 누구인지도 모르고, 교육감, 교육부 장관이 어떤 고민으로 교육 행정을 운영하는지 이야기를 들은 적이 없다. 언론을 통해 일방적으로 전달되는 원론적인 이야기만 들었을 뿐, 교사와 학생에 대한 그들의 진심을 들은 적이 없다. 그러면서 교사에게는 참여와 소통을 강조하는 교육청, 교육부는 참 희한한 조직이다.

나는 마네의 그림에서 이런 교육부, 교육청 관료들을 본다. 마네의 그림을 잘 보면, 소통하지 않는 남자 두 사람이 나온다. 함께 온 여인들과 아무 말도 하지 않은 채, 자기들끼리 이야기를 하고, 벌거벗은 여인은 오히려 관람자를 향해서 자신을 봐 달라고 한다. 그리고 가운데 여인은 혼자 열심히 물놀이에 집중하고 있다. 미래 교육을 말하면서, 정작 본인들은 실천하지 않는 위선적인 모습이 마네의 그림 속에 있다. 정의를 말하면서 정작 본인들은 풀밭 위에서 이름 모를 여인들과 노는 모습. 이것이 '프랑스 지식인의 모습이다'라고 마네는 보여준다. 그래서 마네의 그림은 여러 지식인에게 불편하게 다가온다. 그래서 그들은 수많은 악평을 퍼부으면서 마네를 저주했다. 그림에 침을 뱉고, 그림을 전시하지 말라고 외쳐댔다.

이런 불통의 공간에서 살고 있으니 교사들은 자기 생각을 표현하지 않는다. 집단에는 그 특유의 온도가 있다. 그래서 나는 수업코칭을 할 때, 수업을 깊이 들여다보는 것도 중요하게 여기지만 교사와 학생, 학생과 학생의 정서적 온도를 눈여겨본다. 그런 관점에서 우리 교육을 들여다보면, 냉각기 그 자체다. 날이 풀릴 날도 있어야 하는데, 여전히 긴 빙하기를 거치면서, 교사의 마음이 얼어붙고 있고, 교사들은 교육부가 내리는 딱 그 지침대로만 움직인다.

물론 이해는 한다. 교육 관료들 눈에 문제 있고 나태한 교사들이 분명 존재하기 때문이다. 자신의 이익만 챙기고, 교육적 활동을 태만히 하는 교사. 내가 만난 교사 중에도 있었다. 하지만 그런 교사는 극소수다. 그런데 관료들은 모든 교사를 같은 문제 집단으로 보고, 계속 통제하려 들고, 불신의 언어들만 내려보낸다.

온라인 개학으로 정신없이 교사들이 뛰어다닐 때 나온 이야기들이 있다. "일 안 하고 봉급 타는 자들이 있다"는 말과 "방역이 제대로 이뤄지지 않았을 경우 엄중 문책을 하겠다"는 한 교육청의 문서가 실수인지 진심인지를 판단할 길이 없지만, 실수이든 진심이든 이것이 교육 관료들이 교사들을 대하는 언어다. 그 언어의 온도는 영하다. 교사들은 마음을 열 따뜻한 기운이 없으니, 마음 문을 닫고, "너희는 너희 길을 가라!", "우리는 우리 길을 가겠다!"고 소리친다. 이렇게 우리는 서로 건너편에서 따로 교육을 하고 있다.

그런데 다른 영역에서는 우리와는 반대 방향으로 가고 있다. 최근에 공유 경제라는 말이 유행하면서, 예전에 보지 못한 회사들이 생겨났다. 그중 하나가 택시회사 우버와 숙박회사 에어비앤비다. 이 두 회사의 특징은 택시와 호텔을 하나도 가지고 있지 않은 상태에서 시작했다는 것이다. 택시회사가 택시 하나 없이 어떻게 회사를 차릴 수 있었을까? 우버는 택시를 가지고 있는 사람과 택시를 이용하려는 사람을 연결하는 장을 만들었는데, 이를 플랫폼이라고 한다. 에어비앤비도 마찬가지다. 플랫폼을 만들고 자신들의 기준에 맞는 집주인을 찾는다. 대여업을 하면서 수익을 벌고 싶은 사람이 많다는 것에 착안하여 그들은 숙박업을 할 주인들을 모집하고, 이를 바탕으로 온라인 플랫폼을 만들고, 이곳에서 사람들이 자신의 취향에 맞는 집을 고르게 했다. 에어비앤비를 이용해본 사람은 알 것이다. 정말 각양각색의 집이 있다. 호텔과 다른 느낌의 집들. 에어비앤비 덕분에 우리는 전 세계 어디를 돌아다녀도 내 취향에 맞는 집을 구할 수 있게 되었다.

이것은 동호회 모임에서도 등장했다. 일정한 돈을 내면, 작은 소모임에 들어갈 수 있는 커뮤니티 플랫폼이 여러 등장했다. 전문가와 함께 책을 읽는 소모임, 플라워 테라피스트와 함께하는 꽃 치료, 건축가와 함께하는 공간 마실 등 예술감성 플랫폼으로, 더 나아가 자신의 집까지 공개하면서 문화 콘텐츠를 함께 나누려는 공간 플랫폼으로 발전했다.

연희동 골목 산책과 비밀 아지트 모임, 서재에서 보물찾기, 작은 집에서 소박하게 와인 즐기기. 제목만 들어도 당장이라도 가서 내 마음을 낯선 사람들과 나누고 싶을 정도다. 이런 플랫폼의 등장을 기업인들은 '이제 저런 것이 돈이 되는구나' 하면서 자본의 관점에서 볼 것이다. 그러나 교사인 나는 이런 현상이 왜 일어나게 되었는지, 사람들에게 어떤 변화가 있어서 이런 모임에 스스로 찾아가는 것인지, 존재의 관점에서 보게 된다.

이제는 사람들이 눈에 보이는 차나 숙소뿐만 아니라 자신이 경험했던 예술감성 콘텐츠를 공유하려고 하는 심리가 있다는 것이 보인다. 내가 재미있게 본 영화, 자신의 집을 지으면서 했던 생각. 이런 것조차도 공유하면서, 의미 있는 삶을 만들려고 하는 현대인의 심리를 보게 된다. 이제는 아주 친밀한 관계가 아닌, 느슨한 관계 속에서 자신의 지적, 정서적 경험을 공유하는 시대가 왔다고 생각한다. 그러면 이런 공유와 협업의 시대에 우리 교사들은 무엇을 해야 할까?

가만 돌이켜보면, 이미 초등 교사들은 각자의 수업을 공유하고 협업하는 플랫폼, 인디스쿨이 있었다. 중등 교사인 나는 이런 인디스쿨을 방문하는 초등 교사들이 얼마나 부러운지 모른다. 매번 수업과 학급에 관한 자료를 찾는 일이 쉬운 일이 아닌데, 이 플랫폼에는 내가 원하는 자료가 딱딱 있으니, 클릭 한 번으로 이 좋은 자료를 얻을 수 있다. 그런데 우리가 한 번 질문해야 할 것은, '우리 교사들이 이곳에서 꾸준하게 성장하고 있는가?' 하는 것이다. 혹시 소수 몇 명만이 자료를 올리고, 나머지 선생님들은 '자료를 다운받는 사람으로만 전락하게 하는 것은 아닌가?' 하는 생각이 든다. 이것은 어쩌면 인디스쿨이 성장 플랫폼이 아니라 단순히 자료를 모아놓은 데이터베이스일지도 모른다는 생각을 한다. 나는 지금 인디스쿨이 문제가 있다고 말하는 것이 아니다. 인디스쿨 그 존재 자체는 교사들에게 큰 힘이요 위로다. 다만, 이제 우리가 같이 고민해야 할 것은, 언제까지 남의 자료만 다운받고 있을 거냐는 것이다. 교사 초임기에는 잘 모르니 여러 자료를 다운받고 그것을 활용해 자신의 교육 활동을 하는 것은 당연하다. 하지만 점차 경력이 쌓이면서는 교사 스스로 자기 콘텐츠를 만들 수 있는 지점으로 넘어가야 하는데, 이 단계까지 넘어가는 교사가 많지 않아서 아쉽다.

내 오랜 고민은 교사가 왜 학교에서 성장할 수 없냐는 것이다. 교사가 학교 안에서 스스로 성장하고 발전하는 플랫폼이 있다면, 지금처럼 외롭지 않을 텐데, 왜 학교는 성장의 플랫폼은 없고 형식적인 모임만 있냐는 것이다. 개인적으로 학교가 공동체가 되면 좋겠다. 학교에서 교사들이 함께 비전을 세우고 그 비전을 바탕으로 교육 활동을 디자인하고 서로 협력하는 학교. 생각만 해도 기분이 좋다. 그런데 이것을 할 수 있도록 리더십을 발휘하는 관리자가 몇 명이나 있을까?

학교 밖 모임도 마찬가지다. 학교에서보다는 더 자연스럽게 의사소통이 이뤄지지만, 단순히 연수 모임 혹은 자료 찾는 모임으로 전락하는 경우가 많다. 무림의 고수 몇 명이 나타나서 비법을 전수하는 형태로 지금 교사 모임이 이뤄지고 있다. 그래서 소수 특정인에게 모임이 의존하는 경우가 많다. 그 고수가 말한 것이 하나의 매뉴얼이 되고, 그것을 반복해서 훈련하는 형태로 흘러간다. 그러면 그곳에서 자기 색깔을 찾는 것이 아니라 오히려 자기 색깔이 그 모임의 주된 콘텐츠에 흡수된다. 그리고 어느 정도 그 콘텐츠가 익숙해졌다 싶으면 교사들은 떠난다. 그 모임에 오래 있으면서 같이 성장하는 것이 아니라, 자신의 교육적 목마름을 해결해줄 또 다른 모임을 향해 떠난다. 그리고 한 모임에 다시 정착하고, 그 콘텐츠를 익히고 또 자기 색을 지워간다. 오랫동안 교사 모임을 이끌면서 가장 가슴 아픈 것이 이것이다. 선생님들이 한곳에 오래 머물러서, 그 공동체와 함께 성장과 성숙을 도모해야 하는데, 어느 수준을 익혔다고 생각하면 또 다른 모임을 찾아 떠난다. 이런 현상이 반복되니 모임을 이끌었던 리더는 지쳐가고, 여러 모임을 쇼핑하는 선생님들은 잔기술은 늘어가는데, 깊이 있는 한 방이 없는 모습을 본다.

수업코칭연구소도 그랬다. 최초에 만들어놓은 수업나눔, 수업성찰의 틀을 그대로 답습하는 경우가 많았다. 새로운 적용을 하기 바랐지만, 교사들은 이상하게도 최초에 만들어놓은 그것을 그대로 가져가려고 했다. 5년 정도 지나니 선생님들은 연구소의 콘텐츠들을 다 익히고 자신의 현장에 잘 적용하고 있었다. 여기서 공동체의 위기가 나타났다. 몇몇 사람이 떠나기 시작했다. 더 이상 배울 것이 없기 때문이다. 그리고 계신 분들은 리더들이 가진 것, 그 이상의 무엇을 하지 않으니 모임이 정체되기 시작했다. 5년이 지나니 연구소를 위해 헌신했던 사람들은 지쳐 있었고, 새로운 그 무언가가 나오지 않았다. 이제는 각자의 방식으로 연구를 하고, 자기 색깔을 지닌 콘텐츠를 만들어야 했는데, 그러지 않고 했던 것을 계속 반복하고, 그 안에서 정체되는 모습을 보였다.

그런데 이것이 비단 우리 연구소만의 문제가 아니었다. 대개 교사 공동체는 5년 정도 지나면 쇠퇴기를 맞는다. 최초에 시작했던 콘텐츠의 생명력이 다한 것이다. 그렇다고 나는 수업코칭연구소를 폐쇄하고 싶지는 않았다. 감사하게도 오랫동안 머물면서 같이 성장하고, 정을 나눈 선생님들이 있었기 때문이다. 교사 퇴임 이후에도 연구소의 예산과 회계를 정리해주는 김민선 선생님, 삶의 지혜로 후배들의 이야기를 끝까지 들어주고 기도해주시는 김경희 선생님, 따뜻한 웃음과 탁월한 지성으로 후배 선생님을 이끌어주시는 소희숙 선생님 같은 분이 계시기 때문에 연구소는 계속 있어야 했다.

처음에는 떠나가는 사람들이 원망스럽고, 이기적으로 보였는데, 이제는 시선을 바꿔서, '선생님들이 오래 머물지 않으면 안 되게끔 공동체를 만들어야겠다' 생각하고, 공동체의 방향성을 새롭게 모색했다. 그것은 콘텐츠 공동체였다.

교사가 계속 낙담하는 이유는 내가 교사로서 존재하는 이유를 찾지 못하기 때문이다. 수업에서 학생들이 성장하는 거 같지도 않고, 학교에서 여러 사람이 나의 교육적 노력에 대해서 알아주지 못하면, 교사는 그냥 낙담하게 된다. 아무리 수고를 해도 누군가 이를 의미 있게 봐주지 않으면, 내가 교사로 존재할 이유가 없다. 그냥, 무덤덤하게 결재 문서에 도장 찍듯이 수업하고, 학교에 출근하면 된다. 그러나 언제까지 사람들의 인정을 갈구하면서 나태하게 지낼 수는 없다. 내가 그래도 노력하고 있다는 것을 스스로 인정할 것이 필요한데, 그것이 교사가 만들어내는 콘텐츠였다. 그래서 2020년 나는 여러 선생님과 논의한 끝에, 수업코칭연구소를 이제는 위로의 공동체를 넘어 콘텐츠의 공동체로 가자고 선언했다.

이것은 상당한 부담을 주는 선언이었다. 왜냐하면 위로라는 말과 달리 콘텐츠라는 말은 무엇인가를 만들어야 한다는 인상을 주기 때문이다. 그러나 우리는 이 콘텐츠라는 말을 쓸 수밖에 없었다. 공동체 안에 위로가 필요 없다는 것이 아니라, 위로를 받고 다시 교사가 지향할 지점이 필요한데, 그것이 교사가 직접 만드는 콘텐츠였다.

보통 교사들은 변화하는 학생들을 보고 위로를 받는다. 그리고 교사로서 살아갈 의미를 찾는다. 하지만 사람의 변화는 늘 가변적이다. 학생이 성장한 거 같지만, 또다시 무례하게 행동하는 학생들을 보면 우리는 더 힘들어진다. 이때 그래도 교사가 스스로 만든 콘텐츠를 보면, 어려운 환경 속에서도 교사로서 존재하기 위해 노력했다는 것을 스스로 알게 된다.

보통 콘텐츠라고 하면, 유튜브에 올리는 영상을 지칭할 때가 많은데, 교사로서 남겨야 하는 콘텐츠는 방송용으로 올리는 화려한 내용물이 아니라, 학생들을 교육적으로 성장을 시킬 수 있는 내용물을 말한다. 가장 대표적인 것이 수업이다.

수업에서 내가 사용했던 활동지, 영상, 자료들이 다 교육적 콘텐츠에 해당한다. 내가 수업에서 하나의 교육적 목적을 위해서 다양한 자료들을 교과 지식과 잘 연결했던 수업 내용물이 하나의 콘텐츠가 된다.

수업을 준비하기 위해서 교사들은 수많은 자료를 찾는다. 그리고 그것을 활동으로 조직한다. 경력이 쌓이고 교사 전문성이 높아질 때마다 교사가 만들어내는 콘텐츠는 질적으로 향상된다. 그래서 수업코칭연구소에서는 교사 스스로 자기 색깔을 찾고, 여태까지 만들어놓았던 수많은 자료를 하나의 콘텐츠로 변환시키는 작업을 함께 하기 시작했다.

가끔, 15년 동안 내가 만들어놓은 수업 콘텐츠를 본다. 시 수업을 처음 할 때, '시가 왜 있어야 하는지', '시를 어떻게 감상하는지' 등 다양한 노래와 시, 그림들로 12차시 활동으로 만들어낸 활동지가 있는데, 그것은 내가 만든 것이다. 이것을 들여다보면, 그동안 이런 각각의 자료를 모으고, 이것을 하나의 수업으로 만들어내기까지 고심했던 내 모습이 보인다. 그런 내 모습을 회고하고 있으면, 그동안 내가 걸어온 길이 헛되지만은 않았다는 생각이 든다. 그리고 외장하드에 있는 학생들과 의미 있는 배움을 만들어내기 위해서 모아놓은 수많은 자료, 아직 콘텐츠가 되지 않았지만, 이런 자료들이 있으면, 앞으로 어떤 학생들을 만나더라도 수업을 준비하는 데 큰 문제가 없다는 생각을 한다.

물론 교사로서 자신의 존재감을 증명하는 일은 여러 가지다. 꼭 콘텐츠를 만드는 삶이 교사 생활의 전부는 아니다. 그러나 한 번 생각해볼 필요가 있다. 교사 삶에서 내가 남겨야 할 것이 무엇인지, 그리고 지금도 여전히 내가 교사로서 살아있다고 말할 때, 내가 보일 수 있는 것은 무엇인지, 내 안에 여전히 학생들을 향한 기대와 소망이 있다고 말로 설명할 수는 있지만, 그것은 보여줄 수가 없다. 하지만 콘텐츠는 다르다. 눈에 보이는 결과물이기에 내가 교사로 참 열심히 살아왔다는 증거가 된다.

마네도 힘들었다. 계속되는 미술 전문가들과 지식인들의 비난에 시달렸다. 그러나 그의 새로운 그림에 영감을 받고 그를 따르는 친구들이 생겼다. 그중 대표적인 사람이 모네다. 모네는 마네가 새로운 미술 형식으로 아름다움을 표현하는 것에 매력을 느끼고, 그와 함께 새로운 회화를 개척하기로 한다. 그리고 실내가 아닌 실외로 나가서 눈에 보이는 빛을 다양한 색채로 표현하기 시작한다. 그중 대표적인 그림이 '풀밭 위의 점심'이다.

사람들이 욕했던 마네의 '풀밭 위의 점심'을 자신만의 스타일로 재해석하여 모네다운 그림을 내어놓는다. 모네는 마네의 그림에서 모티프를 가져와서 풀밭 위에서 담소를 나누는 사람들의 분위기에 주목한다. 그들을 감싸 도는 빛의 따뜻함. 모네는 그 빛의 미묘한 변화에 집중하면서, 풀밭 위의 점심을 재창조한다. 사람들의 편견과 맞서면서, 자신이 생각하는 아름다움을 세상에 내어놓으니, 전보다는 비난의 강도가 점차 약해지고, 그들이 표현하려는 아름다움에 사람들이 매료되기 시작했다. 이렇게 해서 미술사에 큰 족적을 남기는 인상주의가 시작된다. 인상파 화가들이 용기 있게 맞설수 있었던 것은 의지가 되는 커뮤니티 안에서 자기만의 콘텐츠를 계속 고민하고 만들어냈기 때문이다. 마네 또한 동료들이 재창조하는 그림 콘텐츠를 보면서, 자신이 그린 그림이 헛되지 않았다는 생각을 하면

모네, 풀밭 위의 점심, 1865

서 계속 기존 화풍과는 다른 새로운 그림을 계속 창조해낸다.

　교사로 살지만, 내가 걸어온 흔적이 잘 보이지가 않을 때가 있다. 내가 나를 남기지 못했기 때문이다. 하루를 숨 가쁘게 살다 보니, 내 흔적을 남기는 것을 미처 생각하지 못했다. 어느덧 우리도 무색무취의 삶에 익숙해졌다. 이것이 내 교육에도 고스란히 연결된다. 익명성의 수업으로 흘러가니 교사로서의 활력도 줄고, 학생들 앞에서 내 존재감도 옅어진다. 여기서 나의 존재를 외치려고 보니, 내가 누구인지도 모르고, 내가 무엇을 좋아하는지도 모를 때가 있다. 이때는 가던 길을 멈춰서서 가장 본질적인 질문을 던져야 한다.

"나는 누구인가?"

"나는 어떤 교사가 되고 싶은가?"

교사 생활을 오래 해보니 가만히 있다고 해서 나를 알아봐 주지 않는다. 나를 표현하고 드러내는 일을 반복적으로 할 때, 비로소 나의 존재를 알아봐 준다. 어쩌면 교사의 삶은 비정하다. 나를 드러내기 위해 애쓰지 않으면, 나는 무존재로 학생들의 삶에서 가벼이 지나간다. 이럴 때, 내가 하는 교육은 이런 것이라고 내 콘텐츠로 증명을 해야 한다.

이런 작업을 하려면 내 스스로 나의 한계를 긋는 것에서 벗어나려는 용기가 필요하다. 너의 수업을 만들어라, 너의 색깔을 찾으라고 말하면, 끊임없이 우리 안에서는 나는 부족해, 나는 능력이 없어, 스스로 비하하는 이야기를 많이 한다. 맞다. 우리는 교사로서 여전히 갖춰야 할 것이 너무 많다. 그래서 더더욱 우리는 내 색깔을 찾고 내 신념이 담긴 교육적 콘텐츠를 만들어야 한다. 물론 혼자서는 힘들다. 하지만 우리가 익명의 교사로 남아 있을 수는 없다. 무존재로 학생들에게, 동료 교사들에게 있을 수는 없다. 교사로서의 내 존재를 스스로 증명해야 한다. 두려움과 열등감을 이기고 공동체 안에서 콘텐츠를 만드는 삶에 대해 함께 고민해보자.

존재감(存在感) [명사]

1. 사람, 사물, 느낌 따위가 실제로 있다고 생각하는 느낌.

- 교사로서 존재하고 있다고 느끼는 순간은 언제인가요?

- 교사로서 내가 남기고 싶은 콘텐츠는 무엇인가요?

콘텐츠를
만드는 교사

인상파의 시작은 화가들의 특별한 재능 때문이기도 하지만, 19세기 중반 사진기의 발명과도 관련이 깊다. 과거 미술의 주된 목표는 재현이었다. 사람의 얼굴을 그대로 재현하거나, 역사나 성경, 신화 속의 이야기를 재현하는 것을 가장 중요한 목적으로 삼았다. 그래서 화가들은 성경이나 신화 인물을 가능한 한 멋있게, 웅장하게, 아름답게 묘사했다. 19세기 프랑스 미술학교에서는 이런 그림들을 최고의 것으로 평가했다. 그런데 재현의 기능을 잘 담당하던 화가들은 사진기라는 복병을 만나서 밀려나게 되었다. 그림은 사진에 밀려서 사람들의 관심에서 멀어져 가기 시작했다. 이때 깨어 있는 화가들은 무엇을 그려야 할 것인지를 진지하게 고민하면서 새로운 형태의 그림을 만들어내기 시작했는데, 인상파 화가들도 그중 하나였다.

온라인 수업이 시작되면서 선생님들의 수업은 만천하에 공개되었다. 이때 우리가 쉽게 취할 수 있는 방법은, 남의 좋은 수업을 갖다 붙이기를 하는 것이다. 가장 편한 작업이기는 하지만, 마음 한구석에는 여전히 이런 의문이 든다. 나는 교사인가? 교사란 어떤 존재인가?

내가 단순히 남의 수업을 복사하는 존재라면, 나는 교사로서 왜 존재하는가? 지금 나는, 온라인 수업을 내 수업 촬영한 것만 올려야 한다고 이야기하는 것이 아니다. 실시간 원격 수업으로 온라인 교육이 통일되어야 한다고 말하는 것은 더욱 아니다. 온라인 수업도 경우에 따라서 여러 가지 형태로 나타날 수 있다. 중요한 것은, 교사가 온라인 수업 혹은 오프라인 수업을 다양한 형태로 진행하면서, 수업에 대한 본질적인 질문을 놓치지 말아야 한다는 것이다. 19세기 말 혁신적인 화가들은 '그림은 무엇이어야 하는가?' 라는 본질적인 질문을 던지면서 자신의 화풍을 바꿔갔다. 자신만의 화풍을 완성하고 그림이 주는 심미적인 경험들을 새롭게 실험했다. 그렇지 않은 화가들은 시간이 지나면서 서서히 잊혀 갔다. 그 대표적인 화가가 알렉산더 카바넬이다.

카바넬은 '비너스의 탄생' 을 인체의 비율, 구도, 색감 등 미술학교의 규

카바넬, 비너스의 탄생, 1863

범을 잘 지켜 그림을 그린다. 당시에 나폴레옹 3세가 구입하여 더 화제가
되었고, 이 그림은 1863년 살롱전에서 1등을 한 작품이다. 하지만 이런 류
의 그림은 서서히 주목을 받지 못한다. 상을 받기 위해 사람들의 입맛에
맞춰서 그린 그림은 시간이 지날수록 뚜렷한 메시지가 없어서 사람들의
머리에 잊혀진다.

　오히려 이 시대에 1863년 같이 살롱전에 나왔다가 낙선된, 마네의 '올
랭피아'는 여전히 현재에도 주목을 받는다. 왜냐하면 여기에는 마네의 메
시지가 살아있기 때문이다.

　마네는 지난 그림과 마찬가지로 기존의 화풍과는 다른 길을 걷는다. 계
속해서 그는 평면의 그림을 그린다. 2차원의 캔버스에서 굳이 3차원적인
표현을 할 필요가 없다고 그는 생각했다. 명암의 표현과 원근을 상세하게
표현하기보다는 그림의 평면성을 더 강조하면서, 화가의 메시지를 더 강

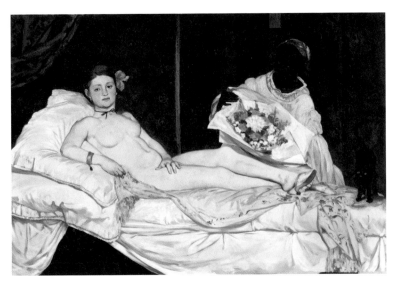

마네, 올랭피아, 1863

렬하게 넣어야 한다고 생각했다. 그래서 그의 그림에는 카바넬의 그림에서 보는 것과 같은 완벽한 원근, 색채감, 아름다운 형이 없다. 차갑게 관람객을 쏘아붙이는 여성만이 존재한다. 당시의 여성의 누드는, 성경과 신화 속 인물로 한정했는데, 마네는 현실의 인물을 통해 여성의 누드를 과감하게 그려낸다. 마네는 사람들이 아름답지 않다고 생각하는 대상들도 과감하게 그려내면서, 그림이 지녔던 전통을 철저히 깨부순다. 그리고 마네는 미술사에서 사람들에게 욕을 가장 많이 먹은 사람 중의 한 명이 되었다.

당대에는 마네의 그림이 사람들에게 욕을 먹었지만, 지금은 다르다. 마네의 '풀밭 위의 점심', '올랭피아'는 미술의 지평을 새롭게 연 그림이라 칭송을 받는다. 후에 등장하는 모네, 세잔, 피카소, 마티스 등에게 영감을 줘서, 마네는 모더니즘 화가의 아버지라 불린다. 결국 교사가 콘텐츠를 만들려고 할 때도 중요한 것은 마네처럼 자신의 감성과 메시지를 잘 찾고 이를 수업에 잘 녹여내는 것이다.

이 선생님은 역사 선생님으로 늘 그의 수업은 풍요로운 자료가 넘쳐난다. 예를 들어, 영조와 정조에 대해 가르친다면, 역사 교과서에는 영조, 정조, 탕평책에 관한 내용이 객관적으로 기술되어 있다. 우리가 이것을 전통적으로 수업을 한다면, 학생들이 각 역사적 지식을 잘 이해하게끔 정리하고 설명하면 된다. 그런데 이 선생님은 다르다. 그는 영조와 정조를 설명하면서 단순히 역사적 사건을 배열하는 것이 아니라, 자신이 잘 알고 있는 MBTI 검사를 바탕으로 영조와 사도세자, 정조의 심리를 분석하게 한다. 이를 바탕으로 이 교사는 '영조가 자기 아들인 사도세자를 왜 뒤주에 가둬서 죽였을까'를 분석하게 한다. 여기에 칼 융의 그림자 이론을 통해, 영조의 열등감을 학생들에게 설명하고, '학생들에게 자신의 열등감은 무엇일까'를 생각해보게 한다. 이 교사에게 있어서 역사는 그냥 역사가 아니다. 현재를 살아가는 지혜로서의 역사다. 그래서 그의 역사 수업에서는 사람의 심리, 내면을 말하는 이야기가 많이 나온다. 그것을 통해 이 선생님은 학생들이 자신의 삶을 깊게 성찰하기를 원하는 것이다. 그래서 그의 수업에서는 그림과 노래가 많이 등장한다. 역사 지식으로 내면 작업을 하려면, 따뜻한 환대의 분위기가 연출되어야 하기 때문이다.

　어떻게 하면 우리도 이 선생님처럼 내 감성과 메시지를 수업에 넣을 수 있을까? 그것은 교사 스스로 교과 지식이 가지는 방향성을 고민하면 된다. 우리가 가르치는 교과 지식은 구조(Structure)와 방향(Direction)으로 이뤄져 있다. 구조란 그 지식이 가지고 있는 형식과 체계, 이론을 말한다. 소위 말하는 객관의 영역이다. 예를 들어, 시에 대한 수업을 한다면 시의 정의, 시어의 특징, 시에 쓰는 수사법의 종류 등은 구조에 관한 지식이다. 이미 많은 사람으로부터 검증된 지식을 우리는 수업 시간에 먼저 이야기한다. 그런데 이 구조를 그대로 전달만 하면 수업은 정보를 전달하고 이해시키는 데만 그치게 된다. 지식을 살아있게 전달하려면, 학생 스스로 그 지식을 삶에서 잘 활용하게 해야 한다. 이것이 지식의 방향이다. 여기에 교사의 주관적인 신념이 들어갈 수 있다. 어떤 선생님은 시를 활용하여 자신의 내면을 표현하게 할 것이고, 어떤 선생님은 시적인 표현을 활용하여 친구의 장점을 말하게 할 것이다. 교육과정에 나와 있지 않지만, 교과 지식을 바라보는 교사의 시선에 따라서 같은 지식을 배워도 다양한 방향으로 수업은 변주될 수 있다.

　앞서서 이 선생님은 자신의 역사 수업을 통해 학생들이 정서적인 반응을 해주기를 바랐기 때문에 자신의 수업에 MBTI 심리 검사, 칼 융의 자료가 들어올 수 있었다. 즉 교사의 수업이 콘텐츠가 되려면 교사의 시선에 의해서 교과 지식이 새롭게 해석되어야 한다. 이를 위해서는 교사가 그 지식에 대한 물음이 있어야 한다. 수업을 통해 무엇을 말하려고 하는지, 그 지점이 분명하게 있어야지, 수업 속에 내 색깔이 묻어나오고, 이를 통해 수업은 콘텐츠로 남겨질 수 있다.

과목	수업에서 가르치고 싶은 것들	수업에서 기대하는 단어들
국어	언어를 통한 만남과 사귐	공감, 소통, 연결, 표현, 진심, 만남, 성찰
수학	수를 통해 알아가는 세상의 질서	질서, 탐구, 법칙, 정직, 끈기, 과정, 정확, 증명
예술	예술적 언어의 다양한 표현 방식, 예술을 음미하는 방법	아름다움, 심미성, 예술, 감정, 경이로움, 놀람, 슬픔, 표현, 창조성, 치유
과학	세계에 대한 탐구, 과학적 탐구 방법	탐구, 질서, 호기심, 발견, 실험, 도전, 질문

마네는 신화의 장면을 재현하는 것을 그림의 목적이라고 보지 않았다. 그림의 목적은 현실에 존재하는 아름다움을 그려야 하는 것이라고 생각했다. 그래서 그는 그림의 본질에 다가서기 위해 당대의 화풍에 저항하는 그림을 그렸다. 그림의 방향을 새롭게 봤다. 수학 수업도 마찬가지다. 수학의 구조 자체에만 몰두하게 하는 수업도 좋지만, 수학이 학생들에게 의미가 있으려면, 그 수학적 지식이 어떤 방향으로 나아가는지를 수학 선생님은 말할 수 있어야 한다. 과학 또한 마찬가지다. 광합성 작용을 무의미하게 가르치는 것이 아니라, 식물이 광합성 작용을 통해 매우 신비롭게 자라고 있음을 학생 스스로 깨닫게 해야지 과학적 탐구심이 길러진다. 음악 수업도 바흐는 음악의 아버지, 헨델은 음악의 어머니를 그냥 외우게 하는 것이 아니라, 그들이 어떤 생각과 마음으로 음악적 언어를 새롭게 만들어냈는

지를 체험하게 해줘야 한다. 결국 교사가 자기 색깔을 넣으려면, 객관화된 지식도 잘 가르쳐야 하지만, 그 지식이 어떤 방향과 가치를 가져야 하는지를 교사가 자신의 경험을 바탕으로 말할 수 있어야 한다. 이럴 때 수업 속에 내 감성이 표현되고, 메시지가 되어 학생들 마음에 다가설 수 있다.

우리는 질문을 해봐야 한다. 우리가 수업 시간에 가르치는 지식이 도대체 무슨 의미가 있는 것인지를, 왜 우리는 무리수를 배워야 하고, 영어의 가정법을 배워야 하는지, 화학 원소들은 어떤 의미가 있는지, 교과 지식을 처음부터 되짚어 보는 훈련을 해야 한다. 이를 '창조의 시선'이라고 한다. 창조의 관점에서 왜 인간은 그 지식을 만들었고, 그 지식이 우리 삶에 어떤 의미가 있는지를 근원부터 더듬어 올라가야 한다. 사실 학생들이 공부가 힘든 이유가 삶의 맥락이 단절된 지식을 많이 배우기 때문이다. 왜 복소수를 배워야 하는지, 영어에서 왜 현재완료 시제가 존재하는지 등 학생들은 그 근원이 생기게 된 맥락에 관심이 많은데, 우리의 수업은 그 맥락은 가르치지 않고, 정리된 지식만을 외우게 할 때가 많다. 그러니 학생들은 답답하다. 결국 교사의 가르침에 특별함이 묻어 나오려면, 말솜씨가 아니라 내용이 준비되어야 한다.

비밀을 하나 얘기해 주지. 시가 아름다워서 읽고 쓰는 것이 아니다. 인류의 일원이기 때문에 시를 읽고 쓰는 것이다. 인류는 열정으로 가득 차 있어. 의학, 법률, 경제, 기술 따위는 삶을 유지하는 데 필요해. 하지만 시와 미, 낭만, 사랑은 삶의 목적인 거야. 휘트먼의 시를 인용하자면

오, 나여! 오, 생명이여!

수없이 던지는 이 의문!

믿음 없는 자들로 이어지는 도시

바보들로 넘쳐흐르는 도시

아름다움을 어디서 찾을까?

오, 나여! 오, 생명이여!

대답은 한 가지 네가 거기에 있다는 것, 생명과 존재가 있다는 것, 화려한 연극은 계속되고 너 또한 한 편의 시가 된다는 것. 여러분의 시는 어떤 것이 될까? (영화 '죽은 시인의 사회', 키팅 선생님)

영화 '죽은 시인의 사회'를 보면서 국어 교사의 꿈을 키웠다. 내가 가르치는 수업으로 우리 학생들이, 나와 잘 만나고 너와 잘 소통하고 세계를 잘 이해하기를 바랐다. 그래서 아래와 같은 표를 늘 그리면서, 내 수업이 어디로 향해야 할 것인지를 늘 고민했다.

	나-나	나-너	나-세계
수업에서 가르치고 싶은 것들	대화하기	이해하기	탐구하기
수업에서 기대하는 단어들	자존감	공감	책임감

그러다 보니 내 수업은 자연스럽게 콘텐츠가 되었다. 윤동주의 시들로 학생들 스스로 자신의 삶을 참회하는 글을 적는 시간을 가지면서 자존감을 키워가게 했고, '난장이가 쏘아올린 작은 공'을 배우면서 우리 주변에 늘 약자가 있다는 사실을 인지하면서, 타인의 아픔에 공감하는 글을 쓰게 했다. 각종 비문학 글은 이 세계 속에서 우리가 어떤 책임을 가지고 응답해야 하는지를 고민하는 시간이 되게 했다. 인공지능 사회에 우리는 어떤 삶을 살아야 할지, 코로나바이러스의 창궐은 인간의 무분별한 개발로 인

한 것인데, 우리는 앞으로 어떤 삶을 살아야 할지를 고민하게 하는 작업을 가졌다.

물론 나의 모든 수업이 다 완벽하지는 않다. 그러나 계속해서 내 수업에 의미를 묻고, 그것에 대한 답을 스스로 찾으려다 보니, 더 많은 자료를 탐구하게 되고, 서서히 수업 속에서 내가 구현하고 싶은 단어들이 떠오르기 시작했다. 그것은 의미, 감성, 사고, 글쓰기, 자존, 성찰이었다. 이렇게 15년 동안 수업을 하니, 어떤 단원이든 학생들과 의미 있는 소통을 할 수 있는 자료들이 생겨났고, 이것으로 학생들에게 인문학적 성찰을 하는 수업 콘텐츠가 만들어졌다. 콘텐츠가 많이 모이니 이것을 선생님들과 자연스럽게 나눴고, 선생님들의 반응이 좋다 보니, 『내가, 사랑하는 수업』이라는 책을 2010년에 자연스레 내게 되었다.

처음부터 거창한 콘텐츠를 만들려고 노력한 것이 아니었다. 그저 내가 원하는 수업 빛깔을 찾고, 한 차시 한 차시 수업에 최선을 다하다 보니, 시간이 지나면서 내가 모았던 많은 자료가 하나의 주제, 하나의 목표로 연결되었고 이것은 교사와 학생들에게 의미 있는 콘텐츠가 되었다. 그리고 첫 책을 내고 나니, 자연스레 내 관심은 내 수업에서 다른 선생님의 수업으로 옮겨 갔다. 내가 수업을 잘하는 것도 중요한데, 내 책을 읽은 선생님들도 수업을 잘하게 해야겠다는 당찬 소망을 갖게 되었다. 그래서 수업코칭, 수업나눔에 관심을 갖게 되고, 실제적으로 여러 선생님과 함께 수업나눔을 하고 성장하는 이야기를 모으니, 이것이 또다시 콘텐츠가 되었다. 결국에는 이 콘텐츠를 다시 잘 정리해서, 2012년에 『교사, 수업에서 나를 만나다』를 내었고, 이를 통해 전국에 '수업 친구 만들기', '교사의 내면을 살피는 수업나눔' 운동이 펼쳐지게 되었다.

첫 책과 달리 두 번째 책에서는 다른 선생님들의 수업 이야기가 많이 실리니, 선생님들의 반응이 더 좋았고, 이를 통해서 나는 더욱더 교사의 수업 성장을 위해서 '우리가 본질적으로 더 고민해야 할 것이 뭘까?'를 고민했다. 그것은 교사의 삶이라는 것을 알게 되었다. 그래서 내가 교사로서 내 삶을 풍요롭게 만드는 것들을 잘 정리해서 2016년에 책을 내었는데, 그것이 『교사, 삶에서 나를 만나다』였다.

처음에는 그저 내 수업 하나 잘해보겠다는 생각에 콘텐츠를 만들었는데, 그것이 책으로 나오고, 내 시야도 점점 넓어지기 시작했다. 내 수업, 동료 교사의 수업, 교사의 삶으로 이어지는 내 관심은, 나를 더 성장시키고, 교사로서의 전문성을 키워가는 밑거름이 되었다.

그래서 나는 일단 우리 선생님들이 자신만의 콘텐츠를 찾기 위해서, 큰 부담을 갖지 말고 지금 내 시선이 어디에 머물고 있는지를 살펴보면 좋겠다. 모든 사람은 본능적으로 관심을 갖는 부분이 있다. 그것이 교육의 영역인지, 아니면 다른 영역인지를 살펴보면서, 스스로 내가 좋아하는 관심 분야를 발견하는 것이 좋다. 자주 읽는 에세이, 자주 사는 책들, 자주 보는 영화들을 살펴보면서 내가 어떤 분야에 관심이 있는지를 스스로 찾아보고, 그리고 내가 왜 그 분야에 대한 깊은 관심을 갖는지를 다시 들여다보면서 조금 더 깊은 공부를 하면, 내가 오랜 시간 동안 탐구할 분야가 생긴다.

이미 말했듯이 나는 미술 분야에 깊은 관심이 있다. 그중에서도 15~16세기 르네상스 미술과 19~20세기 현대 미술에 관심이 많다. 그 이유는 이 시기에 미술사의 변화가 가장 크게 일어났기 때문이다. 그래서 미켈란젤로, 다빈치, 마네, 피카소, 고흐에 늘 관심이 간다. 이미 알고 있는 지식이더라도 계속해서 책을 읽고 강연을 들으면서, 더 깊이 있는 지식을 쌓으려고 한다. 거창한 수업을 만들어야지, 책을 내야지라고 해서 공부하는 것이 아니라, 그냥 알고 싶어서 공부한다. 어떻게 그들은 그렇게 위대한 작품을 만들어낼 수 있었는지, 그들의 창조성의 원천은 무엇인지 더 알고 싶고, 그것을 교육의 시선으로 설명하고 싶은 욕심이 많다. 이런 욕심에 이탈리아 여행을 두 번이나 갔다 오고, 위대한 예술가들이 어떤 고민을 하면서 작품들을 만들었는지, 그리고 그들을 위대한 예술가로 성장하게 만든 환경은 무엇인지를 직접 체험하고 왔다.

사실 나는 엉덩이가 무척 가벼운 사람이다. 한자리에 앉아서 공부를 하거나 글을 쓰는 일을 잘하지 못한다. 책을 읽는 시간도 참 적다. 그런데 이상하게도 르네상스 미술과 현대 미술에 관한 책이나 강연은 시간 가는 줄 모르고 공부한다. 특히나 흑사병 이후에 르네상스와 종교개혁이 이뤄지는 것을 보고, 코로나19 이후 우리 교육이 어떤 길을 걸어가야 할지 더 깊이 공부해보니, 나름의 시선이 생기고 이렇게 책을 또 내게 되었다.

결국에 콘텐츠는 가만히 있는다고 해서 만들어지는 것이 아니라, 스스로 관심 분야를 찾고, 그 분야에 시간과 물질을 투자해서 계속해서 공부할 때, 지식이 쌓이고 어느 시점에서는 내 시선이 생겨서 하나의 콘텐츠가 된다. 지금 나는 르네상스 미술사를 계속 공부해서, 교사 은퇴 이후에는 르네상스 여행, 인상파 미술 여행을 하면서, 창조성에 관한 인문학 학교를 만들 생각을 하고 있다. 교사는 공부하는 자이기에, 하나의 분야에 오랜 시간을 두고 연구한다면, 좋은 콘텐츠를 만들 수 있다. 문제는 내가 관심 있는 분야를 찾고 그것을 끝까지 공부하는 끈기가 있어야 하는데, 삶이 고단하다 보니 도중에 공부를 멈추고, 그냥 현실에 안주할 때가 많아서 안타깝다. 분명 우리 안에는 좋은 콘텐츠를 만들 능력이 있는데, 그것을 발견하지 못하고 여러 상황에서 그냥 주저앉는 교사들을 볼 때, 늘 마음이 아프다.

내가 존경하는 선생님 중에 김경희 선생님이 있다. 이미 퇴직을 하셨다. 그럼에도 여전히 수업코칭연구소의 핵심 리더 역할을 하고 계신다. 퇴직

이후에도 수업코칭연구소에서 수년간 익혔던 수업나눔의 콘텐츠로 여전히 많은 선생님을 돕고 계신다. 그리고 본인이 개인적으로 익혀온 운동을 연구소 선생님에게 가르치고 있다. 매일 아침, 운동 동영상을 올리면서 짧은 시간에 어떻게 운동을 해야 하는지를 보여주고 있다. 책까지 편찬하시면서 일반인들과 함께 운동 동호회를 이끌고 있다. 김경희 선생님은 은퇴했지만, 오랫동안 본인이 연구한 수업코칭 콘텐츠, 운동 콘텐츠로 여전히 많은 사람을 돕고 있다. 교사라는 직업을 그만뒀지만, 예전보다 더 활발하게 교사들과 일반인들을 돕고 있는 선생님을 보면, 콘텐츠가 있는 교사는 정년이 없다는 것을 새삼 느낀다.

참 부담스럽겠지만, 우리 선생님들에게 물어본다. 은퇴하면 무엇을 할 것인가? 지긋지긋한 학교를 떠나서 여행만 다녀도 좋겠지만, 그것도 몇 개월이다. 수년 동안 아무 일도 하지 않고 연금만 타서 살면, 그것만큼 의미 없는 삶도 없다. 누군가를 돕고 성장시켜야지 삶의 의미가 찾아지는데, 콘텐츠가 준비된 교사와 그렇지 않은 교사의 삶은 그 방향성이 달라지게 된다. 연금, 부동산, 주식 등 물질적인 자산도 준비해야 하지만, 지적인 자산, 예술적인 자산도 꾸준히 준비해야 한다. 교사에게는 이것이 특별한 삶이 아니다. 교사로서 의미 있는 수업을 최선을 다해 준비하다 보면, 그 수업 콘텐츠로 일반 사람들을 가르칠 수 있는 강좌를 얼마든지 만들 수 있다.

나는 교사가 자부심이 있었으면 한다. 교사로서의 자부심, 사람을 교육하는 자로, 그리고 학생들을 바르게 인도하는 자로서의 자부심이 있으면 한다. 그때, 우리 자부심의 근거는 내가 하려는 교육 내용 그 자체에 있어야 한다. 내 능력이 한없이 부족하지만, 그래도 누군가에게 의미 있는 메시지를 던지려고 했던, 그 삶 자체가 우리 자존감의 근거다. 그래서 우리는 끊임없이 내가 남기는 교육의 흔적들을 잘 모을 필요가 있다. 학생들에게 받았던 편지, 수업에서 활용했던 여러 자료를 모으면, 좋은 콘텐츠의 재료가 된다. 처음부터 거창한 콘텐츠를 만드는 것이 아니라, 교사로서 내가 걸어온 흔적을 모으고 또 모으다 보면 그 안에서 내가 여러 사람에게 나눌 메시지가 보이고, 그것을 여러 사람에게 의미 있게 나누다 보면 그것이 훌륭한 콘텐츠가 된다.

　모네는 루앙 성당에 자리를 잡고 시간에 따라 변화하는 빛을 그렸다. 하나만 그린 것이 아니라 시간대별로 여러 개의 루앙 성당을 그렸다. 빛을 그려낸다는 것이 무엇인지, 자신의 그림으로 증명하고 싶었다. 처음에는 똑같은 소재를 여러 점을 그릴 필요가 있냐고 비난도 받았지만, 모네는 빛의 미묘한 변화를 루앙 성당 연작 시리즈로 보여준다. 포기하지 않고 자신의 메시지를 그림으로 그려내니 사람들이 그가 그려내는 아름다움이 무

(좌) 모네, Rouen Cathedral, Portal in the Sun, 1894
(우) 모네, Rouen Cathedral Façade and Tour d'Albane (Morning Effect), 1894

엇인지 비로소 이해하고, 그의 노력에 찬사를 보냈다.

교사가 성장하려면 어떻게 해야 하는가? 이제는 남겨야 한다. 작은 거라도 남겨야 한다. 부담되고 참 어려운 일이지만, 수업에 대한 나의 글을 남기고, 수업에 사용했던 그림, 시, 자료들을 남겨서, 계속 콘텐츠로 재가공하여 내 교육을 말하는 삶을 살아야 한다. 그 시작은 보통의 하루를 의미 있게 살아가려고 하는 작은 노력에 달렸다. 참 평범한 하루지만, 이 평범함이 모여서 특별한 하나의 사건을 만든다. 자전거를 타는 사람들의 목표는 내리지 않고 언덕을 올라가는 것이다. 정상에 서는 그 순간까지는 똑같은 행위를 반복한다. 거친 숨을 몰아쉬면서 한 바퀴, 한 바퀴를 참 지루하게 돌려야지 정상이 보이고 그 이후로는 내리막이다.

오늘도 우리는 자전거 한 바퀴를 돌린다. 참 작은 힘이지만 그래도 어제보다 1미터 앞으로 나아간다. 분명한 사실은 어제보다 그래도 조금 더 나아갔다는 것이다. 꽉 막힌 길도 시간이 지나면 뚫린다. 뭉쳤던 허리 근육도 시간이 지나면 유연해진다. 떨어지는 물방울에 바닥이 뚫린다. 수업 자료도 하나하나 모으고, 내 교육에 대해 아주 소박한 글을 쓰다 보면, 나중에 그것이 의미 있는 콘텐츠가 된다. 중요한 건 버티는 시간이다. 언젠가는 내가 기다리는 그 목표가 나올 거라는 희망으로 오늘도 의미 있는 수업을 한다. 자동차를 가게 하는 것은 엔진이지만, 교사를 걷게 하는 것은 희망이다. 나에 대한 희망, 학생에 거는 기대가 교사를 조금씩 나아가게 한다. 그래서 교사는 희망으로 오늘을 걷는 자이다. 교사로서 내 흔적을 콘텐츠로 남기는 자로 살아보자.

흔적 [명사]

1. 어떤 현상이나 실체가 없어졌거나 지나간 뒤에 남은 자국이나 자취.

- 교사로 살아온 나의 흔적은 어디에 남겨져 있나요?

- 내가 했던 수업에서 가장 의미 있었던 콘텐츠는 무엇인가요?

마음 처방
생각 처방

교사들은 현재, 너무도 기진해서, 스스로 일어날 힘이 없다. 교사가 다시 일어설 수 있도록 심폐소생술을 해야 한다. 자존감이 바닥에 떨어져 있고, 내적인 스트레스가 많은 교사들은 정서적인 치유가 먼저 일어나도록 마음 처방을 해야 한다. 이를 터칭(touching)이라고 한다.

공동체의 시작은 마음의 연결이다. 이를 잘 하기 위해서는 서로의 마음 문을 여는 작업이 필요하다. 이를 위해서 내 감정을 들여다보는 작업을 해야 한다. 가장 좋은 방법은 원으로 앉아서 자신의 내면을 이야기하는 것이다. '지금, 여기에'의 감정, 현재 감정을 누군가에게 이야기할 수 있는 모임을 만들어야 한다. 그런데 이것이 쉽지 않다. 내 감정을 잘 이야기하려면 정서적인 안전지대를 이루어야 하는데, 학교는 안전지대가 아니다. 어떻게 내 말이 돌고 돌지 모른다. 그래서 많은 교사는 학교 안보다 학교 밖 모임을 선호하고 그곳에서 마음을 여는 작업을 더 잘한다.

현재 소소한 책방에서는 이런 마음 처방을 하기 위해서 하루에 한 명이 돌아가면서 예술감성 콘텐츠로 글을 올린다. 이를 '소소한 묵상'이라고 하는데, 비가 오는 날이면 비가 오는 음악을, 금요일에는 지친 한 주의 끝에 쉴 수 있게 해주는 음악을 올린다. 개인 성향에 따라서 어떤 분은 시를, 어떤 분은 그림을, 어떤 분은 사진을 올린다. 소소한 책방에서는 지금, 현재 자신의 감정에 관심을 갖고, 그것을 나누는 작업을 가장 중요하게 했다.

2주에 한 번은 온라인으로 영상 모임을 갖는다. '심야책방'이라고 명명해서 2주에 한 번씩 선생님들이 자발적으로 돌아가면서, 내면 나눔을 한다. 정해진 시간은 1시간 30분인데, 위로가 더 필요한 분들은 2부로 밤 시간을 더 많이 가지면서 이야기를 나눈다.

그리고 수시로 선생님의 지친 마음을 달래는 감성 이벤트를 연다. 2020년에는 코로나 상황으로 우리 선생님들이 너무 지쳐 있어서 여러 이벤트를 했는데, 그중 하나가 '일상의 꽃 프로젝트'라고 해서, 마음이 힘든 분들에게 책상을 꾸밀 수 있는 감성 액자를 멋진 시와 함께 보내드렸다. 제법 돈이 드는 액자라 모든 분에게 드릴 수 없어서 가장 지저분한 교무실 책상 사진과 서걱거리는 자신의 마음을 글로 올려주신 분에게 선물로 드렸다. 그리고 '온라인 사진전'도 수시로 열었다. 하루는 봄비가 내리는데, 한 선생님이 산책을 하면서 비에 맞은 풀이슬 사진을 올려주었다. 그랬더니 책방 선생님들이 너나할 것 없이 비 오는 날 밖을 나가 산책하면서, 비 온 사진을 올려 주셨고, 하루만에 '비 오는 사진전'을 열면서 서로의 감성을 나눌 수 있었다.

이렇게 마음과 마음의 연결 작업을 하니, 소소한 책방 단체 대화방에는 수시로 감성 글과 사진이 올라온다. 책방이 만들어진 지 이제 거의 2년이 되어 가는데, 직접 얼굴을 자주 보지 않는데도 오래 만난 친구처럼 서로가 깊이 연결되는 것을 느낄 수 있었다.

사실 수업코칭연구소는 만들어진 지 8년이 지났지만, 이런 감성 작업이 없었다. 연구소다 보니 수업나눔에 관한 전문적인 연구를 하지, 마음을 서로 나눌 시간이 없었다. 가끔 만나면서 안부를 묻고 수업나눔을 깊게 연구했지, 마음 처방 작업을 많이 하지 않았다. 그래서 단체 대화방에 서로의 감정과 생각을 교류하는 작업도 적었고, 자유롭게 이야기를 나누지 못했다. 그러다 보니 공동체 안에 소속감도 떨어지고, 떠나가는 분도 꽤 있었다. 이에 소소한 책방에서 했던 마음 처방 작업을 2020년에 시작했다. 처음에는 연구 커뮤니티라 '선생님들 사이에 감정의 교류가 있을까?' 생각했지만, 아니었다. 매일 하루 일과를 나누고 2주에 한 번씩 온라인 실시간 영상 프로그램으로 '수북한 살롱'이라는 이름으로 그림책나눔, 삶나눔을 하니 그 안에서 따듯한 감정의 교류가 있었다. 이렇게 소소한 책방, 수업코칭연구소가 각기 다른 색깔로 선생님들이 마음과 마음으로 연결되니, 우리는 자기 콘텐츠를 찾아가는 두 번째 단계를 시작했는데, 그것은 생각 처방, 씽킹(thinking)의 작업이었다.

앞서 2장 심미안에서 말한 대로 감정은 금방 따뜻해졌다가도, 금방 식는다. 이 감정이 준 에너지를 다시 삶의 에너지로 바꿔야 하는데, 바로 생각 처방, 사유의 작업을 해야 한다. 사유란 어떤 주제를 가지고 깊게 생각하는 것을 말하는데, 이런 생각을 한 화가가 있으니 그 사람이 세잔이다. 그는 인상파에 속했지만, 인상파 화가들의 그림에 불만이 있었다. 인상파 화가들이 색을 잡아내는 것은 잘하는데, 형태감이 너무 무너져 있다는 것이었다. 그래서 그는 감각적인 인상만 잡아낼 것이 아니라, 변하지 않는 형태의 본질을 그려야 한다면서, 인상파 화가와는 다른 길을 걷는다. 우리가 잘 아는 대로, 그는 사과를 통해 색을 잡으면서도 형태를 단단히 만드는 그림에 도전한다. 그는 인상파의 화려한 색감을 이어받으면서도, 단단

세잔, The Card Players, 1896

한 형을 세우기 위해서 기하학적인 형태의 그림을 선보인다. 대표적인 그림이 '카드 놀이를 하는 사람들'이다. 카드 놀이를 하는 두 남자의 팔을 보면, 원기둥 모양으로 현실보다 더 길게 표현하면서 대상을 임의로 변형한 것을 알 수 있다. 머리 또한 구의 형태로 단순화시켜서 표현한 것을 볼 수 있다. 결국 세잔은 나중에 사물의 형태는 구와 원통, 원뿔로 단순화할 수 있다고 말한다. 그의 이런 사유는 피카소의 입체파, 몬드리안의 추상 미술에 큰 영감을 주면서, 화가들이 대상을 기하학적인 형태로 대상의 본질을 표현하는 길을 만들어줬다.

터칭으로 서로 감정교류를 했다면 씽킹은 서로의 생각을 교류하는 작업이다. 교사 생활을 하다 보면, 삶에 대해 학생들에게 해줘야 할 말이 너무 많다. 교과 지식에 대해 이야기하는 것은 그다지 어렵지 않다. 객관화된 지식이 이미 잘 정리되어 있으니, 그것을 바탕으로 말하면 된다. 그런데 수업 혹은 상담을 하다 보면, 삶에 대해 이야기할 때가 많다. 이때 많은 말을 학생들에게 하지만, 종종 내 말은 그냥 흩어진다. 진심이 담기지 않고 삶에서 내면화된 언어가 아니니, 말을 하면서도 말이 학생들의 마음에 빗나가고 있다는 것을 느낀다. 교사로서 힘든 것 중의 하나가 이런 점이다. 내 삶이 온전치 않은데, 학생들에게 '이렇게 살아야 한다'고 형식적으로 말할 때, 자신이 위선자처럼 느껴진다. 사유가 없는 교사는 공허한 교육을 할 수밖에 없다.

내 생각을 키우는 방법은 역시나 독서와 글쓰기다. 앞서 3장에서 이 내용에 대해 자세히 다뤘다. 그런데 문제는 '책을 읽고 글을 써라'는 말은 교사들이 가장 많이 하지만, 정작 교사가 하지 않는다는 점이다. 커뮤니티에서 마음 처방을 하는 작업은 누구나 다 좋아한다. 그러나 사유를 하면서 글을 쓰고 책을 읽는 작업에는 선뜻 나서지 않는다. 시간이 없어서 못쓰기도 하지만, 더 근본적인 이유는 교사들이 자기 생각을 표현하는 것을 두려워하기 때문이다. 아직 우리 한국 사회에서 자기 생각을 말한다는 것은 익숙하지 않다. 무엇보다 비교하는 마음, 내 생각이 다른 사람들에 비해 얕을 것 같은 두려움이 있어서, 선뜻 글나눔, 책나눔에 교사들이 나서지 않는다. 그래서 앞선 마음 처방이 중요하다. 감성으로 서로 하나가 되어 정서적 안전지대를 잘 만들어야 교사들은 그 안에서 자기 생각을 나눈다.

책방에서는 '소소한 독서'라고 해서 매달 책 읽는 시간을 가졌다. 다행히 독서를 좋아하는 선생님이 있어서, 그분의 기획하에 각 달에 맞는 책을 선정하고, 그것을 가지고 책나눔을 했다. 책은 수업에 써먹기 위한 책이 아니라, 나의 실존을 찾을 수 있는 책으로 선정했다. 교사들은 지친 마음을 들여다보고, 내 삶을 성찰하는 책을 좋아하는데, 소소한 책방에서는 그런 실존과 내 길을 고민해볼 수 있는 책을 같이 선정했다. 그랬더니 책을 같이 읽거나 글을 함께 쓰는 선생님이 정말 많이 늘었다. 스무 명 넘는 정도의 선생님이 한 달에 한 번 정도는 꼭 책을 읽었고, 인상 깊은 구절, 같이 이야기하고 싶은 구절들을 말하면서 생각을 나누었다.

학생들이 독서를 잘하게 하려면, 책을 읽는 기쁨을 직접적으로 줘야 한다. 그런 경험을 주는 방법으로는 저자와의 만남을 갖거나, 책과 관련된 영화를 보거나, 책 내용과 관련 있는 여행을 떠나는 것이다. 그리고 또 하나의 방법은 낭독회다. 소소한 책방에서는 선생님들에게 독서의 기쁨을 주기 위해, '소소한 낭독회'를 열었다. 분위기 있는 장소를 빌리고, 잔잔한 음악을 배경 삼아 자신의 목소리로 마음에 다가온 문장을 서로들 낭독하니, 책을 읽은 기쁨이 더 크게 느껴졌다. 자신의 목소리로 천천히 책을 읽는 체험은 많은 이에게 깊은 감동을 주었다. 이것은 자연스럽게 자기 생각을 적는 글로 연결된다.

이오덕 선생님은 말한다. 글짓기가 아니라 글쓰기 수업을 해야 한다고 말이다. 마찬가지로 교사들이 글쓰기를 하게 하려면, 교사들의 마음을 건드리는 작업을 해야 한다. 글을 쓴다는 것은 사유의 작업이지만, 영감을 받아야지 글을 쓴다. 결국 교사들이 자신의 생각을 키우기 위해서 글을 쓰려면, 영감이 있는 질문을 던져야 한다. 소소한 책방은 한 달에 한 번, 삶을 숙고할 수 있는 질문을 던지고 이에 대한 글을 쓰게 했다.

3월 두근거리다_당신을 두근거리게 하는 것은 무엇인가요?

4월 피어나다_내 삶에 무엇이 다시 피어났으면 좋겠나요?

5월 고백하다_이 말을 하기가 왜 이리 어려울까요?

6월 펼치다_미루고 미뤘던 접어놓았던 내 꿈은 무엇인가요?

7월 담다_미처 말에 담지 못한 마음이 있나요?

적절한 질문을 제시하면 선생님들이 글을 쓴다. 자신의 삶을 돌아보면서, 내 마음을 살피면서 글을 쓰고 내가 어디에 있는지, 또 어디로 가고 있는지를 성찰하게 된다. 이런 글들이 모이면 6개월에 한 번씩 책자를 만든다. 잘 디자인된 감성 노트에 선생님들의 글을 실어서, 선생님들에게 선물로 보내드린다. 아침마다 꺼내서 읽으시라고 '소소한 아침'이라고 이름을 지었다.

어떻게 하면 글을 잘 쓸 수 있는가? 책 읽기와 마찬가지다. 글을 쓰는 기쁨을 경험하게 해주어야 한다. 글을 통해 자기 생각을 정리하는 기쁨. 자신의 글이 남에게 읽혔을 때 격려받는 느낌. 내 글이 예쁜 책에 실려서 멋있게 보이는 기쁨. 이런 기쁨을 주지 않고 기계적으로 글만 쓰라고 하면, 글 재주가 있는 몇몇 사람만을 제외하고는 지속적으로 글쓰기로 발전하지 못한다. 소소한 책방에서는 여기서 한 걸음 더 나아갔다. 선생님들이 쓴 글 중 일부를 예쁜 사진에 얹어서, 다른 사람들에게 글 배달을 하기로 했다. 부끄러운 글이지만, 내 글 중 가장 잘 쓴 부분을 찾고, 그것을 다른 사람에게 알리는 작업은 의미가 있다. 내 글이 누군가에게 위로가 된다는 사실을 알게 될 때, 글쓴이는 힘을 받는다. 글을 이렇게 써야 한다, 생각은 이렇게 해야 한다고 지침을 주기보다는 교사가 계속 영감을 받고, 사유할 수 있는 생각 처방을 해주면, 교사는 지성인이기에 자신의 시선을 찾고, 사유를 시작한다.

이런 씽킹 작업을 그대로 수업코칭연구소에 실험했다. 앞서 말한 '수북한 살롱'에서 같은 방식으로 한 달에 한 번 책 읽기를 시도했고, 수업나눔을 하는 연구소이니 수업나눔 후에 자신의 수업을 성찰하는 일기를 쓰게 했다. 그랬더니 연구소에서는 소소한 책방과 같은 삶 나눔보다는 자신의 수업을 깊이 있게 성찰하는 교육 에세이가 나왔다. 내가 수업에서 학생들과의 관계가 왜 서툴렀는지, 수업 디자인을 할 때 왜 학생들과 협력하는 부분에 집착하는지 등 수업에 대한 깊이 있는 글들이 나오기 시작했다. 수업코칭연구소는 연구소다운 생각 처방으로 교사들의 수업 전문성을 키워갔다.

학교 밖 모임에서 이렇게 마음과 생각이 연결되는 모습을 보면서 학교 안에서도 이런 모습을 보고 싶었다. 하지만 학교 안에서 이런 작업을 하기에는 우려되는 지점이 여러 가지가 있었다. 비가 오는 날, 우리 학교 선생님들에게 단체 대화방으로 노래 선물이라도 드리고 싶지만, 괜한 오지랖으로 선생님들을 불편하게 할까 봐 하지 않는다. 학교 안에는 이런 경직된 문화가 있다. 업무상으로 만나는 관계가 많다 보니, 꼭 필요한 업무상의 공지가 아니면 서로 연락하지 않는다. 이렇게 마음과 생각이 경직되어 있으니 학교 안에서 창의적인 영감이 나오거나 상상의 이야기들이 오고 가지 않는다. 부끄러운 고백이지만, 학교 안에서 아직까지 나는 생각과 감정이 연결되는 경험을 많이 하지 못했다. 이것은 나의 한계다. 하지만 분명히 노력을 한다. 끊임없이 친한 선생님들과 마음을 나누고 생각을 나누는 작업을 한다. 그랬더니 지난 9월 온라인 수업을 준비하면서는 뜻이 맞는 선생님들끼리 모여서 자체적으로 연수를 진행했는데, 고경력의 선배 선생님들까지도 자발적으로 참여하면서 학교 안에서 서로 배우고 돕는, 훈훈한 분위기가 연출되었다.

학교에서 교사는 서로 연결되는 존재여야 한다. 서로 배움을 주고, 배움을 받는 커뮤니티여야 한다. 그 시작은 터칭과 씽킹에서 온다. 그래야 우리 수업 안에서 감성과 지성의 열림이 일어난다. 이런 연결과 사유의 경험 없이 학생들에게 좋은 수업을 하기란 힘들다.

교사로서 나는 어떤 꿈이 있을까? 처음 교사를 할 때는, 기회가 주어진다면 멋진 교장이 되고 싶었다. 소통을 잘하는 교장이 되어서, 학교다운 학교를 만들고 싶었다. 모든 교사가 웃음과 기쁨이 넘치면서 자기다움을 지키는 학교, 입시 명문은 아니더라도 학생들 스스로 자기 삶의 가치를 발견하는 학교를 만들고 싶었다. 그런데 교사 생활을 하면서, 책을 쓰게 되고, 이에 교사들의 마음을 움직이는 작가로, 강사로 서다 보니, 새로운 꿈이 생겼다. 그것은 교사들의 내면과 감성을 충전시켜주는 일이다. 동네 책방처럼, 선생님들이 찾아와 쉬고 재충전하는 그런 공간을 만들고 싶다. 교사들의 책방지기로 선생님들 옆에서 큰 것이 아닌, 소소하고 일상적인 것을 갖다주면서, 우리가 잃어버린 보통의 삶, 일상의 기쁨을 다시 알려주고 싶다.

은퇴 이후에도 이런 책방 사역을 하고 싶다. 오프라인에 교사들의 쉼터, 혹은 일반인들이 잠깐 와서 자기 존재를 깊이 들여다보는 그런 공간을 만들어가고 싶다. 더 나아가서, 나뿐만 아니라 각 지역의 선생님들도 작은 책방을 열게 하고 싶다. 소소한 책방 영종도, 소소한 책방 진주, 소소한 책방 제주 등 각 지역에서 뜻 맞는 사람끼리 네트워크를 만들고 서로 연합해나가는 책방. 단순히 책만 파는 곳이 아니라, 인문학적 성찰을 할 수 있는 낭독회, 글쓰기, 책 만들기 등 예술 감성 프로그램을 만들어서 사람들을 만나고 서로 연결하는 작업을 하고 싶다.

2년 전 오르세 미술관에 갔을 때 가장 보고 싶었던 그림은 세잔의 사과였다. 50년 동안 사과만 그리면서 자신의 감성과 사유를 완성한 세잔. 그가 그린 사과를 보고 싶었다. 컴퓨터 화면으로는 느낄 수 없는 원작의 아우라를 느끼고 싶었다. 저 먼발치에서 세잔의 사과가 보였다. 가까이 가서 보니 칠하고 또 칠한 세월의 흔적이 보였다. 가장 완벽한 형태와 아름다운

세잔, Apples and Oranges, 1900

색을 찾기 위해서 50년 동안 그린 사과. 그 안에 내 삶의 길이 보였다. 관람자가 많았지만, 한참을 머물고 최대한 가까이 다가가서 사진을 찍어 왔다. 50년 동안 사과만 그리면서 가장 완벽한 그림을 꿈꿨던 세잔의 집념을 두고두고 보고 싶었기 때문이다.

나는 지금 학교 밖에서 두 개의 성장 커뮤니티를 이끌면서, 교사가 성장하는 것을 내 눈앞에서 보고 있다. 그리고 언제인지는 모르겠지만, 내가 근무하는 학교까지도 성장하는 커뮤니티를 만들어서 학교 안에서 선생님들이 밥을 먹으면서 수업에 대한 아이디어를 나누고, 교육에 대한 상상력을 키우면서, 학생들과 함께 성장하고 같이 배우는 그런 날을 꿈꾼다. 미래 교육은 인공지능을 가르치고, 코딩 과목을 교육과정에 편성한다고 이뤄지는 것이 아니다. 교사와 학생, 교사와 교사가 마음과 생각이 연결되는 마음 처방과 생각 처방을 통해 이뤄진다. 세잔처럼 교사가 자기만의 사과를 오랫동안, 깊게 그려내는 것을 통해 완성된다.

교사의 언어

영감(靈感) [명사]
1. 창조적인 일의 계기가 되는 기발한 착상이나 자극.

- 삶에서 영감을 받는 순간은 언제인가요?
- 교육적 상상을 위한, 창조적 영감을 어디에서 얻고 있나요?

연구 처방
콘텐츠 처방

교사는 수업을 그냥 하는 자가 아니라 말하는 자여야 한다. 삶에서 느낀 감정과 생각을 교과 지식을 매개로 알려주는 자다. 이를 잘하기 위해서는 용기가 필요하다. 내가 내 생각을 말할 수 있는 용기. 그래서 한 교사가 자기만의 색깔이 있는 콘텐츠를 만들기 위해서 필요한 것이 바로 텔링(telling), 연구 처방의 작업이 필요하다.

15세기 독일에 아주 용기 있는 화가가 있었다. 자신의 그림을 예수님처럼 그렸던, 아주 자존감이 높은 화가가 있었으니 알프레드 알브레히트 뒤러다. 여러 인물 사이에 살짝 자신의 얼굴을 그릴 수는 있어도, 이렇게 대놓고 자기 얼굴을 그린 화가는 뒤러가 처음이다. 자화상 옆에는 아예 이런 글귀까지 적어 넣는다.

'나 뉘른베르크의 알브레히트 뒤러는 스물 여덟의 나이에 영원한 물감으로 자신을 그렸다.'

누군가는 이런 모습을 교만하다고 볼 수 있겠지만, 지금 교사들에게 필

뒤러, Self-Portrait at the Age of Twenty Eight, 1500

요한 것이 바로 뒤러와 같은 자신감이다. 나는 교사가 어느 정도의 에고 (ego)가 있어야 한다고 생각한다. 텔링은 자신의 생각을 말하면서, 나를 세워가는 작업이다. 나를 세우는 작업이다. 내가 고민했던 것, 내가 연구했던 것을 커뮤니티 안에서 표현하는 작업이다. 터칭과 씽킹은 누군가로부터 내 감성과 지성을 자극받는 작업이었다면, 텔링은 주도적으로 내가 말할 주제를 선택하고 커뮤니티 안에서 같이 연구하고 그에 대한 내용을 말하게 하는 작업이다. 이것을 잘하기 위해서는 내가 학교에서 고민하고 있는 것을 연구 과제로 정하고 동료 선생님들과 함께 같이 공부를 해야 한다.

우리 모두는 창의력을 타고난 존재다. 그런데 교사들은 자신은 그런 존재가 아니라고 과소평가한다. 수년 동안 커뮤니티를 운영하면서 교사들을 만나 보니, 재주가 정말 많다. 단지 그것이 감춰져 있을 뿐이었다.

내가 소소한 책방을 일 년 넘게 이끌면서 주로 했던 작업은 마음 처방과 생각 처방이었다. 그런데 이제는 연구 처방으로 넘어가면서, 누군가가 소소한 책방을 주도적으로 이끌어줘야 했다. 그래서 심야 책방을 열고, 각자가 잘할 수 있는 콘텐츠를 정하고 그것으로 교사들을 위로하는 작업을 하게 했다. 처음에는 다들 주섬주섬했다. 다른 사람 앞에 나서서 무엇인가를 이끌어야 한다는 것, 그것도 교사라는 지성이 잘 훈련된 사람들 앞에 나선다는 것은 참 부담스러운 일이었다. 그러나 안전지대가 만들어진, 소소한 책방은 실수도 용납해주는 곳이다. 이것이 중요하다. 한 사람이 공동체 안에서 성장하기 위해서는 하지 않았던 것에 도전해야 한다. 이때 에너지가 있는 사람은 바로 나서서 무엇인가를 하려고 하지만, 자기 색을 드러내는 것을 꺼리는 사람에게는 이 작업이 매우 힘들다. '실수해도 괜찮다', '잘하지 않아도 괜찮다'는 신뢰감을 형성해야지, 교사들은 움직인다.

다행히도 소소한 책방 선생님들은 마음으로 연결되어 있었다. 그래서 한 사람, 한 사람이 자기만의 색깔을 가지고 온라인 심야 책방을 운영했다. 첫 번째 선생님은 평소에 좋아하던 그림책으로 심야 그림책방을 주도적으로 이끌었고, 두 번째 선생님은 상담을 전공한 경력을 이용해서, 사람들의 고민을 나눠주는 수다방을 이끌었다. 세 번째 선생님은 동시방을 열어서, 자신이 동시를 감상하고 창작한 이야기를 나눠줬다. 한 선생님은 『아티스트 웨이』라는 책을 읽고 주도적으로 이끌어서 선생님들의 미적 감수성을 계발해주었다. 자신의 감성 콘텐츠를 누군가에게 흘려보내면서 더 깊은 전문성을 쌓아가기 시작했다.

수업코칭연구소에서는 조금 다르게 운영했다. 수업코칭연구소는 수업에 관한 연구를 하는 곳이니 좀 더 전문적으로 연구 과제를 뽑았다. 먼저 현재의 코로나 상황을 어떻게 봐야 하는지, 이 속에서 우리가 찾아야 할 본질은 무엇인지를 두고 세미나를 했다. 그리고 이에 맞춰서 무엇을 연구하고 싶은지를 물었다. 연구 과제가 유사한 선생님끼리 그룹을 만들어주고, 함께 공부하는 사람들을 '연구 친구'라고 했다. 이 모임에 재정적인 지원을 하고 팀장을 뽑아 공부를 하게 했다. 이런 연구 처방을 통해서 자기만의 연구 과제를 찾고, 이를 깊이 공부하면서 자기 콘텐츠를 찾게 했다.

개인적으로 이 텔링 작업이 매우 중요하다고 생각했다. 어떻게 보면 터칭과 씽킹은 수동적인 작업이다. 이 작업만 하면, 위로를 받는 것에만 머물 수가 있다. 그러나 텔링의 단계로 오면서, 내가 무엇을 말할 것인가를 고민하면서, 개인이 아닌 공인으로서의 역할을 부여받는다. 그리고 이 작업을 통해 내가 연구할 수 있는 콘텐츠에 대한 본격적인 고민이 시작되고, 집단지성으로 내 콘텐츠를 더 개발하는 작업을 한다.

돌이켜보면, 나도 좋은 선후배 선생님들과 같이 순수하게 공부하면서 전문성이 많이 쌓였다. 사랑말국어교사 모임에서 같이 세계관 교육에 관한 책을 읽고 나누면서, 깨끗한 미디어를 위한 교사 모임에서 미디어 교육에 관한 책을 읽고 나누면서, 수업코칭연구소에서 코칭에 관한 여러 책을 읽고 나누면서 내 전문성이 쌓였고, 그것을 기반으로 해서 교사로, 작가로, 연수 기획가로 나서게 되었다.

교사로서 깊이 연구해야 할 주제를 일상에서 찾는 것이 좋다. 앞서 4장에서 소개한 커뮤니티를 만든 선생님들의 경우도 일상의 관심에서 모든 것이 시작되었다. 고흐도 길가에 피어 있는 해바라기에 주목한다. 가뜩이나 삶은 초라한데, 길가에 이글거리는 해를 보면서 꼿꼿이 서 있는 해바라기가 고흐의 눈에 들어왔다. 그리고 그는 해바라기의 황색을 연구하고, 해바라기 속에 있는 무한한 생명력을 독창적으로 표현했다.

고흐, Still Life - Vase with Twelve Sunflowers, c.1888-1889

그래서 우리도 고흐처럼 내 일상에서 가장 관심이 가는 것이 무엇인지를 곰곰히 생각해볼 필요가 있다. 우리 교사들은 지적 호기심이 있는 사람이니, 내 안으로 파고들다 보면, 여러 선생님과 함께 공부하고 싶은 분야가 생긴다. 그것은 두 축으로 나눠진다. 삶의 영역과 교육의 영역이다. 현재 나는 두 가지를 다 하고 있다. 소소한 책방은 삶의 영역이고, 수업코칭연구소는 교육의 영역이다. 그래서 조금 벅차다. 다행히 도와주시는 분들이 있고 소소한 책방을 통해서 받은 영감을 수업코칭연구소에서 적용하고 있어서 이제 두 모임은 내 정체성을 드러내는 아주 중요한 커뮤니티가 되었다.

삶의 영역에서 개인적으로 권해드리는 영역은 예술, 인문, 정신 분야이다. 이 분야들이 교육 행위에 기본이 되는 지식을 제공하고, 교사로서 성장할 수 있는 영감을 많이 준다.

요즘은 정신 분야에 대한 교사들의 관심도 남다르다. 에니어그램, MBTI, 아들러, 융, 집단상담, 그림 치료, 글쓰기 치료 등 각종 치유 사역에 교사들이 석사, 박사까지 따는 것을 보게 된다. 이런 전문적인 분야들을 공부하고 있다면, 같이 연구할 사람들을 모으고, 그들과 함께 커뮤니티를 이뤄서, 그 커뮤니티만의 콘텐츠를 개발하면 좋을 것이다.

교육의 영역에서는 아마도 수업에 관심이 가장 많을 것이다. 이미 잘 알고 있는 프로그램들, 수업코칭, 배움의 공동체, 비주얼씽킹, 하브루타, 수업 놀이, 거꾸로교실, 온라인 수업, 그림책 수업, 디베이트 등에서 내가 어느 분야에 관심을 갖고 있는지를 생각해보면 좋다. 수업 이외에도 학급긍정훈육, 비폭력 대화, 교육 정책, 학교 혁신 연구도 있다. 특히 개인적으로는 학교에 대한 연구를 지속적으로 해서, 외부 전문가들이 이야기하는 미래형 학교 말고, 교사들이 말하는 미래형 학교가 꼭 나와 학교의 본질을 제대로 알려줬으면 하는 바람이다.

이렇게 자신만의 연구 주제를 정하고 그것을 커뮤니티 안에서 연구하고 말하는 작업을 통해서 콘텐츠를 숙성시키면 드디어 사람들 앞에서 그것을 공유하는 작업을 할 때가 오는데 그것이 바로 콘텐츠 처방(teaching)이다.

고흐는 서른 살 즈음에 그림을 시작했다. 초기에는 밀레와 쥘 브르통의 영향으로 농민들을 그렸고, 공부하기 위해서 간 파리에서 인상파 화가들을 만나고 색채에 내면을 담는 시도를 한다. 그리고 그가 완성한 그림이 '밤의 카페 테라스'다. 검은색을 사용하지 않고, 파란색을 사용해서 밤하늘을 표현한다. 황색과 푸른 밤의 조화 그리고 곳곳에서 드러나는 여러 색채가 '이것이 고흐의 그림이다'라고 외친다. 선배 화가들과 다른 자기만

고흐, 밤의 카페 테라스, 1888

의 색깔을 확실하게 이 그림에서 보여준다. 하지만 불행하게도 자신의 그림을 보여주지만, 알아봐 주는 이가 없어서 한없이 외로워한다.

　자신의 콘텐츠를 남들에게 이야기하는 것은 위험 부담이 있다. 사람들로부터 어떤 평가를 받을지 항상 조마조마하다. 나는 나름대로 '좋은 것이다'라고 알렸지만, 사람들이 찾아주지 않으면 상처를 받는다. 하지만 그럼에도 교사는 터칭과 씽킹, 텔링의 작업을 거쳐서 나온 콘텐츠를 사람들에게 알리는 작업을 해야 한다. 또 다른 교사들에 나누면서, 자신의 콘텐츠를 공유해야 한다. 이를 통해 나의 성장도 이룰 수 있지만, 내가 만든 콘텐츠가 누군가에게는 위로가 될 수 있기 때문이다. 그래서 콘텐츠 처방이란, 그동안 내가 커뮤니티 안에서 공유했던 자료들을 잘 모으고 정리해서 또 다른 누군가를 위로하는 작업이다. 연수로, 책으로 정리하면서 내가 공부하고 연구했던 것을 콘텐츠로 만들어 나눠주는 작업이다. 이 작업을 통해서 우리는 부끄럽지만, 또 다른 사람에게 용기를 주는 위로자가 되고 이를 통해서 나라는 존재는 한층 더 깊게 성장하게 된다.

2019년 수업코칭연구소에서 나를 형이라 불러주는 동생들과 함께 연수를 열었다. 우리가 그동안 온라인에서 나눴던, 마음 처방과 생각 처방 콘텐츠를 나누기 위해서 여러 선생님을 연수로 초청했다. 책방 투어뿐만 아니라 미술관 관람, 사진 출사, 음악 감상, 글쓰기까지 결합해서, 지친 선생님의 마음을 위로하려고 했다. 갑작스러운 연수 준비에 후배 선생님들이 부담이 많았다. 아직 자신이 부족하다면서, 연수 강사로 서는 것은 무리가 있다고 말하는 후배 교사도 있었다. 하지만 우리가 무엇인가 대단한 것을 만들어서 연수를 하는 것이 아니라, 우리가 지금 성장하고 있는 과정, 그 자체가 선생님들에게 의미가 있을 거라는 생각을 하고, 연수를 계획대로 진행했다. 결과는 아주 훌륭했다. 연수 내내 우리가 선생님들에게 준 것은, 대단한 콘텐츠가 아니었다. 교사로서 일상에서 창조적 영감을 어떻게 받을 수 있는지를 소박하게 나눠주기만 했는데도, 선생님들의 반응은 뜨거웠다. 어찌 보면 참으로 평범한 연수다. 교사로서 창조적 영감을 갖기 위해, 가끔 미술관도 가고, 사진도 찍고, 좋아하는 음악을 듣자는 것이었는데도, 참여하는 선생님들에게는 따스한 위로가 되었고, 교사로서의 새 삶을 출발하는 시작점이 되었다고 한다. 강의를 기획하고 준비하는 후배 교사들에게도 상당한 내공이 쌓이게 되었다.

현재, 소소한 책방에서도 콘텐츠 처방을 계획하고 있다. 외부 선생님들을 온라인으로 초대해서 그분들을 위로하는 심야책방을 하려고 한다. 글쓰기방, 명화책방, 그림책방을 만들려고 한다. 우리가 나눴던 풍성한 감성 콘텐츠로 선생님들을 위로하고, 그들을 하나의 존재로 서게 만드는 작업을 계획하고 있다. 그리고 소소한 책방 안에서만 돌려봤던 '소소한 아침'을 이제는 여러 사람이 읽고 나누는 감성 에세이로 편찬할 생각을 하고 있다. 처음에는 밖으로 글을 쓴다는 것을 부끄러워했던 분들이 이제는 우리도 단행본을 내야 하지 않겠냐면서 의지를 불태운다.

고흐는 생전에 단 하나의 그림만 팔았다고 한다. 그러나 그는 포기하지 않았다. 끊임없이 자신이 그려야 할 주제와 색감을 연구하면서 '별이 빛나는 밤'을 멋지게 완성한다. 하지만 그는 홀로 이 그림을 그렸다. 고갱과 커뮤니티를 이루고 싶었지만, 마음이 맞지 않아 실패한다. 고갱이 떠난 후에 그는 급속도로 정신적으로 약해진다. 사랑하는 동생 테오가 있었지만, 극

고흐, 별이 빛나는 밤에, 1889

도의 불안감을 느끼고 권총으로 자신의 가슴을 쏘고 만다. 만약에 고흐에게 그의 마음을 받아주는 인상파와 같은 커뮤니티가 있었다면 극단적인 선택을 하지 않았을 것이다.

나는 가능한 한 교사들이 좋은 커뮤니티 안에서 함께 성장하기를 소망한다. 물론 탁월한 개인은 혼자 성장할 수 있다. 그런 탁월한 교사가 주변에도 있다. 그러나 보통의 교사는 함께 가야 한다. 아무리 뛰어난 개인이라도 시간이 지나면 시야가 어두워지고, 생각이 옹졸해진다. 시인 중에서 초창기 때와 달리 말년에 가서 자신의 신념을 배신하고, 엉뚱한 이야기를 하는 사람들을 보게 된다. 왜 그런 행동을 했는지를 다 알 수 없지만, 추측건대 생각이 어느 수준에서 멈췄기 때문에 그랬을 것이다.

커뮤니티 안에서 사람들을 만난다는 것이 매번 좋은 것만은 아니다. 때로는 의견이 달라 싸우기도 하고 감정이 상한다. 그러나 그 안에서 성장하는 나를 본다. 가끔 생각한다. 30대의 김태현이 그냥 홀로 학교에서만 있었으면 지금 어떻게 되었을까? 아마 처음에는 뜨거운 열정을 가지고 살다가, 내 노력을 학생들이 알아주지 않는다고 하면서, 열정은 사라지고 목표성을 상실한 교사로 살았을 것이다. 하지만 다행히도 소중한 사람들을 만나 부단히 교육을 말하고 꿈을 이야기하면서, 내 색깔, 내 콘텐츠를 찾았다. 이 책이 바로 그 결과물이다.

고흐는 늘 물감이 부족하다고 테오에게 편지를 썼다. 하지만 어둠을 비추는 별빛과 달빛을 자세히 보면, 아낌없이 물감을 썼다. 칠하고 또 덧칠하면서, 자신의 그림이 누군가에게 위로로 다가갈 것을 꿈꿨던 고흐를 생각하면 마음이 서글퍼진다. 한 번, 두 번, 세 번, 반복해서 색칠하는 고흐의 붓질에 내 마음이 아려온다. 거친 그의 붓질에서 그가 어둠 속에 무엇을 노래하려고 했는지가 고스란히 전해진다.

교사의 삶이 그렇다. 똑같은 하루를 반복해서 살아간다. 하루만 봤을 때는 아무런 의미도 발견되지 않을 수 있다. 그러나 그 작은 하루를 계속해서 살아가다 보면, 고흐가 계속 칠했던 별처럼 누군가를 위로하는 콘텐츠가 삶으로 희미하게 나타난다. 시작은 작지만 꿈을 가지고 계속 칠하다 보면, 서서히 그 삶이 빛을 얻어가기 시작한다. 내가 계속 칠하고 칠하고, 또 칠하는 지루한 반복 속에서 내 콘텐츠는 빛을 찾기 시작한다. 그때 나는, 누군가에게 별이 되어 그 삶을 비춘다.

지도에서 도시나 마을을 가리키는 검은 점을 보면 꿈을 꾸게 되는 것처럼, 별이 반짝이는 밤하늘은 늘 나를 꿈꾸게 만든다. 나는 이 별을 그림 속에 표현하고 싶었다. (빈센트 반 고흐, 『반 고흐, 영혼의 편지』, 예담, 2005)

빛깔 [명사]

1. 물체가 빛을 받을 때 빛의 파장에 따라 그 거죽에 나타나는 특유한
   빛.

- 교사로서 나의 빛깔은 무엇인가요?
- 수업의 빛깔을 찾기 위해서 내가 했던 것은 무엇인가요?

나에게는
꿈이 있습니다

탕기 영감은 파리에서 적응을 잘하지 못하는 고흐를 돕는 화구상이었다. 돈이 없던 고흐에게 물감과 캔버스를 주면서, 절망하던 고흐가 다시 그림을 그리도록 도와준 아버지와 같은 분이었다. 고마운 마음에 고흐는 탕기 영감의 초상화를 몇 점 그려주는데, 따듯한 미소를 깊게 표현한 그림을 보니, 고흐가 탕기 영감을 향한 애정을 느낄 수 있다. 그는 테오에게 이런 편지를 썼다.

나는 세상에 많은 빚과 책임을 지고 있다. 나는 이 땅을 30년 동안 걸어왔고 이에 보답하는 뜻으로 그림을 통해 세상에 어떤 기억을 남기고 싶다. 내가 그림을 그리는 것은 예술적 취향을 만족시켜 주려는 것이 아니라, 진실한 인간의 감정을 표현하기 위해서다. (빈센트 반 고흐, 『반 고흐, 영혼의 편지』, 예담, 2005)

고흐, Père Tanguy, c.1888

탕기 영감은 고흐에게 의미있는 사람으로 기억되었다. 교사로서 늘 욕심이 있다면, 제자들에게 의미 있는 사람으로 기억되고 싶다는 것이다. 나는 누구에게 스승으로, 존경받는 사람으로 기억되고 있을까? 이 질문은 교사 생활을 하는 내내 나를 짓누른다.

아주 예전에 고1 때부터 정서가 불안한 제자가 한 명 있었다. 우리 반은 아니었지만, 거듭되는 말실수와 무례한 태도로 선생님들의 입방아에 자주 오르내리는 학생이었다. 어느 날 내 수업에서 시조를 가르치는데, 시적 화자의 감정을 그림으로 그려보라고 했다. 그런데 그 친구가 아주 기발한 상상력으로 그림을 그려냈다.

그때 나는 그 제자가 그래도 뭔가를 해본다는 것이 기특해서, 진심으로 이렇게 말해줬다. "너는 다른 학생들과 생각하는 방향이 달라서 조금 더 연습하면 시인의 자질이 있겠어." '시인'이라는 말이 이 친구의 마음에 꽂혔나 보다. 며칠 후에 이 친구가 시를 적어서 나를 찾아왔다. 미끄럼틀을 타는 동안 아래로 내려가는 하강 인생을, 자신의 처지에 비유해서 시를 적었다. 어법적으로 수정할 부분이 많았지만, 나는 그 친구를 격려하고 시를 지을 때마다 계속 가져오라고 했다. 2학년때는 예상과 다르게 이과를 갔지만, 계속해서 틈이 나는 대로 습작 시를 가져오고, 내가 추천하는 책을 읽고 영감의 장소에 여행을 다녀오라고 했더니 제주도까지 여행을 다녀왔다. 결국에는 재수 끝에 문예창작과로 유망한 대학에 들어가고 어느 날 나를 찾아왔다. 그리고 나에게 이렇게 말했다.

"방황하던 시절, 시인의 자질이 있다는 선생님의 한 마디가 저를 여기까지 오게 했습니다."

교사로서 참 뿌듯하고 내 삶에서 기억나는 한 마디이다. 그런데 불행히도 이런 제자가 많지 않다. 수업 준비를 잘하고, 나름대로는 최선을 다하지만, 학생들에게 나는 그저 그런 교사로 기억될 수밖에 없다. 그래서 요즘 고민이 이것이다. 내 평범한 수업이 학생들의 가슴에 어떻게 남을 수 있을까? 내 말이 공중으로 흩어지는 것이 아니라 한마디를 해도 마음에 담는 말을 어떻게 하면 할 수 있을까?

결국 내 고민은 학생으로 향한다. 내가 아무리 개인주의자라 해도, 교사는 이타적으로 살 수밖에 없는 운명이다. 나는 교사를 쉽게 생각했다. 처음에는 그냥 수업 잘하고 힘들어하는 애들 옆에서 잘 도와주면 된다고 생각했다. 그런데 시간이 지날수록 왜 이렇게 복잡한지, 그냥 진심으로 학생들 앞에 서면 될 줄 알았는데, 그 진심조차 무엇인지도 모르겠고, 내 안에 교사로서의 기본적인 양심이 있는지도 모르겠다. 초심의 마음은 점점 희미해져 가고, 또렷하게 보일 줄 알았던 길은 점차 시간과 함께 사라져간다. 그래서 더 걱정스럽다. 앞으로 나는 교사로서 잘 살 수 있는지를 말이다.

한 시인은 나이 칠십을 먹어가면서 치매가 오는 것이 두렵다고 했다. 그래서 매일 아침, 아내와 함께 일부터 백까지 같이 소리 내어 외치고, 산 이름 내기를 한다. 산 이름 100개를 늘 함께 외우고 나면, 자신이 쓴 시집을 들고 소리 내어 더듬더듬 낭독한다. 희미해져 가는 감각을 되살리기 위해, 자신이 시인임을 잊지 않기 위해서 매일 통과의례로 한다고 한다.

지금 이 책을 쓰는 내 마음도 그렇다. 점점 교사로서 마음이 흐려질 때가 한두 번이 아니다. 학생을 내 수업으로 성장시키겠다는 초심은 삶의 반복적인 일상에서 계속 잊혀 간다. 그래서 몸부림친다. 이렇게 글을 쓰면서, 혹은 훌륭한 동료 교사와 끊임없이 대화하면서, 내가 참 작은 자인 것을 계속 확인한다. 실망의 연속이지만, 글을 쓰면서 또다시 억지로 일어서며 나를 세워 간다.

교사가 교사로 살지 못하는 것은 능력의 문제가 아니다. 지금 이 시대가 교육을 말하면서 가짜 배움으로 포장하려 들기 때문이다. 거기서 교사들은 한없이 절망하고, 교육에서 교육이 아닌 것을 추구하다 보니, 우리도 그 안에서 갈팡질팡 정체성을 잃고 삶의 무게 속에서 그냥 그렇게 평범하게 하루를 살아간다. 그래서 슬펐다. 나는 교사로 살고 싶은데, 교사로 왜 살지 못하는가! 나는 수업다운 수업을 하고 싶은데 왜 수업을 못 하는가! 내가 현재 교사로 살 수 없기에, 한 개인의 나로 살지 못하기에, 나는 미래 이야기를 할 때마다 마음이 아팠다. 그래서 나는 교사의 시선, 그 시선을 찾고 싶었다. 그리고 그 시선으로 지금 우리의 삶을 보고, 교육을 말하고 싶었다. 그리고 교사로서 어떤 삶을 살고 싶은지를 말했다. 이런 내 이야기가 누군가에게 또 다른 다그침으로 들릴까 봐 조심스럽다. 충분히 잘 버티고 있는데, 잘 살고 있는데, 또 무엇을 해야 한다고 부담감을 주는 것은 아닌지 스스로 살핀다.

일단 선생님들께 진심으로 이야기하고 싶은 것은, 우리는 우리 자체로 의미가 있다는 것이다. 오늘도 우리는 보통의 하루를 산다. 정신없이 수업을 할 것이고, 또 수많은 학생을 만날 것이다. 마음을 담아서 한 마디 한 마디 학생들에게 던지고 싶지만, 내 말의 진심은 학생들의 무관심 앞에서 그냥 흩어질 것이다.

우리 교사들은 늘 작음을 경험한다. 오늘도 나는 종례 시간에 화를 냈다. 2차 지필고사를 앞두고 의미 있는 이야기를 하려고 했는데, 학생들은 딴 짓을 하고, 잘 들으라는 내 말에 심드렁해한다. 심지어 어떤 학생이 대놓고 가위로 계속 종이를 자른다. "너 뭐하냐?"라는 나의 호통에 "가위로 종이 자르는데요? 왜요?"라고 말대꾸한다. 순간, 분을 참지 못하고, 그 학생에게 다가서고 화를 냈다. 감정을 멈췄어야 했는데, 이미 늦었다. 학생에게 상처 입히는 말을 했고, 학생은 눈물을 쏟았다. 학생들을 기분 좋게 집으로 보내려는 내 의도는 그냥 끝이 났고, 교실 문을 닫고 돌아서는 그 순간 학생에 대한 짜증, 나에 대한 자책이 한꺼번에 몰려왔다. 그리고 속으로 '그렇게 화를 낼 일도 아니었는데'라고 되뇌며 털썩 내 자리에 앉았다. 아무 말 않고, 멍하니 컴퓨터 모니터만 쳐다본다. 화면에 비친 내 모습이 참 못났다. 뾰로통 화난 표정이 꼭 인정을 갈구하는 어린애 같다. 그런데 그때 메시지가 온다.

"선생님 제가 버릇이 없었어요. 선생님이 우리 잘되라고 하는 이야기인데, 제가 그 마음에 상처를 드린 거 같아 죄송해요. 아까 우느라 말씀 제대로 못 드렸는데, 정말 죄송해요. 다음부터는 이런 일이 없도록 주의하겠습니다."

내 얼굴에 바로 화색이 돈다. 급한 마음에 더듬더듬 메시지를 보낸다.

"내 마음을 알아줘서 고맙다. 서툰 담임을 만나서 네가 고생이 많구나."

나의 화난 모습에 학생들의 반응이 늘 이렇게 오는 것은 아니지만, 내 호통에도 의미 있게 반응해주는 제자들이 있다. 사람과 사람의 만남은 본디 서툴고 어색한 것. 그러나 자주 만나고 부딪히면서 서로 알아가다 보면, 그 사이에 의미 있는 관계가 만들어진다.

길을 잃어보지 않은 사람은 모르리라
터덜거리며 걸어간 길 끝에
멀리서 밝혀져 오는 불빛의 따뜻함을

막무가내의 어둠속에서
누군가 맞잡을 손이 있다는 것이
인간에 대한 얼마나 새로운 발견인지

산속에서 밤을 맞아본 사람은 알리라
그 산에 갇힌 작은 지붕들이
거대한 산줄기보다
얼마나 큰 힘으로 어깨를 감싸주는지
먼 곳의 불빛은
나그네를 쉬게 하는 것이 아니라
계속 걸어갈 수 있게 해준다는 것을.

— 나희덕, '산속에서'

먼 곳의 불빛은 자신의 소중함을 모른다. 내 작은 불빛이 어떤 큰일을 하는지 모른다. 하지만 어둠 속에 길을 잃은 사람은 아무리 작은 불빛이라도, 저곳에 누군가가 있다는 희망을 품는다. 교사들의 존재가 그렇다. 오늘 내 수업이 학생들을 지루해하게 하고 졸리게 했어도, 종례 시간에 서툰 짜증을 냈어도, 우리는 작은 불빛이다. 방황과 두려움의 길을 걷고 있는 학생들에게는 작은 불빛이 된다. 우리의 작은 몸짓이 그들에게는 의미가 된다.

그 희망을 가지고 교사는 살아야 한다. 내 능력을 깊이 들여다보면 한심하기 짝이 없다. 그러나 내 존재가 교사라는 자리에 서서 그래도 무엇인가를 주려는 그 마음에, 그 손짓에 우리는 기대를 걸고 살아야 한다.

커뮤니티에서 콘텐츠를 오랫동안 만들어가는 교사. 나는 이 말이 어떤 분들에게 상당한 부담감을 준다는 것을 잘 안다. 평범하게 살기도 힘든데, 여기에 더 무엇을 한다는 것은 그야말로 불가능한 미션이라고 생각한다. 맞다. 현재에서 무엇을 하나 더 한다는 것은 어려운 일이다. 하지만 동료 2명이 모여서 같이 마음을 모으기 시작할 때, 오히려 생각지도 않은 위로와 힘이 그곳에서 생긴다. 그것이 학교 안이든 학교 밖이든, 수업 친구를 만들어도 되고, 마음 친구, 생각 친구, 연구 친구든 뭐든 만들어보면 좋겠다. 보통의 하루를 살아내면서 동료 교사와 마음을 나누고 생각을 나누면, 그것이 작은 커뮤니티가 된다. 모든 시작은 작다. 작음에서 변화가 시작된다.

아르바이트 끝나고 새벽에 들어오는 아이의
추운 발소리를 듣는 애비는 잠결에
귀로 운다.

— 김주대, '부녀'

어쩌면 교육도 참 작은 것에서 시작한다. 잠결에 자식이 들어오는 애달픈 발걸음에 귀로 운다는 것이 무엇인지를 알려주는 것이 교육이다. 참 작은 곳에도 소중한 사랑이 있음을 알려주는 것이 교육이다. 교육은 거창하지 않다. 다행히도 교사를 하면서 교육자로 살아가니, 나도 조금은 귀로 우는 법을 알아가는 거 같다.

물론 여전히 나는 집단보다는 개인을, 공동체의 가치보다는 내 욕망을 채우기에 바쁘다. 그러나 그럼에도 내 손을 잡아준 수많은 선생님이 있었기에, '나'라는 존재의 소중함과 '우리'라는 공동체가 갖는 의미를 잘 알게 되었다. 집단과 개인이 양립할 수 없을 것 같지만, 함께 모이니 내가 살기 위해서 함께 있어야 한다는 것을 알게 된다.

국어에서는 모순 형용이라는 말이 있다. 언어적으로는 존재하지 않는데, 양극단의 감정이 동시에 존재할 때, 모순 형용을 쓴다. 내가 지금 그렇다. 개인의 김태현과 학교, 수업코칭연구소, 소소한 책방의 김태현. 늘 여러 자아로 살기에 나는 바쁘다. 허둥지둥한다. 하지만 그래도 내 실존을 놓지 않았기에 여기서 끌어올린 삶의 성찰들을 글로 옮겼다. 누가 내 글을 읽어 주겠냐고 혼자 피식 웃은 적도 많았다. 그런데 종종 내 글을 읽고 위로받고, 힘을 냈다는 메일을 받는다. 심지어는 교직 생활을 그만두려다가 내 글을 읽고 교사로서 다시 시작해보겠다는 분도 있었고, 교직 생활에 염증을 느끼고 만성적인 우울증에 걸려 있었는데, 내 책을 읽고 새로운 힘을 얻었다면서 고맙다고 고백하는 분도 있었다. 너무도 대단한 사연이 많아서 '내가 이런 편지를 받을 만한 사람인가?' 하는 생각도 든다. 가끔은 나도 내 책을 볼 때, 내가 아닌 듯하다. 하지만 그것조차도 나다. 이기적인 욕망으로 가득 찬 김태현도 있지만, 작가로 교사들을 위로하고 꿈을 주는 김태현도 나다. 온탕과 냉탕을 오가는 힘겨움도 있지만, 그 양쪽에서 주는 삶의 감동도 있다. 이 모든 것이 함께해준 사람들 때문에 가능했다.

늘 나를 멋진 사람이라고 칭찬하고 웃어주는 이 선생님, 어떻게 이런 글을 썼냐면서 나를 최고의 작가라고 말해주는 김 선생님, 내 이야기를 들으면 새로운 꿈을 꾼다는 박 선생님, 힘들 때면 내 책을 읽고 지친 삶에서 또다른 생기를 얻는다는 우 선생님. 돌이켜 보면 신은 나에게 최고의 콘텐츠, 바로 사람을 주셨다. 사실 교사에게 최고의 콘텐츠는 내 삶이요, 내 옆에서 웃어주고 있는 동료 교사들이다. 이 사람들과 함께 있으면, 어둔 길에도 한 걸음을 내디딜 수 있다.

15년 교사의 삶 나는 이렇게 사람과 더불어 성장해온 거 같다. 혼자였으면 외로웠을 이 길. 함께했기에 힘들어도 꿋꿋이 버티며 여기까지 왔다. 가끔 나의 멘토 이규철 선생님은 말한다. 내 50년의 인생에서 가장 큰 선물은 내 오른쪽에 김효수를, 왼쪽에 김태현을 둔 것이라고 말이다. 이렇게 좋은 사람과 함께하니, 내가 성장하지 않을 수 없다.

대중에게 완전히 무시당했지만, 고흐는 끝까지 그림을 그린다. 꿈을 꾼다. 자신의 그림으로 많은 사람에게 새로운 용기를 주는 것을 상상하면서, 그는 씨 뿌리는 사람의 모습을 눈부시게 아름답게, 강렬하게 표현한다. 꿈을 꾸는 자신의 모습이기 때문이다. 우리나라에도 고흐와 같은 꿈을 꾼 사람이 있다.

암울했던 일제 강점기, 그 속에서도 대한민국의 세계 일류 국가를 꿈꿨던 김구 선생. 주권을 빼앗기고 상해에 임시 정부를 세울 수밖에 없는 상황에서도 김구 선생은 어떻게 그런 꿈을 꿨을까? 그것은 아마도 자신과 함께 길을 걸어가는 수많은 동지가 있었기에 그런 꿈을 말했을 것이다. 그리고 80년이 지난 지금 김구 선생의 꿈은 현실이 되어가고 있다. 스포츠에서, 대중문화에서, 방역에서 세계 일류 국가로 근접해가고 있다. 나는 이

고흐, The Sower(Sower with Setting Sun), 1888

김구 선생의 '나의 소원'을 다시 읽으면서 우리 대한민국이 어떤 국가로 나아갈 것인지 짐짓 기대가 된다.

내가 원하는 우리 민족의 사업은 결코 세계를 무력(武力)으로 정복(征服)하거나 경제력(經濟力)으로 지배(支配)하려는 것이 아니다. 오직 사랑의 문화, 평화의 문화로 우리 스스로 잘 살고 인류 전체가 의좋게, 즐겁게 살도록 하는 일을 하자는 것이다. 어느 민족도 일찍이 그러한 일을 한 이가 없으니 그것은 공상(空想)이라고 하지 마라. 일찍이 아무도 한 자가 없기에 우리가 하자는 것이다. 젊은 사람들이 모두 이 정신을 가지고 이 방향으로 힘을 쓸진대, 30년이 못 하여 우리 민족은 괄목상대(刮目相對)하게 될 것을 나는 확신(確信)하는 바이다. (김구, '나의 소원' 중에서)

나는 우리나라가 교육이 중심이 되는 나라가 되는 것을 꿈꾼다. 소유의 가치보다 존재의 가치를 더 중요하게 여기고, 각자의 삶에서 배움의 기쁨이 넘치는 나라를 꿈꾼다. 단순히 기술이 발전하는 나라가 아니라 인간애가 넘치는 나라이면 좋겠다. 최소한으로 소유하면서 삶의 본질을 꿈꾸고, 거리에는 아름다운 예술이 넘쳐나면서, 서로가 배움을 주고 성장하는 나라다. 여전히 내 삶이 작고 참 초라하지만, 꿈을 꾸는 자에게 신은 희망을 선물한다. 같이 그 교육의 꿈을 꾸면서, 오늘도 평범한 하루를 힘차게 살아가 보자!

교사의 언어

꿈 [명사]

1. 실현하고 싶은 희망이나 이상.

- 교사로서 내가 가진 꿈은 무엇인가요?

- 그 꿈을 이루기 위해 도전하고 싶은 것은 무엇인가요?

6장

디자인

다시, 교사의 시선

질문자   안녕하세요. 김태현 선생님을 모시고, 미래 사회를 살아가는 교사의 삶에 대해서 좀 더 깊은 이야기를 나눠보겠습니다. 선생님은 이 책이 어떻게 읽히기 원하시나요?

김태현   미래 교육이라는 담론에서 세상은 교사들이 대단한 것을 하기를 바라는 거 같아요. 하지만 책에도 썼지만, 그 거대함이 놓치고 있는 작지만 소중한 것들이 있었어요. 저는 그것들을 '교사의 언어'라는 말로 선생님들에게 다가가고 싶었어요. 많은 사람이 고흐의 그림을 왜 좋아하는지를 살펴보면, 일상성이에요. 일상의 풍광인데, 고흐가 거기에 새로운 생명을 불어넣기 때문이에요. 다음 그림은 '아이리스'예요.

고흐, 아이리스(Irises), 1889

고흐가 생레미 요양원에 갇혀 있을 때 자주 그린 그림인데, 병원 화단에 그리고 길가에서 자주 보던 아이리스예요. 그런데 고흐는 이 아이리스를 더 강하게 생명력 있게 표현해요. 외곽선을 강하게 그리고 초록색 잎사귀를 불꽃이 오르듯이 표현하죠. 이런 그림을 보면, 아이리스를 새롭게 보게 되죠. 두터운 땅을 뚫고 나오는 생명력. 그 생명의 시선으로 고흐는 우리를 초대하죠. 조금 거창하지만, 저는 우리 교사들이 그런 존재라는 것을 알려주고 싶었어요.

질문자　이 책에서 가장 많이 나오는 단어가 무엇일까 곰곰이 생각해보니, '교사의 시선'입니다. 이 말을 반복하는 이유는 무엇인가요?

김태현　의도적으로 저는 '교사의 시선'이라는 말을 정말 많이 사용했습니다. 그 이유는 미래 교육, 포스트 코로나를 이야기할 때, 가장 큰 문제가 교사의 자리가 없다는 거예요. 거대 담론만 있고 교사의 실존, 교사의 애달픈 삶은 빠져 있어요. 이론가들이 범하는 문제는 지나친 일반화예요. 거대 그림을 그럴싸하게 그려 놨지만, 그 안에 살고 있는 각 존재의 모습을 면밀히 보지 않아요. 자신이 그려놓은 틀에 맞춰 살라는 이야기만 할 뿐이에요. 현상을 너무 쉽게 보고 답을 찾고 이쪽으로 가라고 이야기하는데, 정작 사람들은 준비가 되어 있지 않아요. 교육의 핵심 주체는 교사, 학부모, 학생이에요. 결국, 이 세 집단이 서로 협력하고 배우면서 새로운 시대를 맞이해야 하는데, 지금 미래 교육 담론에서는 이 세 집단의 삶이 빠져 있어요. 특히 교사와 학생의 삶이 빠져 있어요. 학생들은 지금 학업 스트레스와 함께 인간으로서 실존적 의미를 질문하고 있는데, 이것에 답을 해주는 사람이 없어요. 그러다 보니 학생들 사이에 냉소와 절망이 있어요. 무엇을 해도 안 되는 시대, 나는 미래에 도태될 수밖에 없다, 이런 생각을 하고 있어요.

질문자   그렇죠. 교육이란 꿈을 꾸고 희망을 노래하는 것인데, 우리 청
          소년들이 미래 사회에 대한 비관론만 듣고 지레 겁을 먹고 있는 현실
          이 안타깝네요.

김태현   제가 최근에 좋아하게 된 그림이 하나 있는데, 이탈리아의 화가
          쥬세페 펠리차 다 볼페도의 '4계급'이라는 그림이에요. 1901년대의
          작품인데, 강렬한 그림이에요.

질문자   어떤 분들이 행진을 하고 있군요.

김태현   네, 맞아요. 이분들이 바로 4계급, 산업혁명 이후에 새롭게 등
          장한 노동자 계급이에요. 1900년대 화가들은 이분들을 그리지 않아
          요. 인상파 화가들이나, 신고전주의 화가들에게 소외된 사람들이었죠.
          혹 그리더라도 가난하고 힘든 모습으로 그려내는데, 이 그림은 그렇
          지 않아요. 노동자들이 서로 연대하고 힘을 합치는 모습을 통해, 새롭
          게 걸어나가는 모습으로 그려내고 있어요. 쥬세페의 시선처럼, 격변의
          시대이지만 우리가 같이 걸어갈 수 있는 길을 이야기해야 하는데요.

쥬세페 볼페도, 4계급(Il Quarto Stato), 1901

대부분의 미래 교육 이야기는 현재의 학교 교육을 갈아엎어야 한다는 이야기예요. 저도 우리 학교 교육에 문제가 있다고 생각해요. 그 안에서 희망을 찾을 수 있는 지점을 이야기하는 시선이 있어야 하는데, 그런 것이 없다는 거예요. 큰 그림만 그리고 구체적인 삶을 말하지 않으니 공허한 느낌을 많이 받아요.

질문자 그 속에서 교사들은 어떻게 해야 할지 참 난감해요.

김태현 교사들은 미래 교육이 왔으니 무엇인가를 하긴 해야 하는데, 삶에 대한 진지한 고민 없이 거대 담론만 이야기하니, 교사들은 숨이 막혀요. 이것을 또 따라가야 하는가? 잘 갈 수 있을까? 사실 미래 교육에서 교사들은 약간 뒤로 물러나 팔짱을 끼고 있었어요. '아직은 아니다. 일단 현 시스템에서 배움 중심 수업하고, 학생들의 삶을 성장하게 하는 수업 정도만 하면 된다' 이렇게 생각했는데, 코로나19 사태로 이것이 확 다가온 거죠. 강제로 이 상황에 내던져졌어요. 그러다 보니, 겁도 나고, 도태되지 않으려고 이것저것 하는데, 그 속에서 교육의 시선은 사라지고, 따라가기만 바쁜 거예요.

질문자 그렇죠. 온라인 수업 상황에서 교사들은 그야말로 당혹스러움, 두려움, 무엇을 해야 하나? 이런 마음이었죠.

김태현 그런데 이런 마음에 공감하고 서로 지혜를 모아야 하는데, 그러지 않은 상태에서 온라인 학교, 온라인 수업 등 가보지 않은 길을 가려고 하니 정말 정신이 없었어요. 그래서 제가 보는 미래 교육에서 가장 큰 문제는 교사들이 점점 주체적인 시선을 잃어버린다는 것이에요. 그런데 더 큰 문제는 교사들이 이것을 인지하지만, 그냥 그대로 살게 만드는, 교사의 고달픈 삶이에요.

질문자 참 답답한 현실이네요. 그래서 선생님은 기존의 관습에 저항했던 예술가들을 교사의 시선으로 보려고 했던 거군요.

김태현　　그렇죠. 나는 살아있다고 외치면서, 교사의 시선으로 이 어려움을 돌파하려고 했던 거예요. 교사가 나다움을 찾고 살려면 어떻게 해야 할까? 생각한 것이 '내 시선을 찾자'였어요. 그래서 세계사에서 이렇게 관습에 젖지 않고 자신만의 시선을 찾은 예술가들의 삶을 들여다보면서, 교사로서 어떤 삶을 살 것인가를 고민했어요.

질문자　　다음 그림도 그런 의도에서 찾은 건가요?

김태현　　네, 맞아요. 앞에서 이미 설명한 화가, 마사초의 그림입니다. 마사초는 앞서 이야기한 대로, 지오토의 그림에서 영감을 받아 인간의 감정을 표현하고, 거기에 덧붙여서 한 가지 시도를 더 합니다. 이 그림은 최초의 선원근법이 시도되었어요. 산타마리아 노벨라 성당 벽에 그려져 있는데, 이 그림 좌우에는 실제 석관들이 있어요. 그 가운데 이 그림이 있는데, 처음에는 사람들이 석관인 줄 알았다가 그림인 걸 알고 깜짝 놀라죠. 이 마사초의 그림에서부터 눈에 보이는 선원근법의 시대가 열려요.

마사초, The Holy Trinity, 1427-1428

질문자　　그런데 이 선원근법의 발견이 교사의 시선과 어떤 연관이 있죠?

김태현　　네, 이 원근법의 시선이 회화사에서 매우 중요합니다. 그전에는 신의 시선에서만 그림을 봤거든요. 신의 관점에서 그림을 그리니 그림 크기가 현실에 비쳐지는 것과 달라요. 신의 눈으로 그린 그림들은 평면적이고 신의 눈에서 봤으니 크기가 다 거기서 거기죠. 그러나 선원근법은 지금 내가 보고 있는 시선에서 그림을 그리는 거예요. 인간의 주체적인 시선으로 그림을 그리고, 여기에서부터 새로운 창작이 시작돼요. 자신이 경험한 아름다움, 자신이 생각하는 미술의 가치를 새롭게 발굴하려는 시도가 15세기 말 이탈리아에서 생겨나죠. 그래서 그 유명한 '비너스의 탄생'이 창작됩니다. 이 보티첼리의 그림에서부터 비로소 눈에 보이는 아름다움이 나타나요. 이 그림은 예전 그림에서 볼 수 없었던 파격적인 것이 나타나요. 그것이 뭘까요?

질문자　혹시 누드?

김태현　네, 맞아요. 기독교 시대에 여성 누드를 그린다는 것은 금기 중의 금기예요. 그런데 보티첼리는 그려 버린 거예요. 그런데 여성 누드

보티첼리, 비너스의 탄생, 1483-1485

를 그린 것보다 더 중요한 것은 이교도의 그림을 그렸다는 거예요. 성경의 내용이 아닌 그리스 신화를 누드로 그린 거예요. 여성 누드도 파격적인데, 기독교와 대치되는 이교도의 그림을 보티첼리는 그렸어요. 그런데 그것을 너무 아름답게 그린 거죠. 사람들이 보자마자 '기도해야지'가 아니라 '와아' 하는 감탄사가 나오는 그림을 그린 거예요. 보티첼리는 마사초의 원근법에서 한 걸음 더 나아가 자신이 생각하는 아름다움을 자유롭게 표현했어요.

질문자   원근법은 단순히 기술이 아니라, 화가의 시선을 찾아줬군요.

김태현   이 원근법에서부터 교사의 개성이라는 것이 생겨나요. 보티첼리는 원근법이 안겨다 준 화가의 주체성을 자신만의 아름다움으로 그려내요. 비너스의 탄생에서는 자신이 그리고 싶은 아름다움을 과감하게 그려요. 저도 이렇게 교사의 원근법은 뭘까? 무엇을 교사는 아름답다고 생각할까? 의도적으로 늘, 교사의 시선으로 풍경을 어떻게 볼까? 무엇을 느껴야 하나? 등 계속해서 고민했어요. 그래서 이탈리아 여행을 가서도, 교사의 시선으로 여행지를 보려고 했어요. 건축가는 공간을 분석하려 할 것이고, 미술가는 그림을 보려고 할 텐데 교육자의 시선에서는 무엇을 더 관심 있게 볼 수 있을까? 계속 고민하면서 여행을 했어요.

질문자   교사의 시선이라, 어찌 보면 답이 금방 나올 듯하면서도 실체가 없는 거 같군요. 흥미롭습니다.

김태현   그렇죠. 최근에 여러 전문가가 코로나 이후의 삶에 대해 이야기해요. 저는 이것을 그냥 듣지 않고 조금 더 면밀히 들여다봤어요. 어떤 시선을 가지고 코로나 이후의 세계를 말하는가? 이들은 무엇을 더 중점적인 문제로 보고, 그것에 대한 대책으로 무엇을 제시하는가? 이렇게 속으로 질문을 하면서 들여다봤어요.

질문자   어땠나요?

김태현   생태학자는 생태학적인 시선에서 포스트 코로나를 봐요. 코로나바이러스는 인간이 자연의 생태를 침범했기 때문에 생긴 일이라고요. 그래서 이제부터 자연을 보존하는 생태 백신이 필요하다고 말합니다. 생태적인 전환을 이루라고 하는 말이 다소 추상적이지만, 그래도 정서적으로는 설득이 되더라고요. 생태학자이고 생물학자이니 그런 시선으로 코로나 상황을 보는 거죠. 반면에 경제학자는 다른 곳에 시선이 머물러 있어요. 그는 돈의 흐름을 보더군요. 바이러스가 어디서 생겼나보다는 코로나 상황에서 정부의 경제 정책이 어떻게 이뤄지는가, 거기에 집중하더군요. 코로나 상황에서 침체된 경제를 어떻게 회복시킬 것인가, 특별히 돈이 금융기관 혹은 소수 부자가 아니라 서민에게 어떻게 흘러가게 할 것인가, 거기에 집중되어 있어요. 결국 이를 위해서 국가가 돌봄 경제를 해야 한다고, 공공 서비스 분야를 더 확장하고, 자영업자들을 국가가 직접 구제해줘야 한다고 말합니다.

질문자   코로나 상황을 두고 바라보는 시각이 다르군요.

김태현   그렇죠. 누가 맞았다 틀렸다가 아니라 저마다의 색깔을 가지고 코로나 상황을 보는 거예요. 저는 이런 이야기를 들으면서 질문을 했어요. 과연 교사들은 무엇을 말해야 하는가? 우리 교사들의 시선은 어디에 머물러 있어야 하는가? 라는 근본적인 질문을 던졌죠. 그 시선을 찾을 때, 비로소 나로 존재하는 것이고, 그럴 때 내가 한 교사로 살아 있다고 말할 수 있을 거 같았어요.

제가 수업코칭연구소나 소소한 책방을 하면서 여러 선생님을 만나보면, 선생님들의 능력이 참 대단해요. 잠재되어 있는 능력도 많고요. 그리고 저마다 얼마나 많은 노력을 하는지 몰라요. 어떤 분은 감정코칭을, 어떤 분은 상담을, 명상을, 그림을, 그림책을, 글쓰기를. 각자 교사로서 최선을 다해 살고, 더 나아가 자신을 위해 각자 배우는 것이 많아요. 그런데 그것이 교육으로 잘 연결되지 않아요. 그리고 늘 움츠려 있어요. 이렇게 능력이 뛰어나고 헌신적인 사랑을 학생들에게 베푸는 데도 주눅이 들어 있고, 당당하지 못해요. 왜 그럴까? 왜 한국의 교육은 학생들뿐만 아니라 교사들도 이렇게 움츠러들게 만드는 것일까? 왜 주체성을 상실한 채, 이렇게 우리는 끌려다니는 것일까? 계속 마음으로 질문들을 던졌죠.

질문자　　그런 문제의식이 우리 교사들을 새롭게 깨어나게 하는 것 같습니다. 결국 선생님은 교사의 시선을 찾을 때, 그것이 교사의 주체성을 찾는 일이고, 나다움을 찾는 일이라고 생각한 것이군요.

김태현　　교사의 시선이 무엇인가? 교육자적인 관점인 무엇인가? 그 시선을 가지고 다시 교사란 어떤 존재인가? 교육은 무엇인가? 이런 질문을 던지면서, 이 책을 썼습니다. 이 책을 읽으시는 선생님들도, 자신이 생각하는 교사의 시선을 찾아보고, 그 시선으로 지금 우리 삶을 진지하게 성찰하는 시간을 가지면 참 좋을 거 같아요. 교사의 시선이 한 가지만 나오는 것은 아니거든요. 다양한 시선이 교사들 사이에 공유되고, 이를 바탕으로 새로운 미래를 우리가 주체적으로 준비하기를 정말 간절히 소망합니다.

콘텐츠를 디자인하는 삶

질문자　6장 '디자인' 이야기를 본격적으로 해보겠습니다.

김태현　최근에 제가 주목하는 사람이 있어요. 바로 일론 머스크입니다. 처음에는 단순히 전기자동차 만드는 사람이라고 생각했는데, 아니더 군요. 사업가, 공학자가 아니라, 새로운 세계를 꿈꾸는 디자이너더군 요. 그는 화성에 지구인을 이주시킬 계획을 가지고 있어요. 그래서 그 꿈을 실현시키기 위해 대체에너지를 활용한 자동차, 집 그리고 우주 선까지도 꿈꾸면서, 테슬라라는 회사를 만들어 전기 자동차를 만들고, 솔라리스라는 회사를 만들어서는 태양열 가정용 주택을, 그리고 개인 우주여행을 위해서는 스페이스 엑스라는 회사를 만듭니다. 저는 일론 머스크의 추종자는 아니에요. 그리고 그가 꿈꾸는 세계가 이뤄질지 저는 모르겠어요. 하지만 제가 눈여겨보는 것은, 그가 꿈을 꾸고 그것 을 이루기 위해 열정적인 삶을 산다는 것이에요. 그의 모습을 보면서, 나는 무엇을 위해 살고 있는가? 그는 인류가 화성으로 이주할 세계를 꿈꾸면서 살고 있는데, 나는 교사로서 무슨 꿈을 향해 나가야 할 것인 가? 고민하지 않을 수 없었어요. 꿈은 돈과 기술의 문제가 아니라 존 재의 문제이기 때문이에요.

질문자　사실 교사들이 가장 많이 하는 말이 '꿈을 가져라' 인데, 정작 우리 교사들은 꿈이 없는 경우가 많습니다.

김태현　맞아요. 저도 진로 상담을 할 때, '너만의 꿈을 찾아야 해' 라고 이야기했는데, 정작 저도 꿈이 없는 거예요. 그런 상황에서 학생들에 게 꿈을 가지라는 말은 정말 공허하죠. 저도 제 안에 질문을 했어요.

김태현 너는 지금 가슴을 뛰게 하는 일이 있는가? 교사로서 내가 꾸는 꿈이 무엇인가? 심각하게 고민했습니다. 머스크는 기술로 사람들에게 새로운 사회에 대한 꿈을 제시하는데, 나는 교육으로 무엇을 할까?

질문자 꿈 없이 사는 저도 부끄럽네요. 교사로서 무엇을 해야 할까요?

김태현 여태까지 우리는 진보, 발전, 풍요의 시대에 살았지만, 앞으로 우리가 맞이하려는 미래는, 이것과 반대일 수 있어요. 화석에너지는 고갈되고, 인구는 줄고, 일자리도 줄어드는 결핍의 시대를 살아갈 수도 있어요. 이런 미래가 우리에게 올 때, 더욱더 필요한 것이 바로 교육입니다. 시대가 달라지는 가운데서도 교육으로 희망을 꿈꾸는 삶을 만들어가야 하는 겁니다. 이것을 잘한 사람이 코시모 데 메디치입니다. 르네상스의 밭을 일구었다고 평가받는 사람인데요. 이 메디치 가문으로 인해서 제가 설명했던 르네상스 작품들이 탄생할 수 있었습니다. 이 메디치 가문을 설명하려면 중세 유럽의 역사를 조금 이해해야 하는데, 그 시작은 바로 흑사병입니다.

질문자 흑사병이요? 지금의 팬데믹 현상이 중세 말의 유럽에서도 일어났군요.

김태현 사실 흑사병은 지금의 코로나19도 비교할 수 없는 정도로 치사율이 높았습니다. 유럽인의 절반이 사망했다고 하니, 흑사병에 대한 공포는 정말 대단했을 겁니다.

질문자 인구가 절반으로 줄었으니 새로운 변화가 일어났겠군요.

김태현 네, 맞아요. 노동을 할 수 있는 계층이 없으니 영주와 장원 중심의 중세 봉건사회가 약화되고, 대신에 상업 중심의 도시가 발달하게 됩니다. 상업이 흥왕해지니, 덩달아 돈을 빌려주고 부를 축적하는 신흥 부자들이 생기는데, 그중 하나가 바로 메디치 가문입니다. 메디치 가문은 피렌체에서 금융업을 했습니다. 말이 좋아 금융업이지 쉽게 말하면 고리대금업이죠. 성경에 보면 고리대금업을 한 사람들은 지옥에 간다라고 되어 있어요. 그래서 고리대금업을 한 자들은 인정을 받지 못했어요. 그러자 메디치 가문은 성당에 헌금을 하고 예술가와 지식인들을 후원하면서 사람들의 인심을 얻으려 했어요. 아버지 조반니 메디치로부터 막대한 부를 이어받은 코시모 메디치는 아버지를 통해 예술가와 철학가들을 자주 만나다 보니 저절로 인문학에 관심이 많았어요. 평상시 플라톤을 좋아해서, 플라톤과 관련 있는 책이라면 다 모아서 읽었다고 해요. 그리고 심지어는 자기 주치의 아들이 똑똑한 것을 보고, 수십 년 동안 그리스어를 공부시키고 그리스어로 된 플라톤 책을 라틴어로 번역시키면서, 플라톤의 대학자 마르실리오 피치노로 길러내죠.

질문자   정말 대단하네요. 자기 주치의 아들을 오랜 시간 동안 후원하고 학자로 만드는 모습이 감동적이네요.

김태현   이것을 일명 메디치 경영이라고 하죠. 돈만 벌려고 하는 것이 아니라 문화, 예술, 철학에 투자를 해서 새로운 아이디어를 창출하는 경영법. 코시모 메디치는 이것을 정말 잘했어요. 경영인이면서 교육자였던 거죠. 그는 자기 별장에 플라톤 아카데미를 만들고 그것을 피치노에게 하고 싶은 대로 운영하라고 하고, 그곳에서 수많은 지성인이 서로 교류하고 생각을 말하는 장을 마련합니다. 코시모가 죽은 후에도 피치노는 이 과업을 성실히 감당합니다.

질문자   그 혜택을 나중에 미켈란젤로가 받은 거지요.

김태현   네, 맞습니다. 코시모는 알았던 거죠. 새로운 시기에 돈도 중요하지만, 중요한 것은 삶의 철학이라는 것을요. 코시모는 매우 바쁠 때도 일주일에 한 번은 꼭 들러서 피치노와 플라톤에 관한 이야기를 나눴다고 해요. 그는 피치노뿐만 아니라, 브루넬리스키, 기베르티, 도나텔로와 같은 예술가를 후원하면서, 르네상스 시대의 수많은 걸작품을 만드는 산파 역할을 합니다.

질문자　한 가문이 르네상스의 산파 역할을 했다는 것이 정말 대단합니다.

김태현　효율의 시선으로 보면, 예술가들을 후원하는 것은 무모한 행위죠. 하지만 코시모는 교육자였어요. 사람을 기르는 것에 대한 가치를 알았던 거예요. 물론 자신의 정치적인 입지와 여러 가지를 계산해서 한 것이라고 볼 수 있지만, 어쨌든 저는 교사이니 그가 한 교육 행위에 많은 점수를 줄 수밖에 없어요. 결국 그런 투자로 메디치 가문은 계속해서 예술가들을 후원하고 그 터 위에 르네상스 인문주의가 절정기로 이르게 되는 것입니다. 그리고 교사의 시선에서 볼 때 코시모가 정말 잘한 것은 공공 교육에 대한 시선을 가졌다는 것입니다. 코시모는 공부를 하면서 더 많은 책을 읽고 싶어 했습니다. 그래서 수십 명의 책 사냥꾼을 모집해서, 전 세계에 있는 좋은 책들을 구해오라고 합니다. 돈으로 사거나, 사지 못하면 필사를 해오라고 합니다. 장사만 했던 것이 아니라 지식에 투자를 하면서, 르네상스 인문주의가 더 번성하게 됩니다. 이때 많은 책을 보관할 장소가 필요한데, 이를 위해 만든 것이 뭘까요?

질문자　도서관이군요.

김태현　네, 최초의 공공 도서관 산마르코 수도원을 피렌체에 짓습니다. 여기에 수많은 고서와 책을 모아놓고 사람들에게 개방합니다. 코시모가 죽지만, 그의 정신은 후손에게도 전승되어 피렌체에서도 도서관 하나를 더 짓는데, 그것이 라우렌치아나 도서관입니다.

질문자　유명한가 보죠?

김태현　네, 미켈란젤로가 설계했기 때문입니다. 이탈리아는 미켈란젤로 한 사람에게 빚진 것이 너무나 많습니다. 베드로 성당, 피에타상, 다비드상, 캄피돌리오 광장, 시스타 벽화 등 이탈리아에 오는 관광객들은 미켈란젤로 한 사람의 작품을 보러 오는 것입니다. 그가 이렇게 엄청난 예술품을 남기게 된 것도, 메디치 가문의 후원이 있었기 때문입니다. 어린 미켈란젤로의 재능을 알아보고 예술뿐만 아니라 인문학적 교양을 습득하게 해서, 그의 작품에는 깊이 있는 메시지가 들어갔던 거지요. 코시모 메디치의 교육이 미켈란젤로라는 시대의 천재를 만들어서 지금의 이탈리아 관광 산업을 번성케 한 겁니다.

질문자　투자의 관점으로 교육을 말하기가 좀 그렇지만, 교육은 당장의 이익이 아닌 먼 미래를 보고 투자를 해야 하는 거군요.

김태현　맞습니다. 교육은 먼 미래를 순수하게 그려나가는 행위입니다. 이를 통해서 사람들이 성장하는 거죠. 미켈란젤로는 코시모의 교육적 비전을 공간 속에 담습니다. 그는 라우렌치아나 도서관을 그냥 설계하지 않았습니다. 공간적으로 분명한 메시지를 설계 속에 담아냈습니다. 꼭 한 번 방문하면 좋아요. 도서관의 입구에 서면, 컴컴합니다. 창문이 있지만, 빛이 들어오지 않게 다 막았습니다. 검은 대리석을 써서 입구는 어둠이 지배합니다. 암흑의 중세를 뜻하는 거죠.

그리고 모든 사람이 쉽게 도서관에 오르도록 계단을 세 방향으로 만들어 놓습니다. 그 계단에 올라서면 책이 진열된 도서관으로 가게 됩니다. 활짝 열린 창문 사이로 빛이 들어와, 마치 어둠에서 빛으로 향하는 느낌을 줍니다. 이 도서관이 바로 그런 곳이라는 거죠. 어둠의 중세를 끝내고 새로운 시대를 여는 장소, 새로운 미래가 탄생하는 곳이 이곳

라우렌치아나 도서관

이라고 공간적으로 미켈란젤로는 말해요.

저는 바로 이런 지식의 커뮤니티가 바로 우리 시대에 필요하다고 생각해요. 어쩌면 우리가 맞이하려는 미래는 지금보다 덜 소유하고 덜 쓰는 사회가 될 거예요. 이때 소유는 적어지지만, 내면의 깊이는 커지게 하는 교육의 힘. 이런 교육이 지금 우리에게 필요해요. 저는 이것을 잘 할 수 있는 사람이 바로 교사라고 생각합니다.

질문자   좋네요. 새로운 시대에 교육으로 세상을 다시 바라보는 힘을 주고 싶은 거군요.

김태현   코시모 데 메디치가 플라톤 아카데미와 공공 도서관을 만들어

새로운 생각을 부활시켰던 것처럼, 우리 교사들이 이런 사역을 하면 참 좋겠어요. 저는 지금 우리 교사들이 해야 할 일이 바로 이런 교육을 꿈꾸는 것이라고 생각해요. 우리의 교육 행위가 어쩌면 참 작고 의미가 없어 보일 수도 있지만, 그렇지 않다는 것을 우리는 분명히 인식해야 해요. 코시모가 했던 일을 우리 교사들이 할 수 있다고 생각해야 해요. 이것이 저는 교육의 시선이고 존재의 시선이라고 생각해요.

질문자   결국 선생님의 꿈은 교육에 희망을 걸고, 새로운 삶을 만들어가게 하는 데 있군요.

김태현   네, 맞습니다. 지금 우리가 품고 있는 교육에 대한 그림이, 우리 학생들에게 흘러가고, 이들이 어떤 세계를 만들어갈 것인지는 아무도 몰라요. 이를 위해서 교사들이 존재의 시선으로, 이 사회를 바라보고 우리가 어떤 삶을 살아야 할지 같이 고민해야 합니다.

이를 위해서 교사들이 먼저 교육을 깊게 경험할 필요가 있습니다. 우리는 교사이지만, 배움의 기쁨을 경험한 적이 별로 없어요. 우리도 치열하게 경쟁하다 보니 수업도, 학급운영도 남들에게 인정받기 위해서 할 때가 많아요. 이제는 남의 시선을 신경 쓰기보다는, 나를 위한 교육, 내 실존을 찾아가는 삶을 살아야 해요. 저는 이것을 온라인 교사성장 플랫폼에서 이루고 싶어요.

저는 우리 교사들에게 미래 교육을 준비해야 한다고 외치는 것보다 더 중요한 것은, 우리 교사들이 온라인으로 연결되고 오프라인에서 더 깊이 만나는 성장 활동을 해야 한다고 생각해요. 우리가 교육으로 성장하는 경험이 있어야 해요. 삶을 바라보는 시선이 더 넓어지고 깊어지면서, 내 존재를 알아가는 기쁨, 타인과 협력하는 즐거움을 맛봐야 해요.

질문자 정말 좋겠네요. 온라인상에 플라톤 아카데미, 라우렌치아 도서관이 만들어지는 거군요.

김태현 네, 맞아요. 온라인으로 소모임이 열리고, 주말에는 오프라인으로 모여서, 서로의 감성과 생각을 나누는 플랫폼. 그 플랫폼 안에서 교사들이 점점 성장하기를 바라는 마음이 있어요. 수업코칭연구소(이하 수코연)와 소소한 책방(이하 소책방)에서 실험했던 것을 이제는 확장해서 여러 선생님과 함께하고 싶어요. 서로의 성장을 도모하기 위해서 연결되는 방, 그런 온라인 교사 성장학교가 있으면 해요. 저는 수코연과 소책방을 하면서 두 가지를 느꼈어요. 하나는 교사들은 배움의 열기가 뜨겁다. 그리고 다른 하나는 교사들은 배움을 나누는 능력도 탁월하다. 서로 돕고 배우는 관계를 연결하는 플랫폼을 만들고 싶어요.

질문자 어떻게 만들 수 있을까요?

김태현 저는 생각보다 쉽게 만들 수 있다고 생각해요. 좋은 온라인 플랫폼이 하나만 있으면 돼요. 제가 마치 소소한 책방 플랫폼으로 교사들을 모으고 성장하는 모임을 만들었듯이, 그보다 더 큰 플랫폼이 있으면 돼요. 중요한 것은 누가 만드느냐예요.

질문자 교육부나 교육청이 그것을 해주면 되겠네요.

김태현 그렇죠. 저는 교육부나 교육청이 형식적인 연수 예산을 없애고, 이 디지털 플랫폼을 만드는 데 아낌없는 투자를 하면 좋겠어요. 대충 만드는 것이 아니라 정말 잘 만들어야 해요. 디자인적으로 뛰어난, 사용자 환경이 좋은 플랫폼을 만들어야 해요.

질문자 이미 있지 않나요?

김태현 있지만, 들어가고 싶은 느낌이 안 들게 만들었죠. 모르겠어요. 그런 점이 참 아쉬워요. 분명 존재하는데 이용하지 않는 사이트가 교육부에는 너무 많아요. 교육청도 그렇고요. 마음이 없는 건지, 정말 몰라서 그런 건지 참 안타까워요. 교사들이 잘 이용할 수 있는 환경을 만들어야 하는데, 참 따분하게 만들어져 있어요. 저는 그래서 지금 코시모 데 메디치 같은 사람을 기다리고 있어요. 누군가가 우리 교사들에게 투자를 많이 하면 좋겠어요. 교육적 투자. 교사들에게 성장 커뮤니티 플랫폼을 만들어주고, 그 안에서 교사들은 수업 자료를 공유할 뿐만 아니라, 감성과 지성이 키워지는 플랫폼.

질문자　　교사들이 성장하면 자연스레 우리 학생들도 성장하게 될 텐데요. 그런 교육적 비전이 있는 분이 있으면 좋겠네요.

김태현　　저는 우리 교사들의 콘텐츠가 무한하다고 생각해요. 이미 제가 소책방에서 경험한 바로는, 교사들은 배움을 받고 배움을 주는 능력이 어떤 직군보다 탁월해요. 그리고 이미 학생들뿐만 아니라 일반인에게도 나눠 줄 수 있을 만큼 역량이 뛰어나요. 사람들은 변화의 시대에 살기 위해 질문을 던져요. 이 질문에 답을 하기 위해서는 스스로 책도 읽고, 강연도 들어야 하는데, 이것이 바쁜 사회에 쉽지 않아요. 그리고 좋은 강사를 만나기도 쉽지 않아요. 소위 말하는 일류 강사라고 하는 사람들은 90분 강의에 최적화되어 있어요. 그런데 이들에게 6개월, 1년의 강의를 하라고 하면 쉽지 않아요. 무릇 배움은 꾸준히 일어나야 해요. 지속적으로 깊이 있는 배움으로 삶으로 연결해야지 변화가 일어나거든요. 이것은 우리가 늘 이야기하듯이 교육과정이 필요해요. 인간상을 정하고 목표를 설정하고, 적절한 교수 · 학습 방법, 특히나 온라인과 오프라인이 결합된 교육. 이것을 할 수 있는 사람이 누가 있겠어요. 저는 교사라고 생각해요.

질문자　　처음에는 교사가 미래를 주도한다는 것이 조금 다가오지 않았는데, 계속 이야기를 듣다 보니, 변화의 시대에 우리 교사들이 큰 역할을 담당할 수 있겠다는 생각이 드네요.

김태현　　　우리 교사들이 자존감을 가질 필요가 있습니다. 지금 우리가 다가오는 미래의 삶을 그리는 디자이너입니다. 우리가 어떤 생각으로 학생들을 교육하느냐에 따라서 삶의 결이 달라져요. 그렇기 때문에 우리는 좋은 콘텐츠를 준비해야 합니다. 디자인이 잘 된 콘텐츠를요.

질문자　　　아! 그래서 마지막이 디자인이군요.

김태현　　　저는 교육이 지배하는 사회를 만들고 싶어요. 지금 우리 사회는 자본주의입니다. 자본이 지배하는 사회죠. 돈을 벌 수 있는 곳을 따라 사람은 움직여요. 그런데 여기서 딜레마가 생겨요. 우리가 알듯이 인간은 돈으로만 살기에는 복잡한 존재거든요. 돈은 적정 수준으로 소유해야지, 돈만 따라 살면 우리 삶이 공허해져요. 그리고 소유는 더 많은 소유를 원하게 되고, 우리 욕심을 계속 자극해 결국에 그 욕심이 나를 사라지게 하죠.

흑사병, 르네상스, 종교개혁 등으로 중세의 신본주의가 인본주의로 바뀌었듯이 우리 사회도 시간이 지날수록 현재와는 다른 대안적인 세계관이 나올 거라고 생각해요. 그것이 저는 더 적게 소유하고 더 적게 쓰는, 그러면서 각자도생이 아닌 공생을 생각하는, 경쟁이 아닌 협력의 사회를 지금보다 더 진지하게 논의하는 시기가 올 거라고 생각해요. 돈만 좇아가지 않고 대안적 삶을 살려는 사람들이 이미 있어요. 그런데 이런 현상이 더 커질 거예요. 소유의 시대에 존재를 외치는 새로운 흐름이 더 커지면서, 삶의 교육이 더 중요하게 생각될 때, 교사들이 이 시대적 요구에 우리의 교육 콘텐츠로 응답을 해야 합니다.

질문자　　　제법 그럴싸한데요.

김태현   그럴싸한 것이 아니라, 그런 흐름이 이미 일어나고 있어요. 지금 코로나 상황으로 우리가 믿고 있던 체계가 무너졌어요. '우리는 안전하다', '선진국은 미국, 유럽이다', '우리는 계속 발전할 것이다' 등 우리가 당연하게 신봉하고 있던 세계관에 코로나 상황으로 의심을 품기 시작했어요. 이런 상황이 오면 사람들은 불안합니다. 실존, 가치, 의미, 행복, 정의, 진실은 소유로 얻어질 수 있는 것이 아니라, 적절한 교육, 꾸준한 인문학적 성찰이 필요합니다. 그래서 앞으로 질문의 시대를 넘어서, 교육의 시대, 성찰의 시대가 올 겁니다.

질문자   이럴 때 교사들이 전면에 나서야겠군요. 그럼 교사들은 무엇을 준비해야 할까요?

김태현   먼저는 수업 콘텐츠를 잘 만들어야겠죠. 단순히 평가를 위한 지식이나 점수를 올리는 콘텐츠가 아니라, 삶을 만드는 콘텐츠를 만들어야 해요. 내가 가르치는 지식이 점수 올리기용 지식이 아니라, 삶을 성장시키는 지식으로 변화되어야 하는 거죠. 학생들이 삶에서 잘 질문하게 하고, 잘 응답하게 하는 교육을 해야 합니다.

저는 이것이 특별한 것이 아니라고 생각해요. 이미 우리가 잘 하고 있는 배움중심수업, 역량중심수업, 협력 수업, 프로젝트 수업을 교육답게 잘하면 된다고 생각해요. 사실 미래 교육에서 중요한 것은 온라인이든 오프라인이든 사람이 연결되고, 그것을 통해서 성장을 경험하게 해줘야 한다는 거예요.

질문자   그렇다면 교사 스스로 좋은 콘텐츠를 만들어가야겠군요.

김태현   네, 맞습니다. 저는 교사의 전문성은 결국 콘텐츠로 귀결된다고 생각하거든요. 교사 생활 자체가 콘텐츠를 만들고 공유하는 삶인데, 우리가 의미 있는 콘텐츠를 만들고, 유포하면서 그것을 통해 나다움을 만들어가야 해요. 콘텐츠 안에 교사 스스로 자기만의 색깔을 넣어야 해요.

질문자 그게 쉬운 일은 아니잖아요.

김태현 그렇죠. 쉬운 일은 아니죠. 화가는 자기만의 화풍을 만들고, 가수는 자기만의 목소리를 찾아가는 작업이 길고 지루한 작업이듯이, 교사도 자신의 콘텐츠를 찾아가고 만들어가는 일은 쉬운 일은 아닙니다. 그래서 저는 자기다움의 콘텐츠를 만들어가기 위해서 자기 삶을 스스로 기획하고 설계하는 삶, 삶의 주인이 되는 삶. 즉 디자인적인 삶을 살아야 한다고 생각해요.

질문자 디자인적인 삶이라. 이 말은 패션 디자이너, 이런 예술 분야 종사자에게만 해당되는 단어인 거 같아요.

김태현 사실 지난번 책 『교사, 삶에서 나를 만나다』는 위로의 성격이 컸습니다. 4년 전, 교사의 삶은 너무나 힘들고 비루했기에, 여러 시와 그림을 직접 인용하면서, 제 책이 선생님들의 삶에 소박한 위로가 되기를 바랐던 거예요. 그런데 코로나 상황 이후로, 아니 그 이전부터 4차 산업혁명이라는 말이 시작된 이후로, 교사들에게 어떤 변화를 계속 요구해요. 그리고 한편으로는 '너희는 언제까지 그렇게 너희끼리 끌어안고 위로만 하고 있어' 라는 비판도 있었고요. 그 비판에 다 동의할 수는 없지만, 그래도 교사가 스스로 자기만의 울타리를 만들고, 그 안에만 머무르려 한다는 말은 맞는 거 같아요. 그래서 저는 더 고민을 해야 했죠. 그러면 어떤 삶을 살아야 할 것인가? 위로도 충분히 받지 않은 상황이지만, 우리가 교사로서 어떤 삶을 살아야 하나? 그 지향점, '교사들이 열정을 가지고 살아가야 하는 삶의 가치가 뭘까?' 를 고민했는데, 그것이 바로 콘텐츠를 디자인하는 삶이라는 것입니다.

질문자　콘텐츠를 디자인하는 삶. 좋네요. 결국 미래 사회에서 교사는 자기만의 콘텐츠를 스스로 디자인할 수 있어야 한다는 거군요. 그런데 이런 의문도 드네요. 과연 이런 삶을 우리가 살 수 있을까요? 특별한 능력이 있는 선생님들만 가능한 것이 아닌가요?

김태현　네 사실, 저도 이 말이 선생님에게 부담스럽게 다가갈 거라 생각해요. 하지만 여기서 우리가 생각해야 할 것은 우리는 이미 콘텐츠를 디자인하는 삶을 살고 있다는 거예요. 제가 거듭 강조하고 싶은 것은, 이미 그렇게 살고 있는데 스스로 위축될 필요가 없다는 거예요. 저는 우리 선생님들이 이미 콘텐츠 디자이너라고 생각해요. 우리는 늘 한 차시 수업을 디자인하고, 그것을 다시 피드백하고, 그냥 지식을 지식으로 가르치기보다는 뭔가 의미 있는 내용을 넣으려고 노력해요. 디자인을 하는 거죠. 학급에서도 청소를 어떻게 시킬 것인지, 조회 시간에 무슨 이야기를 할 것인지를 늘 의미와 가치, 교육에 대한 고민을 하면서 디자인을 하고 있어요.

질문자　그렇군요. 늘 교사들은 교육을 디자인하는 삶을 살고 있네요. 교육 그 자체가 디자인이 내포된 단어이군요.

김태현　네. 교사는 삶의 디자이너예요. 수업으로 교육적 활동으로 학생들의 삶을 디자인하고, 그들의 삶을 의미 있게 이끄는 교육자죠. 우리는 자신감을 가질 필요가 있어요. 제가 오랫동안 수코연에서 선생님들의 수업을 보면서 느끼는 점은 우리 선생님들은 수업 안에서의 고민과 문제를 해결할 능력이 이미 있다. 다른 곳에서 찾지 않아도 된다. 그런데 스스로 너무 작게 여기고, 특별한 연수를 받아야지 문제를 해결할 수 있다고 생각하는 게 너무 안타까워요.

질문자　우리는 여전히 왜 이렇게 자신이 없는 건가요?

김태현   그것은 교사만의 문제가 아니에요. 우리 모두의 문제이죠. 어려서부터 늘 비교당해요. 친척의 누구, 옆 동네에 누구, 그러면서 우리 안에 늘 내재되어 있어요. '나는 부족하고, 나는 무엇인가를 더 해야 해'라는 것을 습관적으로 의식해요. 우리 마음에 잠식되어 있는 불안이 우리는 계속 무엇인가를 배워야 한다는 당위로 연결되죠. 자부심을 가질 필요가 있습니다. 우리는 자동차를 만들고 로봇을 만드는 그런 공학자들보다 전문성이 떨어진다고 생각할 때가 있어요. 그들에 못지않게 교사들은 학생들의 삶을 디자인하는 교육적 역량이 있어요. 이 사회를 가치롭게 만드는 특별한 능력이 있어요. 그리고 앞으로 우리의 능력이 미래 사회에 더 필요하다고 생각해야 해요.

질문자   결국, 우리 교사들이 자존감을 가져야 하겠군요.

김태현   맞습니다. 교사 집단 외에도 여러 콘텐츠 집단이 있겠지만, 교사들만큼 실전에 준비되어 있고 교육과정을 가진 사람이 없습니다. 다만, 학생용으로만 콘텐츠를 만들었기 때문에, 그 학교 지식을 삶의 지식으로 재가공해야 하는 작업이 있어야 합니다. 결국, 그것이 디자인입니다. 지식의 복원이고요. 다시 말하지만 이건 특별한 작업이 아닙니다. 이미 우리가 학생들의 내적인 동기 부여를 위해서 호기심을 자극하고, 정서적인 영감을 주는 작업을 해왔는데, 이 작업을 충실히 수행만 하면 일반인들에게도 우리의 콘텐츠가 의미있게 다가서리라 믿습니다.

디자인 능력 키우기 1_ 환대

질문자   자, 그러면, 선생님이 말씀하시는 디자인 능력을 어떻게 키울
         수 있을까요?

김태현   저는 우리가 디자인 능력을 키우기 위해서는 환대의 능력을 더
         키울 필요가 있다고 생각합니다.

질문자   환대요?

김태현   제가 말하는 수업 속 환대는 상대방을 잘 맞이하기 위해서 그
         사람의 시선으로 가는 것을 말합니다. 이 환대는 누군가를 배려하는
         것이고, 존재로 만나는 행위입니다. 겉보다는 마음을 깊이 들여다보는
         교육의 시선이라고 할 수 있겠습니다.

질문자   교육적으로 환대를 재개념화하는 것이 좋습니다. 그런데 그것
         이 콘텐츠를 디자인하는 삶과 무슨 관련이 있는 거죠?

김태현   디자인이 뭘까요? 디자인은 그냥 주기보다는 뭔가 재구성해서
         주는 것을 말합니다. 그리고 그렇게 해서 그 사람의 마음에 울림, 움직
         임을 주는 작업을 말합니다. 그런데 그것은 인지적이기보다는 정서적
         인 작업이에요. 우리가 누군가에게 사랑을 고백한다고 할 때, 그냥 하
         지 않습니다. 여러 가지를 생각합니다. 이렇게 할 때, 저렇게 할 때 상
         대방이 어떻게 반응할 것인지를 끊임없이 고민하고, 그 사람이 가장
         좋아할 만한 행동들을 순차적으로 진행합니다. 로맨틱한 곳을 선정하
         고, 꽃을 주고, 선물을 주고, 사랑한다고 고백하는 그런 작업이 순차적
         으로 이뤄지죠. 저는 우리 교육 행위도 마찬가지라고 생각합니다. 수
         업이 디자인이 잘 될 때는, 수업 자료가 많고, 수업 지식이 많을 때가

아니라, 학생들의 마음이 잘 읽혀질 때입니다.

제가 최근에 본 수업을 가지고 이야기를 해볼게요. 한 고등학교 문법 수업이었어요. 이 고등학교는 학생들의 학업성취도가 높지 않아요. 일반 인문계 고등학교보다 낮아요. 그러면 교사는 힘들어요. 기초가 없는 학생들에게 고등학교 문법을 가르친다는 것이 힘든 일이거든요. 그런데 선생님은 참 편안하게 학생들과 호흡하면서 수업을 하더라고요.

질문자 어떻게요?

김태현 일단 수업을 늦게 시작하세요. 들어가면 애들이 소란스럽잖아요. 그러면 선생님은 조용히 하라고 하지 않고, "5분 더 줄 테니 일단 수다 다 떨어"라고 말합니다. 그리고 차분히 기다려요. 그러면 학생들이 조용해지고, 그때 선생님은 수업을 해요. 교과서에 있는 개념을 익히게 해야 하는데, 선생님은 모둠별로 한 사람을 일으켜 세우더라고요. 그리고 책을 읽게 하는데 여기서 특이한 장면이 있더라고요.

보통은 품사 하면 명사, 대명사, 수사. 이런 순으로 가는데, 학생들에게 "그냥 읽고 싶은 부분 읽어"라고 하더라고요. 그랬더니 우리가 알고 있는 순서대로 읽지 않고 감탄사, 조사 이곳저곳 왔다 갔다 읽으니, 개념 이해에는 더 헷갈릴 수 있어요. 그런데도 선생님은 그렇게 하세요.

질문자 선생님만의 시선으로 수업이 디자인이 된 거군요.

김태현 맞아요. 그래서 수업나눔을 할 때 물어봤어요. 수업 초반 5분이 정말 특이했다고. "특별한 이유가 있으셨냐?"고. "보통의 선생님들이라면, 개념의 순서대로 읽게 했을 텐데, 그렇게 하지 않은 이유가 있냐?"고 물으니 선생님은 "자신의 수업에서 학생들이 개념을 이해하기보다는 공부에 대한 자신감을 주고 싶었다"고 말씀하더라고요. 그래서 책 읽기라도 시켜서 수업에서 학생들이 무엇을 했다는 성취감을 주고 싶어서, 학생들이 원하는 곳을 읽으라고 했다고 하더군요.

질문자   그렇군요. 선생님의 섬세한 마음이 느껴지는 디자인이군요.

김태현   네, 맞아요. 흔히 디자인이 잘 된 수업을 이야기하면 너무 화려하고 복잡하게 생각해요. 거기다가 미래 교육 담론이 들어오면서 교과 간에 융합이 일어나고 창의적인 활동이 있어야 한다고 생각하는데, 저는 그것보다 학생들의 마음을 배려하는 수업이 디자인이 잘 된 수업이라고 생각해요. 어떤 활동을 보면 굉장히 불친절해요. 물론 수준 높은 배움을 주기 위해서 어려운 과제를 주는 경우도 있어야 하지만, 기본적으로 학업성취도가 떨어지는 학생들은 포기하지 않게 만드는 것이 중요해요. 그러면 일반 학생의 수준이 아닌 공부가 두려운 그 학생의 시선으로 봐야 해요.

질문자   그래서 디자인은 기본적으로 환대가 필요하다고 말씀하시는 거군요. 결국 그 사람의 시선으로 가는 것, 그 사람을 존재로 보고자 하는 교육적인 시선이 있어야겠군요.

김태현   네, 맞아요. 예전에는 자료 중독에 빠져서 수업 준비하려고 하면, 몇 시간이고 좋은 파워포인트 자료, 영상 자료, 이런 것을 찾으러 다녔는데, 이제는 차분하게 학생을 생각해요. 지금 우리 학생들의 마음이 어떤 상태인지, 이 수업을 할 때 학생들이 버거워할 지점은 어디인지, 그리고 어떻게 하면 쉽게 수업을 듣게 할지. 저는 이것이 비고츠키가 말한 비계설정이라고 해요. 단순히 쉬운 수준에서 어려운 수준으로 비계를 놓는 것이 아니라 학생을 존재로 보고, 지금 우리 학생들에게 필요한 것이 지식의 이해인지, 정서적인 안정감인지 여러 가지를 복합적으로 고려해서 수업 디자인을 해요.

질문자   선생님 이야기를 들으니까, 디자인이라는 작업은 참 힘든 작업인 거 같습니다.

김태현   네, 맞아요. '내가 단순히 수업 잘해야지'라고 생각하면 귀찮아져요. '이렇게까지 해야 하나' 하는 버거움이 밀려오고요. 그러면 창의적인 발상이 생기지 않아요. 우리도 한 번쯤 경험하잖아요. 누군가를 사랑할 때는 내가 머리를 굴리지 않아도 어떤 영감이 막 생기는 때가 있잖아요. 마찬가지로 내가 전심으로 학생을 대하려고 하면, 환대의 마음으로 학생들을 생각하게 되고, 그때 디자인이 이뤄지더라고요. 이번 온라인 수업도 그랬어요. 온라인 수업을 어떻게 하지? 플랫폼 등 수업의 형식만을 깊게 고민하다 보면 수업에 대한 아무런 생각이 안 나죠. 그런데 내가 수업을 통해 주고 싶은 것이 무엇일까? 지금 학생들에게 필요한 메시지는 무엇일까? 하는 것을 생각하자 점차 온라인 수업에 대한 길이 보이더라고요.

질문자   선생님께서는 예전부터 교육은 인지의 작업이 아니라 정서가 먼저 움직여야 한다는 말씀을 많이 하는 거 같아요.

김태현   네, 맞아요. 저는 우리 교육의 가장 큰 문제 중의 하나가 정서의 상실이라고 생각합니다. 배움에 대한 호기심, 탐구심. 혹은 텍스트를 읽고 나서의 정서적인 작업들이 제대로 이뤄져야 하는데, 이런 것들이 우리 교육에 없는 것이 현실이에요. 초등학교 단계에서는 그래도 선생님들의 많은 노력으로 여러 가지 활동과 협력 작업을 통해서, 학생들의 정서를 유발하는 수업을 해요. 그래야 학생들 마음에 남고, 그것이 삶으로 연결돼요. 하지만 중학교에서 고등학교로 올라가면서 점차 배워야 하는 교과 지식이 많아지니 교사의 입장에서도 학생들과 교감을 하기보다는 정보를 이해시키는 데 더 집중해요. 한 마디로 가르쳐야 할 교과 지식이 너무 많아요.

총론의 교육과정을 잘 설계해도, 각 교과 교육과정으로 넘어가면, 교과 지식을 줄이지 않아요. 이것도 저것도 다 가르쳐야 한다는 거죠. 기본적으로 교수들, 교육과정을 결정하는 교수들이 교육적인 시선이 없어요. 학생들이 스스로 생각하고 사유하는 법을 고등학교에서 배우고, 대학교 가서는 자기 적성에 맞게 전공 지식을 열심히 연구하면 되는데, 우리는 반대로 되어 있어요. 배움의 기쁨, 지식을 알아가는 그 발견의 쾌감이 있는데, 우리는 고등학교 단계에서 이미 소진해 버리고, 대학교에 가서는 노는 거죠.

질문자　　가장 기본적인 상황을 바꾸지 않고, 미래 교육을 구호로만 외치는 사람들이 있으니 답답하네요.

김태현　　그래서 저는 우리 스스로 디자인 능력을 키워야 한다고 생각해요. 그런데 그것이 무엇을 새롭게 한다기보다는 내 삶과 마음을 들여다보기를 하는 거예요. 이 책에서 말한 시선, 심미안, 메시지, 커뮤니티가 잘 작동되었을 때, 수업 내용도 잘 디자인되어 나오는 거예요. 그래서 저는 계속해서 교사들이 디자인을 잘하려면, 자기 삶을 잘 살아내면 된다고 말하는 거예요. 특히 그것을 커뮤니티 안에서 서로 도와줘야 하는데, 그것을 5장에서 마음 처방, 생각 처방, 연구 처방, 콘텐츠 처방으로 설명을 했습니다.

질문자　　커뮤니티에 아직 속하지 않는 분들은 어떻게 살아낼 수 있을까요? 디자인적인 삶이라고 하면, 너무 먼 이야기라고 생각해서요.

김태현　　우리는 생계를 위해 일을 해야 하는 예술가와 같아요. 때로는 밥벌이를 위해서 그냥 글을 써야 하는 작가와도 같고요. 그러면서도 자기 색깔을 고민하는 작업이 필요한 거죠. 어떻게 모든 수업에 자기 색깔을 고민하겠어요. 그냥 하는 거죠. 그러나 그러면서도 희망의 끈을 놓지 않으면서 교사로서 내가 애들에게 전해줘야 할 메시지가 무엇일까를 고민하는 거죠. 그러려면 내 삶을 더 깊게 들여다보면서, 내게 이미 들어와 있는 색깔을 찾는 작업을 해야 해요. 내 삶에 말을 걸어야 합니다. 이 그림을 한 번 보시죠.

질문자　클림트의 키스군요.

김태현　미술사에서 가장 개성적인 화가 중의 한 명이 클림트예요. 클림트 그림의 특징은 눈부신 황금색입니다. 그런데 처음부터 클림트가 이런 그림을 그린 것이 아니에요. 자신에게 그림을 의뢰하는 사람들

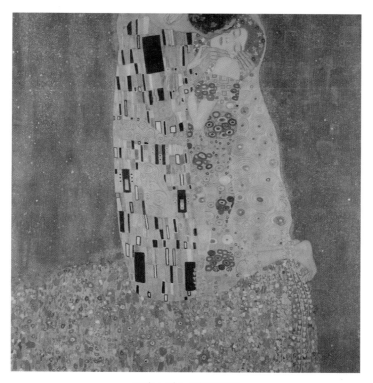

클림트, 키스, 1907-1908

이 좋아할 만한 고전주의적 그림을 그렸어요. 그런데 동생과 함께 개성이 없는 그림을 그리던 클림트가 독립을 선언해요. 더 이상 영혼이 없는 그림을 그리지 않겠다. 그리고 자신이 좋아하는 그림을 그려요. 그림을 그리고 보니, 자신이 어렸을 때부터 보고 자랐던 황금색이 자연스럽게 나타나요. 아버지가 금 세공업자였어요. 그래서 그의 그림에서는 눈부신 금색, 목걸이에서 볼 수 있는 장식 문양, 색감이 나타나요.

질문자　클림트도 결국 자기 삶에서 자기의 색깔을 찾았군요.

김태현　네. 클림트도 처음에는 두려웠을 거예요. 다른 사람이 원하는 그림을 그리려다가, 자기가 원하는 그림을 그릴 때는요. 하지만 계속 표현하다 보니 자기가 보고 들은 것들이 그림에 나타나는 것을 보고 더 자신 있게 자신을 표현하지요. 우리 교사들도 자기 삶으로 더 들어갈 필요가 있어요. 내가 좋아했던 것, 내가 교사가 된 이유, 내가 감명 깊게 읽은 책, 나에게 감동을 준 사람 등 끊임없이 자기 삶에 말을 걸면서, 내가 교사로서 말하고 싶은 것, 학생들에게 이야기하고 싶은 교육 주제들을 찾고, 환대의 시선 속에서 학생들의 삶을 고민하면서 내가 펼칠 수 있는 교육 주제들을 만들어가야 합니다.

특히, 거듭 말씀드리지만, 우리 삶의 결핍을 잘 봤으면 해요. 나에게 있는 결핍을 들여다보면서 스스로 위로하고 채우면서, 그 경험을 학생들에게 나눠주면 좋을 거 같아요. 제가 수업나눔, 수업친구, 소소한 책방, 북콘서트 등 기존에 교사 그룹에서 실시하지 않던 것을 하게 된 것도, 내 안의 결핍 그리고 우리 교사 안에 있는 결핍을 어떻게 채울 것인가를 고민하다가 나온 거예요.

질문자　김태현 선생님의 아이디어도 교사들을 환대하고 존중하려고 하는 마음에서 나온 거군요.

김태현   네, 맞습니다. 소책방을 운영하고 수코연 등 이런 것들을 왜 시
        작했냐를 돌이켜보면, 결국 그것도 환대입니다. 그렇다고 제가 정이
        많은 것은 아니고요. 선생님들의 그 마음에 머물러 주기 위해서 무엇
        을 할까 생각했는데, 수업에 대한 고통을 같이 공감해야겠다, 충고하
        고 판단하는 수업협의회 문화를 바꿔야겠다고 해서, 수업나눔, 수업친
        구가 나온 거예요. 소책방도 편하게 이야기할 수 있는 교사 예술감성
        공동체가 있으면 좋겠다고 해서 만든 거죠. 돌이켜보면, 제가 원래부
        터 창의적인 것이 아니라, 교육의 시선으로 교사의 삶을 깊이 들여다
        본 거예요.

질문자   그렇지요. 결국 본질은 상대방에 대한 배려, 환대, 존중인데, 우
        리는 그 기본을 교육에서 잃어버렸군요. 교육에서 가장 중요한 것은
        이 마음을 회복하는 일이었네요.

디자인 능력 키우기 2_ 용기

질문자   환대말고, 자신의 콘텐츠를 디자인하기 위해서 필요한 것이 또
        뭐가 있을까요?

김태현   용기입니다. 스스로를 멋지다고 생각하는 용기가 필요합니다.
        내가 나를 멋지다고 생각하는 용기. 예술가들을 보면, 자기만의 세계
        가 있어요. 너무 지나치면 독선이 되겠지만, 저는 교사들이 끊임없이
        학생들과 소통하면서, 자기를 멋지게 가꿔갈 필요는 있다고 생각해요.

저는 우리 안에 '창조의 자아', 시인이 있다고 생각해요. 다만 우리가 그것을 삶의 무게 속에 잠시 잃어버리게 된 거죠. 우리 스스로 내 안에 있는 '창조성의 자아'를 잘 보살펴 줄 필요가 있어요. 우리는 사실 늘 기획하고 무엇인가를 창조하는 삶을 실제로 살고 있어요. 무엇을 먹을지, 무엇을 입을지. 단순하게 오지 않아요. 고민을 하고 기획을 해요. 그래서 저는 우리 스스로 창조의 디자이너라고 생각하면서, 약간의 허세를 부릴 필요가 있다고 생각하는 거예요.

TV에 나오는 크리에이터들이 있어요. 패션쇼를 기획하고, 영화를 만들고, 음식을 만드는 프로페셔널한 사람들. 그 사람들이 멋진 것은, 자기 스스로 멋지다고 생각하기 때문이에요. '내가 지금 만들고 있는 이런 콘텐츠들이, 결과물들이 내 색깔이고 내 콘텐츠이고 메시지이다'라고 스스로 인정하기 때문에 멋진 거예요. 만약에 멋지지 않다고 생각하면, 노력하면 돼요. 함께 가는 사람들이 있으니, 같이 노력하면서, 실패하고 또 실패하다 보면, 의미 있는 콘텐츠가 나오기 마련입니다.

저는 자기애가 강한 사람이라서 스스로 멋지게 살려고 노력해요. 나만의 작은 서재에 그림도 놓고, 커피를 내리고 '나는 아티스트다. 수업 예술가다'라고 생각하면서. 책도 안 읽는데, 좋은 책들을 그냥 놓기도 하고, 재즈 음악을 틀어놓고 커피 마시면서 그냥 글을 썼어요. 그런데 그러다 보면 저도 깜짝 놀랄 아이디어가 나오고, 글이 나오고, 수업 아이디어가 샘솟아요. 결국 콘텐츠를 디자인하는 능력도 나를 가꾸는 것에서부터 시작합니다. 나를 환대하고, 스스로 돌볼 수 있어야지 콘텐츠가 나옵니다.

질문자　그렇군요. 콘텐츠를 디자인한다는 것은 결국, 가장 본질적인 것에 더 집중하는 일이군요. 남을 사랑하기 이전에 나를 사랑하기. 그런데 어떻게 시작해야 할지를 모르겠어요.

김태현   맞아요. 우리는 너무도 당연한 것, 나를 사랑하는 법을 잃어버렸어요. 어려서부터 우리 교사들도 경쟁 구도에서 자라나서 빨리 달려가는 법을 배웠지, 일상에서 나를 사랑하는 법을 배우지 못했어요. 우리 책상을 한 번 보세요. 그곳에 내가 사랑하는 공간이 있나요? 교무실에서 지나가다가 우연히 연구부장님 책상을 봤어요. 깔끔하신 분인데, 책상은 완전히 이것저것으로 지저분했어요. 온갖 서류 뭉치, 수업 자료가 나뒹굴어져서 뒤섞여 있었어요. 컴퓨터 바탕 화면에는 온갖 파일이 다 나와 있고요. 보기만 해도 머리가 아픈 상황이지요. 단순히 깔끔하냐 안 하냐의 문제가 아니라 이렇게 우리 교사들이 살고 있다는 거예요. 온갖 것으로 뒤섞여 있는 혼돈된 삶. 이 생각 저 생각이 흩어져서 연결되어 있지 않은 복잡하고 혼돈된 상황. 지금 우리의 모습이에요.

질문자   맞아요. 어디서 어떻게 생각을 정리하고 내 삶을 정돈해야 할지 모를 때가 많지요. 이런 상황에서 나를 사랑하고 배려하는 일은 쉽지가 않지요.

김태현   네, 그래서 저는 한 뼘의 미학이라는 말을 써요. 한 뼘의 미학이란 10% 나를 위한 공간, 시간, 물질을 써 보자는 거예요. 예를 들어, 책상에 한 뼘 정도 나를 위한 공간을 만드는 거예요. 내가 좋아하는 그림을 붙여 놓는다거나, 내가 좋아하는 글을 켈리그라피로 써서 액자로 놓는다거나, 내가 좋아하는 간식을 책상 한 곳에 놓는 것이죠. 바탕 화면에는 내가 좋아하는 음악, 그림, 연예인 사진 등을 폴더를 만들어 넣는 거예요. 그래도 내가 살아있다고, 나를 돌보고 있다고 나 자신에게 사인을 주는 거예요.

수업도 마찬가지예요. 50분 중에 그래도 10분 혹은 5분 정도는 내가 하고 싶은 수업을 하는 거예요. 수업의 정교한 설계, 이런 거 생각하지 말고, 그냥 강의식으로 수업하고 10분 정도는 내가 하고 싶은 활동을 하는 거죠. 그렇게만 해도 그 수업이 사랑스러워져요. 하루 24시간에 나를 위한 시간을 적어도 10분은 가져보는 거예요. 혼자 걷고 산책하는 시간을, 홀로 커피를 마시고 삶을 되돌아보며 글을 쓰는 시간을 갖는 거예요. 하루를 온전히 나를 위해 쓸 수는 없잖아요. 늘 교사들은 이사람 저 사람들에게 부딪치기 십상인데, 홀로 지내는 내 시간을 더 많이 가질 필요가 있어요. 나를 차분하게 만드는 음악을 듣고, 내 마음과 생각을 들여다보면서, 적어도 스스로 내 삶이 멋있다고 생각하는 그 시간을 가질 필요가 있어요. 내가 좋아하는 아지트를 찾고, 그 아지트에서 차분하게 나만의 멋을 가지고 즐기는 거죠. 문구점에 가끔 들러서 내가 좋아하는 문구류를 가지고 이런저런 낙서를 해보기도 하고, 좋아하는 카페에 들러서 멍하니 있기도 하고, 아주 가끔은 갤러리나 음악회, 연극 등 문화생활을 하면서 나에게 신선한 자극을 줘야 해요. 저는 이런 한 뼘의 시간, 한 뼘의 공간이 나를 사랑하게 만든다고 생각해요.

질문자 어찌 보면 소소한 일상인데, 우리가 그것을 못 챙기니, 자꾸 나를 학대하고, 나로 못 살고 있고, 상황 속에서 자꾸 끌려만 다니고 있다는 생각을 하네요.

김태현 저는 우리가 나를 포기하지 않았으면 해요. 나를 사랑하는 방법은 여러 가지가 있어요. 이미 이 책 전체에 그런 부분을 많이 언급했는데, 무엇보다 내가 의지를 가지고 그 시간을 가져야 해요. 시간도 없고, 돈도 없을 수 있어요. 이런 시간이 익숙하지 않은 분들도 있어요. 그러나 시간이 점차 흘러 기력이 쇠하여지기 시작할 때, 이유 없이 짜증 나고, 분노로 가득 찰 때, 누군가가 나를 이해해주지 않고 외롭기만 할 때, 그때가 나를 돌볼 시간이라는 것을 빨리 깨달아야 해요.

스스로 마음 처방을 하고, 때로는 서점에 들러서 생각을 키우고, 글을 쓰는 생각 처방 등을 하면서 나를 돌보는 시간을 가져야 해요. 나를 돌보지 않고, 그냥 지나쳐버리면 어느 순간, 모든 것이 지겨워져요. 학생들을 돕느라고 소진되어 버리면, 모든 것이 피해의식으로 돌아옵니다. '왜 그때 나는 나를 위해 살지 못했을까?' 나를 사랑하려면 몸과 마음을 스스로 지키면서 나를 아끼는 행동을 해야 해요. 이런 것이 디자인적인 삶이에요. 스스로 삶의 주인이 되어 내 시간과 공간을 디자인하는 것. 디자인은 딴 데 있는 것이 아니에요. 삶의 주도권을 내가 가져오는 것, 이것이 용기입니다. 이를 통해 내 콘텐츠를 디자인할 수 있는 힘을 갖게 되는 거죠.

질문자　흥미롭습니다. 콘텐츠가 환대, 나다움을 찾는 삶 그리고 용기로 연결된다는 것이군요.

김태현　한때 '용기'라는 말이 유행했습니다. 미움받을 수 있는 용기, 가르칠 수 있는 용기, 아니라고 말할 수 있는 용기 등. 그런데 이 용기가 콘텐츠에도 굉장히 중요합니다. 용기란 나의 사적인 경험을 공적인 영역으로 끌어올리는 용기를 말합니다. 제가 간혹 글쓰기 강의를 해요. 일반적으로 이런 강의는 어떻게 글을 잘 쓸 것인가, 제목을 어떻게 만들고 기획을 어떻게 할 것인지가 주를 이뤄요. 그런데 그런 것은 기술적인 측면이고요. 본질적인 것은 내 안에 나를 드러낼 수 있는 용기가 있어야 해요. 앞서서 저는 교사의 성장을 4단계로 봤어요. 터칭과 씽킹, 그리고 텔링과 티칭으로요. 여기서 텔링이 바로 커뮤니티 안에서 내 생각과 마음을 드러내는 단계를 말해요. 터칭과 씽킹은, 커뮤니티 안에서 다른 사람에게서 오는 여러 자극으로부터 스스로가 깨어나는 것이라면, 텔링에서부터는 이제는 본인이 자기다움을 찾고 서서히 일어서기 시작하는 단계예요. 이때부터는 본격적으로 글을 쓰고 내가 느꼈던 감성 자료들을 나누는 것이죠. 그런데 대개 이 단계를 교사들이 매우 쑥스러워해요.

질문자   평가받는다고 생각해서겠죠.

김태현   네, 맞아요. 늘 우리 교사들은 평가를 받는다고 생각해요. 어려서부터 평가와 경쟁이 내재되어서 함부로 자기 것을 꺼내 보이지 않아요. 그리고 교사 특유의 문화, 완벽해야 한다, 나는 부족하다, 이런 완벽주의와 열등감 때문에 좋은 콘텐츠가 있어도 잘 공개하지 않는 경향이 있어요. 수업은 어느 정도 자신 있으면 그래도 올리는데, 글은 대부분 올리는 것을 많이 어려워해요.

참 이상하죠. 정작 교사들은 자기 생각과 감정을 말하는 것을 힘들어하는데, 수업에서는 그것을 학생들에게 요구하고 있으니까요. 그래서 저는 우리가 먼저 훈련할 필요가 있다고 생각해요. 부끄럽지만 자기 생각을 글로, 그림으로, 사진으로 표현하고 그것을 지인들과 같이 나누는 작업을 하면 좋겠어요. 개인적으로 가장 편한 것이 사진인 거 같아요. 사진을 찍으면서 내 시선이 어디에 머무르고 있는지를 볼 필요가 있어요. 제 경우는, 꼭 하강하는 것에 있어요. 떨어져 있는 낙엽, 돌 틈 속에 피어 있는 들꽃 하나, 낡은 시곗바늘, 오래된 카페 등 손때 묻고, 자연스러움에 시선이 머물러 있는 저를 봐요. 그리고 그것을 수코연과 소책방 선생님들에게 같이 나누고, 내 느낌이 어떤지 글로도 같이 나누는 작업을 해요.

질문자   그러니까 선생님은 우리 교사들이 자신만의 콘텐츠를 찾기 위한 여행을 떠나야 하는데, 결국 그것은 다른 사람에게 용기 있게 공개할 때, 콘텐츠 찾기가 이뤄진다는 거군요.

김태현   네, 맞아요. 나에게만 있으면 그 콘텐츠는 아무 소용이 없어요. 결국 누군가로 흘려보내게 해야 하거든요. 우리 안에 좋은 생각, 감성, 메시지가 들어와요. 그러면 우리는 본능적으로 그것을 알려주고 싶어요. 그것이 인간이에요. 좋은 것을 나누는, 그래서 자신의 존재감을 찾는 것이 인간이에요. 그래서 커뮤니티가 중요해요. 커뮤니티 안에서 안전하게 자기 생각과 감성을 나누고, 피드백을 받고 다시 또 다른 콘텐츠를 만들고 하면서 나를 성장시켜 가는 거예요. 결국 성장은 그냥 이뤄지는 것이 아니라 타인과 더불어 함께 일어나요. 커뮤니티의 동료 선생님 말 한 마디, 한 마디가 모여서 내 존재의 가치와 색깔을 찾게 되는 거지요.

질문자   선생님도 그렇게 성장하신 거죠.

김태현   네, 맞아요. 처음에는 사랑말국어교사 모임에서 책을 읽고 자기 생각을 나누고, 그리고 거기서 배운 내용을 수업으로 녹여내고, 다시 그 수업을 커뮤니티 안에서 피드백 받고, 그것을 '좋은교사' 라는 잡지로, 그것을 바탕으로 '행복한수업만들기' 모임을 만들고, 이런 경험이 다시 『교사, 수업에서 나를 만나다』로 연결되고, 그 책으로 '수업코칭연구소' 를 만들고, 다시 연구소 경험이 『교사, 삶에서 나를 만나다』로 이어지고, 그 책을 바탕으로 '소소한 책방' 을, 그리고 이 책방 경험을 중심으로 해서 지금 이 책을 쓴 것입니다. 지금 말하다 보니 저도 깨닫게 되었네요. 책을 쓰고 나면 꼭 뭐가 하나씩 나왔네요.

지금 저와 같은 삶이 겉으로는 무척 어려워보이지만, 우리 선생님들도 한 공동체에서 자기만의 언어를 발견하면, 콘텐츠를 만들면서 성장하는 삶을 살 거라 생각해요. 여기서 언어라고 함은, 생각과 감성을 담을 수 있는 저마다의 그릇이 있다는 거예요. 제가 소소한 책방을 할 때 놀란 것은, 공식적으로 무엇을 배운 것이 아닌데, 교사마다 자신의 언어가 있는 거예요. 어떤 선생님은 커피로, 또 어떤 선생님은 그림책으로, 독서로, 꽃으로, 그리고 어떤 분은 뮤지컬로, 그림으로, 노래로, 연주로. 저마다의 언어가 있어요.

즉, 저는 콘텐츠를 생산해낼 때, 꼭 영상이나 글로 한정 짓지 않으면 좋겠어요. 그리고 우리의 콘텐츠가 기본적으로 수업에서 파생하는 것이기는 하지만, 수업, 교육 영역에 국한하지 말고, 일반적인 삶으로까지 확장해가면 좋을 거 같아요. 우리는 교사이기에, 일반인들이 갖지 못한 깊이가 있어요. 오랫동안 학생들을 만나왔기에 가능한 내공인 거죠. 그래서 늘 저는 안타까워요. 교사들은 굉장한 콘텐츠 생산자 집단인데, 실제로 그 일을 못 하는 거예요. 학부모, 학생들에게 의미 있는 콘텐츠를 무한하게 만들 수 있는데, 왜 그런 것을 우리가 연합해서 못 하는지 모르겠어요. 어쨌든 중요한 것은 교사 스스로 찾아내는 수밖에 없어요. 내가 가장 흥미로워하는 언어가 무엇인지, 내가 가장 능숙하게 다룰 수 있는 언어가 무엇인지. 그 언어를 바탕으로 내 삶의 콘텐츠를 만들어가고 가꿔 가면 좋겠어요.

저도 가끔 놀라요. 저 같은 사람이 그림을 가지고 강의를 하는 모습을 보면요. 그래도 한 10년 동안 수업과 함께 그림을 찾고, 모으고 감상하고 직접 보는 생활을 하니 저의 심미안이 그림으로, 그리고 이것이 사진으로 음악으로 발전하는 거 같아요. 그리고 지금 책에 이렇게 그림을 활용하면서, 저의 언어로 작용하고 있어요.

질문자   선생님은 교사로서 자신의 삶에 최선을 다하다 보니 이런저런 성장을 이루신 거죠?

김태현   네, 맞아요. 늘 제가 하는 말인데, 나의 삶을 잘 살면, 그것이 수업으로, 학급으로 흘러가게 되어 있어요. 모든 것은 자연스럽게 흘러 나오게 되어 있습니다. 수코연이나 소책방을 하는 것이 책을 내야지 하는 마음으로 하는 것이 아니에요. 내 안에 터져 나오는 애통함, 안타까운 마음들이 있어서 하는 거예요. 그리고 내 안에 있는 결핍들을 채움 받고 싶어서 커뮤니티를 하는 거죠. 그 안에서 충분히 성장하고 즐기면, 콘텐츠는 자연스럽게 흘러나오게 되어 있어요.

질문자   그렇다면, 그 콘텐츠를 교사 연수로 만들어서 선생님들과 공유하면 좋겠군요.

김태현   네, 맞습니다. 저는 오히려 커뮤니티 차원에서 콘텐츠를 생산하려고 할 때, 개인적으로 책 작업을 하기보다는 먼저 연수를 진행해보는 것을 권해드려요. 저도 수많은 연수를 통해 선생님들을 만나고 즉석에서 피드백을 받으면서 책을 냈기 때문에, 선생님들에게 공감을 많이 얻은 거 같아요. 그 과정에서 협력과 공유의 기쁨을 맛보게 되고, 한층 더 성장하는 기쁨을 맛보기도 하지요. 다행히 요즈음 교육청에서 교사커뮤니티에 연수를 위탁하는 경우가 많이 있어요. 많은 선생님이 이 과정에 참여하고 또 연수를 기획하면서, 자신이 연구한 것을 펼치면 자기만의 콘텐츠를 더 많이 개발하실 거 같습니다.

희망을 노래하는 교사

질문자   계속해서 선생님은 교사가 자신의 콘텐츠를 가지고 일반인들
        을 교육하는 데까지 가야 한다고 말씀하고 계신데, 어떻게 그럴 수가
        있는 거죠?

김태현   다시 한번 더 말씀드리자면, 우리가 특별히 더 할 것이 없습니
        다. 지금까지 해온 대로 같이 연합하고 배우면서, 스스로 배움의 기쁨
        에 사로잡히면 됩니다. 우리에게 맡겨진 학생들을 잘 배려하고 환대
        하면서, 수업을 잘하면 됩니다. 그리고 이렇게 만든 교육적 콘텐츠를
        인문학적 콘텐츠로 잘 디자인해서 일반인들에게도 잘 전하면 됩니다.

질문자   교육의 대상이 학생에서 일반인으로 확장되는 거군요. 그런데
        잘 될까요? 주저하시는 분이 많을 텐데요. 그리고 그렇게 해야 하는 이
        유를 물으실 것도 같은데요. 학생에게만 충실하면 됐지, 왜 굳이 일반
        인들을 상대로도 우리가 전면에 나서야 하는가 이런 질문이 있을 거
        같습니다.

김태현   그렇죠. 학생 하나도 제대로 가르치기 힘든 시국에, 오지랖 넓
        게 뭐하러 일반인을 상대로 교사들이 나서느냐 이런 말이 나오겠죠.
        저는 아니라고 봅니다. 잘 준비된 교사는 이 사회를 좋은 사회로 만들
        기 위해서 전면에 나서야 합니다. 이 이야기를 하려면 다시 우리가 세
        계사를 들여다볼 필요가 있습니다. 앞서 이야기한 대로 종교 개혁은
        새로운 세계관을 태동시켰습니다. 그런데 이거 말고도 중세를 근대로
        바꾸는 데 아주 중요한 역할을 한 것이 있습니다.

질문자   뭔가요?

김태현   구텐베르크의 인쇄술이에요. 인쇄기의 발명이 없었으면 루터도 없었고 종교개혁도 없었을 거예요. 루터가 교황의 면죄부를 판매하는 이야기를 교회 벽에만 붙였다면, 아무런 변화가 없었을 거예요. 인쇄기를 통해서 그의 사상이 책으로 나와서 많은 사람에게 읽히고 사람들의 의식이 변화해서 종교개혁이 여러 사람의 동조를 받은 거죠. 인쇄술로 사람들을 교육할 수 있는 생태계가 만들어진 거죠.

소수 몇 명만 누리던 독점적인 지식이 모든 민중에게 퍼져가요. 루터는 라틴어로 된 성경을 가장 먼저 모국어인 독일어로 번역을 해요. 그리고 이것을 책으로 보급하고, 누구나 다 성경을 읽을 수 있는 시대를 만들었어요. 교육의 시선으로 보면 정말 굉장한 사건이죠. 특정 소수 몇 명만이 라틴어로 된 성경을 읽고 해석할 수 있는 권한이 주어졌는데, 인쇄기의 발명으로 모든 사람이 성경을 읽고 자기의 시선으로 해석할 수 있는 시대가 열린 거예요.

질문자   결국 코시모 데 메디치도, 루터도 교육을 통해서 사람들을 변화시켜 나가는 거군요.

김태현   그들이 교육의 중요성을 본 것은 분명합니다. 그래서 루터는 교황만이 신의 제사장이 아니라 모두가 제사장이라는 만인제사장설을 말해요. 그리고 그것을 실현하기 위해서 더 많은 고민을 하고, 한 가지 중요한 주장을 합니다.

질문자   뭔가요?

김태현   그것은 바로 학교를 세우자는 것입니다. 루터에 대한 여러 평가가 있지만, 교육의 시선으로 보면 교육이라는 가치를 공공의 영역으로 올리게 한 것은 높이 평가받아야 해요. 그리고 후대에 이르러서 이런 학교라는 제도를 통해서 사람들의 의식이 성장하고 발전하게 되죠. 과학혁명, 시민혁명, 산업혁명 등 세계사의 굵직한 변화들이 교육을 통해서 비롯됩니다.

질문자 　교육이 역사에서 중요한 역할을 하는군요.

김태현 　네, 맞아요. 교육이 중요해요. 학교에서의 수업, 지식인들의 책, 예술가들의 작품을 통한 교육이 세계사의 흐름을 바꿔 놔요. 지금 우리 교사들이 회복해야 할 가치가 바로 이런 교육의 가치예요. 지금은 교육이 출세를 위한 도구로 변질되었지만, 교육의 본래 목적은 인간으로서 행복한 삶을 스스로 찾게 하는 데 있어요. 그래서 전환기에 있는 이 시기에 우리 교사들의 역할이 매우 중요합니다.

질문자 　코로나 상황이 교육의 가치를 더 드러낸 결과를 가져왔군요.

김태현 　네, 맞아요. 코로나 상황이 오면서 어떤 이들은 학교의 역할이 축소된다고 생각했지만, 오히려 그 반대가 되었어요. 학교 다니지 않고, 온라인으로 지식만 전달된 교육은 학생의 삶을 피폐하게 만들었어요. 학교에서 배우는 것이 단순히 지식만이 아니라 삶이라는 것을 알게 되었어요. 학교가 획일화되어 있고, 학생들의 개성을 무시하는 곳이라고 비난해도, 결국 학교는 학교예요. 학교 없이는 학생들의 온전한 성장도 없는 것이죠. 그래서 교사들은 앞으로 교육의 본질을 묻고 우리 사회가 놓치고 있는 관계, 협력, 배움, 정의, 책임의 가치를 학교 안에서 교육으로 구현하려는 노력을 해야 합니다.

질문자 　그렇군요. 선생님 이야기를 들으니 교사로서 제가 교육의 가치를 낮게 본 것이 아닌가 하는 생각을 합니다.

김태현 　저는 이제 시대가 더 교육을 요구할 거라고 봐요. 기술은 발전하지만 내면을 채워 줄 그 무언가를 사람들은 찾고 있거든요. 그리고 준비된 교사들이 그런 사람들의 질문에 응답을 해야 한다고 봅니다.

이미 많은 선생님이 이런 준비를 하고 있어요. 저도 준비를 하고 있습니다. 제가 쓴 책들을 일반인 버전으로 변환하고 있어요. 『교사, 삶에서 나를 만나다』를 일반인 버전으로 엮어서 내려고 해요. 제가 돈을 많이 벌고 싶어서가 아니라 시중에 있는 책들이 제가 하고 싶은 메시지를 담지 않고 있기 때문이에요. 거의 모든 책은 현상은 잘 짚어내요. 그런데 교사의 시선으로 보면, 구체성이 없고, 삶이 없고, 더 깊은 고민이 없더라고요. '나로 살기로 했다' 면서 이야기하는 것이 너무 가볍고 피상적이에요. 예술을 이야기하는데, 감상은 있지만 교육적 사유가 없어요. 그래서 그 부분을 제가 직접 써보려고 해요. 저는 우리 선생님들이 교육의 시선으로 한 번 세상을 봤으면 해요. 그러면 의외로 우리가 이 세상에 전달할 메시지가 많다는 걸 알게 될 겁니다. 그래서 저는 우리 선생님들이 은퇴 이후에 한국 사회를 위해서 무엇을 할 것인지 많은 고민을 하면 좋겠어요.

질문자   은퇴 이후요?

김태현   네, 은퇴 이후에 우리 선생님들이 할 일이 더 많다는 거예요. 교직 생활을 할 때는 학교에서 학생들과 지지고 볶는 일을 하면서 힘이 들겠지만, 은퇴 이후에는 상대적으로 여유로운 시간에 선생님들의 역량을 충분히 발휘할 수 있을 거라고 봅니다.

질문자   어떻게요?

김태현   커뮤니티 조직자가 되는 거죠. 교직 생활에서 습득한 경험을 일반인들에게 풀어내는 거죠. 4, 5장에서 말씀드린 교사 성장 플랫폼이 일반인들에게 적용 가능하다고 생각해요. 한국의 교사들은 학생들의 무기력과 무례함에 쌓아온 맷집이 있습니다. 그리고 그 안에서도 희망을 놓지 않고, 학생들과 호흡한 대단한 교사들입니다. 그런데 이 교사들이 은퇴 이후에 쉬기만 하고 그냥 집에만 있다면, 그야말로 국가적인 손실입니다. 저는 우리 교사들이 이미 가지고 있는 콘텐츠가 무척 많다고 생각합니다. 대부분의 국어 교사는 독서와 글쓰기 수업을 진행할 수 있고, 영어 교사는 영어 회화 전문가입니다. 사회, 윤리 교사는 토론 및 철학의 전문가예요. 미술, 음악 교사는 예술 전문가이고요. 체육 교사는 운동 전문가입니다. 20년 동안 쌓아 올린 내공이 있는데, 이것을 커뮤니티 플랫폼에 풀어놓기만 해도 인기 있는 콘텐츠가 될 거예요. 지금 온라인에 교육 플랫폼이 대거 등장했어요. 독서, 여행, 상담, 미술, 글쓰기 등 동네 책방을 중심으로 공부 커뮤니티가 아주 활성화되어 있어요. 이런 곳에 교사들이 나서면, 더 풍요롭게 일반인들을 교육할 수 있다고 생각해요. 단순히 기능적 활동이 아니라, 삶을 어떻게 살아야 하는지를 자신만의 콘텐츠로 풀어낼 수 있다고 생각해요.

질문자　그렇겠군요. 은퇴한 선생님들이야말로 산전수전 다 겪으신 분들이니 일반인들에게 의미 있는 메시지를 더 잘 던질 수 있겠네요.

김태현　네. 우리 교사들은 교과 지식뿐만 아니라 대부분 상담 전문가예요. 학생들의 진로, 관계, 공부 고민들을 들어주면서, 수십 년 동안 체득해온 힘이 있어요. 교육의 시선으로 보면, 이런 분들이 정말 엄청난 보물이거든요. 그런데 우리는 이런 선생님들이 교육을 할 수 있는 장이 없어요. 그래서 그냥 집에서 소일거리 하며 지내는 경우가 많아요. 사실 이건 은퇴한 교사들에게만 해당하는 이야기가 아닙니다. 현직 교사들도 충분히 교육 활동을 할 수 있어요. 앞서 이야기했듯이 사람들은 직장, 결혼, 자아, 관계, 죽음 등 삶에 대한 고민이 많아요. 그런데 기술의 시대가 도래했지만, 이런 인간의 삶에 대한 답을 주지 못하거든요. 저는 이때, 우리 선생님들이 수업 콘텐츠를 적절하게 재가공하여 일반인들에게 의미있는 메시지를 던질 수 있다고 봐요.

질문자　　그렇다고 모든 교사가 할 수 있는 것은 아니겠죠.

김태현　　그렇죠. 하지만 저는 가능한 한 모든 선생님이 은퇴 이후, 그리고 은퇴 이전에도 이렇게 일반인들을 상대로 의미 있는 커뮤니티를 만들고 자신의 콘텐츠를 나눠주는 삶을 살아야 한다고 생각해요. 지금 소책방에서는 2주마다 한 번씩 그림책 낭독회를 해요. 교사니까 단순히 낭독만 하지 않아요. 어떤 느낌으로 다가왔는지, 무엇이 가장 의미 있게 들렸는지 서로 나눔을 해요. 이미 수 년 이상 교사로 살아오니 텍스트를 읽고 나서 자연스레 교육적 활동으로 디자인을 해요. 저는 이것이 일반인들에게 없는 교사의 전문성이라고 생각해요. 이런 교사의 전문성을 일반인들에게 풀 수 있는 장이 있으면, 여러 선생님이 동참해서 우리 한국 사회를 의미 있게 발전시켜 갈 수 있다고 생각해요.

질문자　　뜻 맞는 선생님들이 커뮤니티를 만들고, 한국을 교육으로 바꿔 가는 작업을 하면 정말 좋겠군요.

김태현　　그렇죠. 흔히들 국회의원 한 명 한 명을 독립적인 입법기관이라고 말하죠. 마찬가지로 저는 우리 선생님들 한 분, 한 분이 학교라고 생각해요. 살아있는 학교죠. 한 분 한 분이 전문가예요. 각자 가르치는 교과 혹은 관심 있는 분야에 대해서 이야기하는데, 집중을 안 할 수가 없어요. 이런 살아있는 교육 콘텐츠가 중요한 시대가 조만간 오고, 이 시대에 우리 교사들이 중심되어야 한다는 것을 자꾸 말씀드리는 거예요. 현재 마을학교가 이슈예요. 학교가 학생들에게만 학교가 아니라, 그 마을 전체의 학교이어야 한다고 합니다. 학교의 경계를 더 확장하듯이, 선생님들도 마찬가지라고 생각해요. 우리 교사의 삶이 학교에서만 멈추는 것이 아니라, 콘텐츠 생산자로서 학교 밖에서도 충분히 그 역할을 할 수 있다고 생각해요. 그래서 수업도 열심히 하지만, 한편으로는 그것을 일반의 언어로 풀어내는 데도 관심을 가지면 좋겠어요. 현시대의 언어, 시대의 아픔 그리고 트렌드에 관심 갖다 보면, 저절로 우리 안에 있던 수업 내용들이 교육 콘텐츠로 일반인들에게 의미 있게 다가설 거라고 믿습니다.

질문자   감사합니다. 교사라는 존재가 학교 안에서 학생들을 가르치는 자인 줄 알았는데, 알고 보니 세상을 바꾸는 변혁가일 수도 있고, 현대인들에게 새로운 영감을 주는 지식 크리에이터일 수도 있겠다는 생각을 하게 됩니다. 그러면 끝으로 현실을 살아가는 선생님들에게 한 말씀 해주시죠.

김태현   먼저 부끄럽지만, 교육청에 한 말씀 올리겠습니다. 솔직히 교사들은 교육부, 교육청 둘 다 욕을 많이 합니다. 그런데 교육부는 기대조차 안 하고 그냥 욕합니다. 왜냐하면 거기에는 현장을 모르는 교육 관료가 너무 많기 때문입니다. 그러나 교육청은 다릅니다. 교육청은 그래도 한때 교사였던 연구사님, 장학사님이 많으니, 그래도 기대를 합니다. 그래서 더 애꿎게 교사들은 장학사님들, 연구사님들에게 편한 마음에 이런저런 교육청 비판을 하는 것도 있습니다. 그리고 점차 교육청의 문화가 교사를 지원하는 방향으로 가는 것도 사실입니다. 현장에서 교육 운동을 열심히 하신 분들이 교육청에 들어가게 되어서 기대하는 바가 더욱 큽니다.

그러나 아쉬운 것도 있습니다. 교육청에서 던져야 할 본질적인 질문, 교육청은 교사를 성장하게 하는가? 그리고 학생들을 정말로 성장하게 하는가? 이 질문을 던져보면 아니라는 거죠. 여전히 교육청의 많은 행정은 교사들을 수동자로 머물게 해요. 교사가 서로 협력하고 성장할 수 있는 관계를 만들어야 하는데, 여전히 주눅 들게 하고 평가하고 경쟁하는 구조예요. 저는 교육청에 계신 분들이 한 번 전체적으로 고민을 하면 좋겠어요. 어떻게 교사들이 스스로 움직이게 할 것인지, 어떻게 교사들을 교육 운동의 주체로 나서게 할 것인지 고민하면 좋겠어요. 결국에는 교사 커뮤니티를 활성화하고 이들과 함께 교육 정책을 만들어가는 작업을 해야 한다고 생각합니다. 여전히 교육청과 학교 교사가 함께 정책을 만드는 모델이 없는 거 같아요. 교육청은 교사들이 커뮤니티 안에서 성장하고 이를 바탕으로 정책을 만들고 학교를 바꿔가는 모델을 더 연구해야 합니다.

그런데 여전히 교사들을 교화의 대상으로만 보고, 예산 주고 승진 점수 줄 테니 움직여라, 이런 관행은 이제 지양해야 한다고 봅니다. 근본적으로 교사들을 움직이는 프로세스를 바꿔야 한다고 생각합니다. 관료적인 절차가 아니라 성장 플랫폼을 만들어야 합니다. 교사들이 스스로 움직일 수 있는 플랫폼, 교사 커뮤니티를 활성화하게 하는 방향으로 가야 합니다.

현재 경기도 교육청에서는 매년, 연수 진행을 교사 자율모임에 맡기고 있습니다. 좋은 방향입니다. 그런데 문제는 이런 각 모임이 서로 연결되어 있지 않습니다. 그들이 무엇을 하는지, 그들이 어떤 고민을 하고, 어떤 콘텐츠를 만드는지, 각 모임은 도무지 알 길이 없습니다. 교사들이 수시로 드나드는 교사 커뮤니티 플랫폼을 만들어야 합니다. 서로의 콘텐츠가 공유되고, 모임을 알리고, 사람들을 모을 수 있는 온라인 플랫폼을 만들어야 합니다. 여기서 중요한 것은 대충 만들지 말고, 예산을 투자해서 잘 만들어야 합니다. 기능성과 심미성을 잘 겸비해서 예산을 들여서 잘 만들어야 합니다.

지금 저희 경기도에서 쓰고 있는 통합 메신저를 보면, 역시 교육청에서 만든 것이구나! 하는 이야기가 나옵니다. 기능을 찾기도 힘들고, 서로 연결되는 느낌도 없고, 아주 사무적이고 기계적인 작업만을 하게끔 만들어졌습니다. 참 이상하죠. 전 경기도 교원이 그 메신저에서 서로 연결되어 있는데, 문서만 하달되고 생산적인 이야기는 하나도 논의되는 것이 없어요. 이런 협력과 소통에 대한 연구를 교육청은 정말 진지하게 해야 합니다. 수많은 문서를 내리기보다는, 교육청 자체가 교육의 본질에 다다르고 있는지를 연구하고, 미래 교육에 맞는 변화를 먼저 선도해야 합니다.

제가 늘 연수 준비하시는 장학사님, 연구사님들에게 하는 말이 있습니다. 연수가 연수로 끝나면 안 된다. 이들이 서로 도움을 주고받을 수 있는 커뮤니티로 가야 한다. 그런데 이런 작업을 할 수 있는 역량이 없어요. 참 이상하죠. 연수가 그렇게 많이 운영되는데, 연수 후에 교사 커뮤니티가 만들어지고 지속적인 만남이 이뤄지는 경우가 적어요. 처음부터 교사 커뮤니티가 만들어지는 전제하에 연수를 만들면, 훨씬 더 연수가 실효성 있게 실현이 될 거라고 생각해요.

이를 위해 장학사, 연구사 제도가 변해야 합니다. 기존처럼 양적 평가를 통해서 교육전문직으로 임용되는 루트도 있어야겠지만, 기획력과 커뮤니티 운영 능력이 있는 연구사, 장학사를 뽑아야 합니다. 어떤 분은 문서 행정 쪽으로, 어떤 분은 정책 운동으로, 어떤 분은 수업 혁신으로, 어떤 분은 커뮤니티 운영 등으로 연구사, 장학사들이 이리저리 돌지 않고, 자기 전문 콘텐츠를 개발할 수 있도록 시스템을 재구조해야 합니다. 그래야지 교육전문직들이 전문가가 되지 지금 같은 시스템으로는 교육부의 문서하청업자밖에 되지 않습니다.

저는 교육청이 현장을 바꾸려 하기보다는 교육청 조직 자체를 바꾸는 작업을 했으면 합니다. 소통과 협력으로 미래 교육을 참신하게 디자인하는 작업을 해야 한다고 생각합니다. 여전히 교육청에 가면 칸막이 문화가 만연합니다. 하달되는 문서를 보면 같은 일인 거 같은데, 시행 부서는 달라요. 서로 겹쳐서 연수를 진행하고, 부서별로 업무 협조가 잘 안 되는 모습을 봅니다. 미래 교육을 말로만 하지 말고 공유와 협업의 플랫폼을 잘 만들어서 하면 좋겠습니다.

질문자   좋습니다. 우리 선생님들에게 한 말씀 해야죠.

김태현   아닙니다. 일단, 우리 교장 선생님들에게 한 말씀 드리겠습니다. 교장 선생님들에게 실례를 무릅쓰고 부탁드립니다. 예전과 다르게 분명한 교육철학을 가지고 학교를 이끌어 가시는 교장 선생님이 많다는 것을 알고 있습니다. 하지만, 그럼에도 여전히 소통하지 않고, 독단적으로 일을 처리하시는 교장 선생님이 많습니다. 학교는 교장님의 학교가 아니라 우리 모두의 학교라는 사실을 기억하시고, 교사들의 이야기를 잘 들어주시기 바랍니다. 회의 시간에 교사들이 의견을 많이 내지 않는 이유는 두 가지입니다. 교사들이 의견을 내지 못하는 강압적인 분위기 혹은 의견을 내더라도 생산적인 결과로 이어지지 않을 거라는 생각 때문입니다. 그리고 다른 한 가지는 교사들이 창의적인 생각을 낼 정도로 삶이 여유롭지 않다는 것입니다. 그러니 교장 선생님은 다른 것보다 교사들이 학교에 주인 의식을 가지고 잘 참여할 수 있도록 격려를 잘 해주셨으면 합니다. 물론 교장님께서 싫어하시는 선생님들이 계십니다. 무엇을 해도 설득되지 않고, 어떻게든 태만하게 근무하는 교사들. 하지만 그분들 때문에 전체 교사의 의욕과 열정을 꺾지 않으면 좋겠습니다. 결국 교장님께서 잘 근무하는 선생님들을 격려하고 신바람을 불어넣어 주신다면, 그분들을 통해 학교에 밝은 에너지가 흐를 겁니다. 이를 통해 태만하게 근무하는 교사도 그 흐름 속에서 조금씩 변화될 겁니다. 그러니 힘들고 수고하는 선생님들 다 그치지 마시고, 먼저 다가가서 잘 지내냐고, 어떻게 지내냐고 물어봐 주시고 격려해주시면서 교사를 치적 세우기의 도구로 보는 것이 아니라, 한 인간으로, 한 존재로 봐 주시면 좋겠습니다.

질문자　　이제는 동료 선생님들께 한 말씀 하시지요.

김태현　　네, 짧게 하겠습니다. 먼저 후배님들에게 한 말씀 드리겠습니다. 교사로서의 삶을 잘 만들면 좋겠어요. 여기서 말하는 교사로서의 삶이란, 이 책에 나와 있듯이 내 감성과 지성을 잘 가꾸면서, 스스로 영감 있는 삶을 사는 것입니다. 이것은 젊은 나이에 더 빨리 세팅하는 게 좋을 거 같아요. 예를 들어, 하루의 시작을 어떻게 운영해갈 것인지, 내 심미안을 발견하고 키우기 위해서 어떤 삶을 살아야 할지, 보통의 하루를 어떻게 의미 있게 기록할 것인지 등 교사 그 자체의 삶에 더 몰두하면 좋을 거 같아요. 즉, 교사와 자연인으로서의 나를 분리하지 않았으면 해요. 내 삶이 교육이 되고, 교육이 내 삶이 되는 통합된 삶을 살기를 소망해요. 물론 분리된 삶이라고 해서 나쁜 건 아니지만, 가능하면 오랫동안 교사 생활을 풍요롭게 지속하려면, 내 일상의 삶에서 교육적 의미를 찾고, 수업과 학급운영에 내 삶이 반영되게 해야 해요. 아울러, 열심히 무엇인가를 배우려고 이 모임, 저 모임을 찾아다닐 텐데, 처음에는 모방하고 따라 할 수도 있지만, 어느 정도 시간이 지나면 자신만의 색깔을 담은 교육을 고민했으면 해요. 내가 좋아하는 것, 내게 의미 있는 것을 찾아보고, 조금 실패하고 더디더라도 스스로 마음에 드는 교육을 하면 좋겠습니다. 끊임없이 사색하고 성찰하면서 삶의 기록을 남기고, 그것을 바탕으로 영감 있고 창조적인 교육 콘텐츠를 많이 만들면 좋을 거 같아요. 그리고 가장 중요한 것은 교사는 결국 학생의 삶으로 들어가야 하는 자라는 사실을 잊지 않았으면 해요. 내가 아무리 많은 것을 잘한다고 할지라도 학생 한 명의 삶에 다가서지 않았다면, 그것은 교육이 아니라 쇼가 되는 거 같아요. 지금 내 수업에서, 내 교실에서 나는 학생들의 마음에 다가서고 있는지를 늘 기억하는 교사가 되길 바랍니다.

그리고 선배님들에게 한 말씀 드리겠습니다. 먼저 감사하다는 말 드리고 싶어요. 우리 선배님들께서 지금으로는 상상도 할 수 없는 척박한 시대에 교사로 버텨 주셔서 우리 후배들이 이만큼 걸어가고 있다고 생각합니다. 혁신학교, 배움중심수업, 과정중심평가, 마을학교 등 한국의 교육을 바꿔가고 있는 수많은 운동이 우리 선생님들의 헌신 속에서 이뤄져 왔다는 것을 잘 압니다. 그래서 지금도 이렇게 버티고 계신 모습을 보면 참 감사합니다. 끝까지 지금과 같은 교사로 잘 머물러 주시기를 부탁드립니다. 교사로서의 존엄을 잃지 마시고, 지금까지 해오신 그 멋진 모습을 끝까지 보여주시기를 감히 부탁드립니다. 그리고 가끔 힘들고 어려울 때는 우리 후배들에게 기대서 가셔도 좋을 거 같습니다. 온라인 교육 시대를 맞이해서, 여러모로 갈팡질팡하시고 혼란이 있었겠지만, 그것으로 자신의 교사 능력을 함부로 재단하지 않았으면 합니다. 우리 후배 교사들에게는 선배 선생님들이 서 있는 것 자체가 큰 힘이 됩니다. 아주 가끔은 지친 후배 교사들의 어깨를 두드려주시면 더욱 감사하겠습니다.

질문자   좋습니다. 이제 드디어 끝인사군요. 우리에게 좋은 책 주셔서 감사합니다.

김태현   아닙니다. 이 책이 이렇게 나오게 된 것은 저의 힘이 아닙니다. 교직 생활을 하면서 만난 수많은 선생님, 그 선생님들의 이야기를 모으고 모으다 보니 이 책이 또 나오게 되었습니다. 끝으로 우리 선생님들에게 이 그림을 선물로 드리고 싶어요. 교사란 어떤 존재인가? 그에 대한 답을 주는 그림인 거 같아요. 프레더릭 워츠의 '희망'이라는 그림이에요. 넬슨 만델라가 수십 년의 감옥 생활에서 이 그림을 보면서, 삶을 포기하지 않았다고 해요. 워츠는 그림과 함께 자신을 이렇게 소개해요. "나는 두 눈이 가린 채 지구 위에 앉아, 모든 현이 끊어지고 하나의 현만이 남아 있는 수금으로, 가능한 한 많은 소리를 내도록 노력하고, 작은 소리에 귀를 기울이는 그런 희망의 그림을 그리는 화가다." 교사는 어떤 존재인가? 저는 절망 속에서도 교육에 대한 꿈을 잃지 않고, 희망을 노래하는 사람이라고 생각해요. 삶의 무게에 힘들어하는 상황에서도 하나의 줄을 가지고 희망을 노래하는 사람, 그 사람이 교사입니다. 감사합니다.

워츠, 희망(Hope), 1886

에필로그

나는 내려갑니다

늘 흔들린다. 겉으로는 하루를 잘 살아내는 듯 보이지만, 주변 사람이 무심코 던지는 한 마디에 마음이 흔들리고, 아주 사소한 일에 내 자존이 무너지는 날이 많아졌다. 겉으로는 심지가 단단한 교사로 보이고 싶지만, 나의 내면은 늘 흔들린다. 그래서 글을 쓴다. 흔들리는 세상에서 어떻게든 마음의 중심을 잡고자, 글로 나의 내면을 탐색하고, 교사로서 내가 걸어갈 길을 끊임없이 찾는다. 특히나 2020년은 우리 모두 힘들었다. 새로운 변화에 적응하느라고 몸과 마음이 지쳐 집으로 돌아갈 때가 많았다.

책을 다 쓰고 나서, 평범하게 하루를 살아내기도 힘든, 선생님들에게 무엇인가를 더 하라고 다그치지는 않는지 끊임없이 점검한다. 책을 두 번, 세 번 읽으면서 행여나 우리 선생님들의 마음에 부담감을 주는 표현이 무엇인지를 계속 살핀다. 혹시 부담을 주는 대목이 있다면, 다시 고민한다. 부담을 주면서까지 말할 필요가 있는가? 내 글에 선생님들의 마음이 다치지 않도록 계속해서 문장을 고쳤다.

그렇다고 선생님들에게 말랑말랑한 메시지만 던지고 싶지 않았다. 아무런 근거 없이 "선생님은 지금 이미 충분하고, 이만하면 잘 살고 있는 거예요"라고 따뜻한 말만 던지고 싶지는 않았다. 많은 것이 변해가고 있는 현실에서, 교사로서 어떻게 이 현실을 버텨 내야 할 것인지, 같이 고민을 해야 했기에 어떤 부분에서는 의도적으로 선생님들의 소박한 실천을 요구했다. 그것은 거창한 것이 아니라, 나의 존재를 찾아가는 작은 탐색의 길이었다.

교사들은 늘 성장에 대한 갈증이 있다. 이것을 채우느라 교사들은 분주하게 뛰어다닌다. 이때 우리는 특별하고 신박한 그 무엇인가를 자꾸 찾게 된다. 그런데 이 책에서 이야기하는 결론은 모든 문제의 해결은 평범한 나의 일상에서 시작된다는 것이다. 그래서 찾은 단어가 아래 여섯 단어다.

시선, 심미안, 메시지, 커뮤니티, 콘텐츠, 디자인

시선은 '보기'다. 심미안은 '느끼기'다. 메시지는 '생각하기'고, 커뮤니티는 '관계 맺기'다. 콘텐츠는 '표현하기'고, 디자인은 '상상하기'다. 이 책은 교사로서 지금 실천하고 있는, 지극히 소소한 행위들의 중요성을 다시 말했다. 어쩌면 너무 당연하고 평범한 것들이어서 선생님들에게 큰 의미로 다가오지 않았을 수도 있겠다. 그러나 이것을 질문의 형식으로 바꿔서 내 삶에 적용하면, 제법 묵직한 질문이 된다.

시선	나는 지금 무엇을 보는가?
심미안	나는 지금 무엇을 느끼는가?
메시지	나는 지금 무엇을 생각하는가?

커뮤니티   나는 지금 누구와 함께하는가?

콘텐츠   나는 지금 무엇을 표현하는가?

디자인   나는 지금 무엇을 상상하는가?

우리는 바쁘게 달려가느라고, 가장 기본적인 질문도 내게 던지지 못하
고 살아왔다. 가끔 내 교사 생활을 돌아보면 흔적이 보이지 않는다. 무엇인
가를 굉장히 열심히 했지만, 내가 교사로서 만들고 다듬어왔던 것들이 잘
잡히지 않는다. 천천히 떨어지는 물은 바위라도 뚫는 그 모습이 보이는데,
교사로서 나는 참 수고스럽게 여기까지 왔는데, '내가 지금껏 만들고 키워
온 것은 무엇인가?' 라고 질문해보면, 선뜻 답하기가 쉽지 않다. 어쩌면 우
리는 아직 오지 않은 미래를 준비하느라, 내가 걸어온 삶을 자꾸만 지우면
서 살아가는 것은 아닌가?' 라는 생각을 해본다. 이에 나는 우리 교사들이
미래를 살기 이전에 현재를 살았으면 좋겠고, 교사로 살기 이전에 한 인간
으로 존재했으면 했다.

다시, 엄마를 생각한다. 글을 쓰면서, 계속해서 엄마의 시선으로 나를 들
여다봤다. 생을 그렇게 마감해야 했던 엄마가 나에게 무슨 말을 던질 것인
가? 그리고 엄마가 우리 교사들을 본다면 무슨 말을 할 것인가? 엄마는 분
명 거창한 것을 이야기하지 않을 것이다. 작고 평범한, 이 하루의 삶을 나
로서 잘 살아내는 것. 좋은 사람들과 밥 한 끼 맛있게 먹고, 밤에 편안한 잠
을 자는 것. 서둘러서 무엇인가를 바쁘게 쫓아다니며 살기보다는 조금 뒤
처지지만, 마음에 여유를 갖고 살아가는 법. 조금 덜 소유하지만, 마음은
조금 더 풍요롭게 살아가기를 엄마는 바랐을 것 같다.

결국, 내가 교사로서 잘 살아가려면, 내가 내 삶을 잘 살아내면 된다. 내
평범하고 소소한 일상들을 감사함으로 잘 살아가고, 이 기쁨을 학생들에

게 내 삶으로 보여주면 된다. 교수법, 학급운영방법, 온라인 수업 기술 등 교사로서 익혀야 할 것이 많은 듯하지만, 결국에는 하나다. 내가 나로 잘 살면서, 옆에 있는 동료 교사와 우리를 만들어가는 삶이다. 나와 우리, 이 기본적인 삶을 잘 살지 못해서 우리는 늘 힘들어한다.

끝으로, 엄마의 생각을 시로 적어봤다. 아들로서 엄마의 마지막 한마디를 듣지 못한 것이 늘 아쉬움으로 남아 있다. 이에 책을 쓰면서 엄마와 깊은 대화를 시도했다. 엄마가 눈에 보이지 않지만 마음으로 연결되니, 오히려 엄마의 생각이 또렷이 보이기 시작했다. 부디 이글로 우리 교사들이 걸어가야 할 길이 현재의 내 삶이라는 것을 깨닫고, 그 길을 더 감사하게, 더 가치롭게 여기며 살아가기를 기대한다. 마음의 여유가 조금 생긴다면, 지금 내가 손 내밀어야 할 사람이 누구인지를 살펴봤으면 좋겠다. 어찌 보면 내가 참 작지만, 내 삶은 참 크다. 나라는 존재를 깊이 사랑하면서, 동료 교사와 함께 천천히 나만의 걸음을 걸어보자. 삶은 참 버거운 듯하지만, 또 여전히 우리에게 많은 선물을 준다. 당신이 가진 것으로, 당신의 존재로 충분하니 그것을 잘 발견하며, 그것을 나누는 삶을 우리 교사들이 살아가기를 기대한다.

내가 감정의 밑바닥에서 방황할 때

길가에 피어난 풀꽃

저물어가는 태양을 바라보며

마음의 평안을 찾는 내가 되었으면 좋겠습니다.

사람들에게 뽐낼 화려함, 탁월함이 없어도

내가 잡아주는 손에 사람들이 위로받고

내가 고백하는 말에 온기를 느끼는

그런 마음의 깊이가 내게 있었으면 좋겠습니다.

무기력하고, 열등감이 많은 나

간신히 현재를 버티고 있는 나

그냥 그렇게 살고 있는 나를,

깊게 안아주는 내가 되었으면 좋겠습니다.

내 삶이 초라하고 무능해 보여도

누군가에게는

새로운 삶을 시작하게 하는 위로임을

새로운 출발을 가능케 하는 용기임을

나의 슬픔이 누군가에게는 새로운 희망임을

늘 기억했으면 좋겠습니다.

세월이 흐를수록

기교가 아닌 본질을

탁월함이 아닌 깊이를

형식이 아닌 진심을

내가 찾아가길 기도합니다.

나는 이제 내려갑니다.

풀꽃이 주는 위로와

지는 해가 주는 희망으로

가을 하늘이 주는 성숙으로 내려갑니다.

그 힘으로

삶의 밑바닥을, 타인의 상처를,

나의 존재를, 의미를, 가치를

더 진실되게 보기 원합니다.

나는 내려가지만 가을이 됩니다.

슬프지만 깊어지는 가을이 됩니다.

— 김태현, '나는 내려갑니다' (부제: 교사의 시선)

그림 목록

1장

20쪽. 마그리트, 빛의 제국(The Empire of Lights), 1950 © René Magritte / ADAGP, Paris – SACK, Seoul, 2020

21쪽. 뭉크, Anxiety, 1894
https://uploads8.wikiart.org/00142/images/edvard-munch/anxiety.jpg

23쪽. 고흐, A Pair of Shoes, 1888
https://uploads1.wikiart.org/images/vincent-van-gogh/a-pair-of-shoes-1888(1).jpg

28쪽. 키리코, Mystery and Melancholy of a Street, 1914 © Giorigo de Chirico / by SIAE – SACK, Seoul, 2020
https://www.wikiart.org/en/giorgio-de-chirico/mystery-and-melancholy-of-a-street-1914

34쪽. 키리코, 사랑의 노래(The Song of Love), 1914 © Giorigo de Chirico / by SIAE – SACK, Seoul, 2020
https://www.wikiart.org/en/giorgio-de-chirico/the-song-of-love-1914

39쪽. 호들러, The Life of Weary, 1892
https://uploads0.wikiart.org/images/ferdinand-hodler/the-life-of-weary-1892.jpg

42쪽. 마티스, Woman with a Hat, 1905
https://www.wikiart.org/en/henri-matisse/woman-with-hat-1905

51쪽. 르누아르, Dance at Bougival, 1883
https://www.wikiart.org/en/pierre-auguste-renoir/dance-at-bougival-1883

52쪽. 로트레크, The Laundry Worker, 1888
https://uploads1.wikiart.org/images/henri-de-toulouse-lautrec/the-laundry-worker-1888.jpg

53쪽. 수잔 발라동, 자화상, 1898
https://commons.wikimedia.org/w/index.php?title=Special:Search&limit=20&offset=40&profile=default&search=Suzanne+Valadon&advancedSearch-current={}&ns0=1

&ns6=1&ns12=1&ns14=1&ns100=1&ns106=1#/media/File:Suzanne_Valadon_-_Self-Portrait_-_Google_Art_Project.jpg

59쪽. 마크 로스코, Light Red Over Black, 1957 ⓒ 1998 Kate Rothko Prizel and Christopher Rothko / ARS, NY / SACK, Seoul

https://www.wikiart.org/en/mark-rothko/light-red-over-black-1957

66쪽. 마그리트, 피레네 성(The Castle of the Pyrenees), 1959 © René Magritte / ADAGP, Paris - SACK, Seoul, 2020

https://www.wikiart.org/en/rene-magritte/the-castle-of-the-pyrenees-1959

69쪽. 프리드리히, 안개 낀 바다 위의 방랑자(the wanderer above the sea of fog), 1818

https://uploads8.wikiart.org/images/caspar-david-friedrich/the-wanderer-above-the-sea-of-fog.jpg

73쪽. 찰스 커트니 커란, On the Heights, 1909

https://uploads2.wikiart.org/00123/images/charles-courtney-curran/on-the-heights-1909.jpg

2장

84쪽. 『무릎딱지』, 샤를로트 문드리크 글, 올리비에 탈레크 그림, 이혜경 역, 한울림어린이

91쪽. 두초, Rucellai Madonna, 1285

https://en.wikipedia.org/wiki/Rucellai_Madonna#/media/File:Duccio_-_Maest%C3%A0_-_Google_Art_Project.jpg

91쪽. 치마부에, Virgin Enthroned with Angels, 1290-1295

https://uploads2.wikiart.org/images/cimabue/virgin-enthroned-with-angels-1295.jpg

92쪽. 라파엘로, The Grand Duke's Madonna, c.1504-1505

https://uploads7.wikiart.org/images/raphael/the-grand-duke-s-madonna-1505.jpg

94쪽. 지오토, Madonna in Maest(Ognissanti Madonna), c.1306-c.1310

https://uploads1.wikiart.org/images/giotto/madonna-in-maest-ognissanti-madonna-1310-1.jpg

95쪽. 지오토, 애도(Lamentation), c.1304-1306

https://uploads2.wikiart.org/images/giotto/lamentation-the-mourning-of-christ.jpg

97쪽. 마사초, 세례를 주는 베드로(Baptism of the Neophytes), 1426-1427

https://uploads0.wikiart.org/00142/images/57726d81edc2cb3880b483bc/battesimodei-neofiti-2.jpg

99쪽. 라파엘로, Madonna in the Meadow, 1505-1506

https://uploads8.wikiart.org/00142/images/raphael/madonna-in-the-meadow.jpg

100쪽. 존 슬로안, Sun and Wind on the Roof, 1915

https://www.wikiart.org/en/john-french-sloan/sun-and-wind-on-the-roof-1915

103쪽. 다빈치, 성 안나와 성모자(The Virgin and Child with St. Anne), c.1503-1519

https://uploads7.wikiart.org/00142/images/leonardo-da-vinci/the-virgin-and-child-with-st.jpg

106쪽. 귀스타브 도레, The Forest

https://uploads4.wikiart.org/images/gustave-dore/the-forest.jpg!HalfHD.jpg

118쪽. 빌헬름 함메르쇼이, Interior, Sunlight on the Floor, 1906

https://commons.wikimedia.org/w/index.php?title=Special:Search&limit=20&offset=120&profile=default&search=Vilhelm+Hammersh%C3%B8i&advancedSearch-current={}&ns0=1&ns6=1&ns12=1&ns14=1&ns100=1&ns106=1#/media/File:Vilhelm_Hammersh%C3%B8i_(1864-1916)_-_Interior,_Sunlight_on_the_Floor_-_N04509_-_National_Gallery.jpg

119쪽. 그림쇼, Moonlight, Wharfedale, 1870-1879

https://www.artnet.com/artists/john-atkinson-grimshaw/moonlight-wharfedale-HX519OVUERMRn-p49YsgDg2

129쪽. 다빈치, 최후의 만찬(The Last Supper), 1495~1498

https://uploads3.wikiart.org/00178/images/leonardo-da-vinci/ltima-cena-da-vinci-5.jpg

135쪽. 베로네세, 가나의 혼인 잔치(The Wedding Feast at Cana), 1563

https://uploads3.wikiart.org/00129/images/paolo-veronese/the-marriage-at-cana.jpg

136쪽. 틴토레토, 최후의 만찬(The Last Supper), 1592-1594

https://uploads3.wikiart.org/00129/images/tintoretto/the-last-supper.jpg

3장

143쪽. 귀도 레니, Beatrice Cenci, 1662

https://upload.wikimedia.org/wikipedia/commons/5/50/Beatrice_Cenci.jpg

4장

203쪽. 피카소, 자화상, 1900 © 2020 – Succession Pablo Picasso – SACK (Korea)
https://www.wikiart.org/en/pablo-picasso/self-portrait
205쪽. 피카소, 자화상, 1901 © 2020 – Succession Pablo Picasso – SACK (Korea)
https://www.wikiart.org/en/pablo-picasso/self-portrait-1901
206쪽. 피카소, 자화상, 1907 © 2020 – Succession Pablo Picasso – SACK (Korea)
https://www.wikiart.org/en/pablo-picasso/self-portrait-1907
213쪽. 피카소, Self Portrait Facing Death, 1972 © 2020 – Succession Pablo Picasso –
SACK (Korea)
218쪽. 렘브란트, Philosopher in Meditation, 1632
https://upload.wikimedia.org/wikipedia/commons/8/8b/Rembrandt_-_The_
Philosopher_in_Meditation_%28cleaned%29.jpg
225쪽. 렘브란트, 탕자의 귀환(The Return of the Prodigal Son), 1669
https://uploads5.wikiart.org/00142/images/57726d84edc2cb3880b48b73/rembrandt-
harmensz-van-rijn-return-of-the-prodigal-son-google-art-project.jpg
229쪽. 존 슬로안, Sunday, Women Drying Their Hair, 1912
https://upload.wikimedia.org/wikipedia/commons/2/2a/John_Sloan_-_Sunday%2C_
Women_Drying_Their_Hair.jpg
240쪽. 쥘 브르통, Fin du Travail(also known as A travers champs), 1887
https://uploads6.wikiart.org/images/jules-breton/fin-du-travail-also-known-as-a-
travers-champs-1887.jpg
247쪽. 쥘 브르통, The Song of the Lark, 1884
https://uploads8.wikiart.org/images/jules-breton/the-song-of-the-lark-1884.jpg
250쪽. 고야, Charles IV of Spain and his family, 1800
https://uploads1.wikiart.org/00142/images/francisco-goya/charles-iv-of-spain-and-
his-family.jpg
253쪽. 고야, Majas on Balcony, 1808
https://upload.wikimedia.org/wikipedia/commons/9/9c/Majas_on_Balcony_by_
follower_of_Francisco_de_Goya.jpg
256쪽. 앙리 루소, The Snake Charmer, 1907
https://uploads7.wikiart.org/images/henri-rousseau/the-snake-charmer-1907.jpg
259쪽. 앙리 루소, 잠자는 여인(The Sleeping Gypsy), 1897

https://uploads8.wikiart.org/images/henri-rousseau/the-sleeping-gypsy-1897.jpg

5장

266쪽. 마네, The Luncheon on the Grass, 1863

https://uploads7.wikiart.org/00129/images/edouard-manet/the-luncheon-on-the-grass.jpg

275쪽. 모네, 풀밭 위의 점심(Luncheon on the Grass), 1865

https://www.wikiart.org/en/claude-monet/lunch-on-the-grass

279쪽. 카바넬, 비너스의 탄생(Birth of Venus), 1863

https://uploads0.wikiart.org/00129/images/alexandre-cabanel/birth-of-venus.jpg

280쪽. 마네, 올랭피아(Olympia), 1863

https://uploads5.wikiart.org/images/edouard-manet/olympia-1863.jpg

290쪽. 모네, Rouen Cathedral, Portal in the Sun, 1894

https://uploads7.wikiart.org/images/claude-monet/rouen-cathedral-portal-in-the-sun.jpg

290쪽. 모네, Rouen Cathedral Façade and Tour d'Albane (Morning Effect), 1894

https://uploads3.wikiart.org/images/claude-monet/rouen-cathedral-the-portal-and-the-tour-d-albane-at-dawn.jpg

296쪽. 세잔, The Card Players, 1896

https://commons.wikimedia.org/wiki/User:Yann/Favorites#/media/File:Les_Joueurs_de_cartes,_par_Paul_C%C3%A9zanne.jpg

302쪽. 세잔, Apples and Oranges, 1900

https://uploads1.wikiart.org/images/paul-cezanne/apples-and-oranges.jpg

305쪽. 뒤러, Self-Portrait at the Age of Twenty Eight, 1500

https://uploads3.wikiart.org/images/albrecht-durer/self-portrait-at-the-age-of-twenty-eight-1500.jpg

308쪽. 고흐, Still Life – Vase with Twelve Sunflowers, c.1888-c.1889

https://uploads7.wikiart.org/images/vincent-van-gogh/still-life-vase-with-twelve-sunflowers.jpg

310쪽. 고흐, 밤의 카페 테라스(Cafe Terrace, Place du Forum, Arles), 1888

https://uploads1.wikiart.org/images/vincent-van-gogh/cafe-terrace-place-duforum-arles-1888(1).jpg

312쪽. 고흐, 별이 빛나는 밤에(The Starry Night), 1889

https://uploads3.wikiart.org/00142/images/vincent-van-gogh/the-starry-night.jpg

317쪽. 고흐, Père Tanguy, c.1888

https://uploads7.wikiart.org/images/vincent-van-gogh/p%C3%A8re-tanguy.jpg

325쪽. 고흐, The Sower(Sower with Setting Sun), 1888

https://uploads6.wikiart.org/images/vincent-van-gogh/the-sower-sower-with-setting-sun-1888.jpg

6장

329쪽. 고흐, 아이리스(Irises), 1889

https://uploads8.wikiart.org/00213/images/vincent-van-gogh/antique-3840759.jpg

331쪽. 쥬세페 볼페도, 4계급(Il Quarto Stato), 1901

https://upload.wikimedia.org/wikipedia/commons/2/29/Quarto_Stato.jpg

333쪽. 마사초, The Holy Trinity, 1427-1428

https://uploads4.wikiart.org/images/masaccio/the-trinity-1428.jpg

334쪽. 보티첼리, 비너스의 탄생(The Birth of Venus), 1483-1485

https://uploads5.wikiart.org/00142/images/57726d7dedc2cb3880b47c88/sandro-botticelli-la-nascita-di-venere-google-art-project-edited.jpg

343쪽. 라우렌치아나 도서관, 저자 촬영

357쪽. 클림트, 키스(The Kiss), 1907-1908

https://uploads6.wikiart.org/00142/images/57726d7eedc2cb3880b47e13/the-kiss-gustav-klimt-google-cultural-institute.jpg

381쪽. 워츠, 희망(Hope), 1886

https://uploads5.wikiart.org/images/george-frederick-watts/hope-1886(1).jpg

참고 문헌

가고 싶다, 피렌체, 신양란, 지혜정원, 2016
공간이 만든 공간, 유현준, 을유문화사, 2020
공부의 즐거움, 장영희 외, 위즈덤하우스, 2006

나를 위로하는 그림, 우지현, 책이있는풍경, 2015
나의 로망, 로마, 김상근, 시공사, 2019
난생 처음 한번 공부하는 미술 이야기 시리즈, 양정무, 사회평론, 2018
넛지, 리처드 H. 탈러, 캐스 R. 선스타인, 리더스북, 2018

다른 길, 박노해, 느린걸음, 2014
단순하게 단단하게 단아하게(박노해 사진에세이 02), 박노해, 느린걸음, 2020
단순하게 살기로 했다, 사사키 후미오, 비즈니스 북스, 2015

레오나르도 다빈치, 월터 아이작슨, 아르테, 2019
레오나르도 다 빈치와 미켈란젤로, 김광우, 미술문화, 2016
르네상스 미술: 신과 인간, 스테파노 추피, 마로니에북스, 2011
르코르뷔지에, 신승철, 아르테, 2020

무릎 딱지, 샤를로트 문드리크 글, 올리비에 탈레크 그림, 한울림어린이, 2010

반 고흐, 영혼의 편지, 빈센트 반 고흐, 위즈덤하우스, 2017
밤의 화가들, 최예선, 모요사, 2013
빈방의 빛, 마크 스트랜드, 한길사, 2016

서양미술사, 에른스트 H 곰브리치, 예경, 2003
시대를 훔친 미술, 이진숙, 민음사, 2015
신곡, 단테, 황금부엉이, 2016
심미안 수업, 윤광준, 지와인, 2018

알베르토 자코메티, 코바나컨텐츠. 2017

어린 왕자, 생텍쥐베리, 열린책들, 2015

언컨택트, 김용섭, 퍼블리온, 2020

일론 머스크, 미래의 설계자, 애슐리 반스, 김영사, 2015

직업으로서의 소설가, 무라카미 하루키, 현대문학, 2016

천재들의 도시 피렌체, 김상근, 21세기북스, 2010

코로나 사피엔스, 최재천 외, 인플루엔셜, 2020

피렌체 예술 산책, 김영숙, 아트북스, 2012

피렌체의 빛나는 순간, 성제환, 문학동네, 2013

90년대생이 온다, 임홍택, 웨일북, 2018